투자의 명문들

The Best Investment Writing

투자의 명문들

멥 파버 엮음 · 김경민 옮김 · 송종은 감수

WATER BEAR PRESS

투자의 명문들

초판 1쇄 인쇄 2023년 5월 24일
초판 1쇄 발행 2023년 5월 31일

엮은이 멥 파버
옮긴이 김경민
감수자 송종은

기획 장동원 이상욱
책임편집 오윤근
디자인 위하영
제작 제이오엘앤피

펴낸곳 워터베어프레스
등록 2017년 3월 3일 제2017-000028호
주소 서울시 마포구 성미산로 29안길 7 3층 워터베어프레스
홈페이지 www.waterbearpress.com
이메일 book@waterbearpress.com
ISBN 979-11-91484-16-8 03320

항상 이렇지는 않았다.

가령 1975년에는 투자를 하기가 지금에 비해 힘들었다. 그 당시에는 주식을 사려면 가까운 도서관까지 가서 관심 있는 회사를 다룬 신문이나 금융 정기간행물을 읽는 것이 가장 무난한 선택지였다. 당연히 항상 많은 정보가 있는 건 아니었다.

또 다른 선택지는 직접 또는 중개인을 통해 해당 회사에 연락을 취하는 것이었다. 최신 재무 정보를 요청하고, (회사에서 대답을 해준다면) 며칠 또는 몇 주에 걸쳐 정보를 받는 식이었다.

어쨌든 이런 모든 노력을 다한 결과, 조사가 성공적이어서 좋은 회사를 찾아 투자할 준비가 되었다고 해보자.

그래도 아직 준비가 다 된 것이 아니다.

수표책을 꺼내기 전에 그 주식을 얼마에 살지 생각해보자. 보통은 가격 정보를 신문에서 얻게 되는데, 신문에 나온 건 어제 가격이다. 그날 아침 그 주식이 3% 올랐다면 준비해둔 금액이 모자랄 수 있다.

그리고 중개인 보수 문제도 있다. 과거에 보수가 얼마까지 올라갔는지 알고 있는가? 《경제 전망 회보Journal of Economic Perspectives》에 실린 보고서를 보면, 주식 거래 시 평균 중개인 보수가 2001년에만 해도 210달러였다. 그 가격이면 정말 진지해질 수밖에 없다.

수십 년 전의 투자는 정말 번거로웠지만, 그 번거로움 덕분에 오늘날 우리가 겪는 커다란 문제인 시장 데이터 과잉 현상은 없었다. 그 어느 때보다 쉽고 빠르게 거래할 수 있는 기술에 데이터 과잉이 더해져 충동적이고 경솔한 투자 결정으로 손해를 보는 경우가 허다하다.

요즘은 '지금', '더 많이', '더 빠르게'가 중요해진 세상이다. 도서관에 가는 대신 스마트폰을 쓰고 있고, 몇 주가 걸려야 얻을 수 있었던 재무 보고서도 이제는 몇 초면 다운로드할 수 있다. 온라인 수수료가 많이 내려서 이제는 5달러가 채 되지 않고, 일부 중개사는 완전 무료인 경우도 있다.

물론 기술 발달 덕분에 투자가 간단해지고 거래 비용이 낮아진 것은 좋은 일이다. 우리가 딱 그만큼 현명한 투자 선택을 할 수 있다면 말이다.

하지만 이 모든 '발전'에는 어두운 이면이 있다. 너무 많은 '시장 전문가'들이 상충하는 의견을 너무 많이 쏟아내고 있다. 그 결과 투자는 예전과 비교할 수 없을 정도로 쉽고 편해졌지만, 제대로 된 투자 결정을 내리기는 오히려 힘들어졌다.

어찌 보면 아이에게 성냥을 쥐여준 것과 같달까.

헤드라인, 전문가, 전문투자자, 뉴스레터 편집자, 친구, '내부 정보'를 알고 있다는 친구의 친구…. 누구를 믿을 것인가? 어떤 전문가가 가장 정확한가? 그 사람이 어제 맞는 말을 했다고 해서 내일도 그럴까?

사람들이 많이 사용하는 투자 사이트인 〈시킹알파Seeking Alpha〉를 방문한다고 생각해보자. 이 사이트는 시장 전문가들이 주식과 펀드, 전략 등을 평가하는 글을 게재한다.

나는 임의로 인텔 주식을 골라서 '최신' 섹션을 살펴보았다. 다음은 이 글을 작성한 시점에 게시된 글들의 제목 일부다.

- 인텔은 AMD 두려워해야
- 인텔에 대한 AMD의 티 나지 않는 공격
- 인텔에 대한 위협 심화
- 성장에 탄탄한 배당을 더한 인텔
- 인텔, 에픽EPYC 멜트다운meltdown*에 대비
- 확장하는 인텔

위의 헤드라인을 보면 인텔은 경쟁사의 별로 티 나지 않는 공격을 두려워해야 한다. 경쟁사의 위협은 심화하고 있고 인텔은 에픽

---

* 인텔과 IBM, 일부 ARM 기반 마이크로프로세서에 영향을 주는 하드웨어 취약점.

멜트다운에 대비가 되어 있지만, 이와 동시에 탄탄한 배당 플레이를 확대하고 있다.

정말 더럽게 고맙게도 도움이 된다.

우리는 이렇게 많은 정보, 그것도 상충하는 정보를 이렇게나 많이 다룰 수 없다. 어쨌든 〈시킹알파〉에 기고하는 사람은 1만 3,000명이 넘고, 이들이 쓴 글은 70만 편이 넘는다고 한다!

슈로더Schroders의 글로벌 주식총괄 본부장 비르지니 메조뇌브Virginie Maisonneuve는 최근 보고서에서 다음과 같이 경고했다.

"정보 과잉 상태의 투자자들은 더 좋지 않은 결정을 내리지만, 정보로 인해 상황을 통제하고 있다고 착각하기 때문에 자신감은 더 높은 것으로 나타났다. 이는 단기 투자와 지나치게 공격적인 거래, 시장 변동성 증가로 이어진다."

그렇다면 어떻게 해야 하는가?

그래서 《투자의 명문들The Best Investment Writing》을 권한다.

이 책에 실린 글들은 투자 분야에서 가장 뛰어난 통찰력을 갖춘 사람들이 썼다. 이들은 진정한 전문가이며, 오랜 기간에 걸친 연구와 경험을 바탕으로 이야기한다. 이 책에 담긴 지혜를 통해 실질적이고 눈에 띄는 포트폴리오의 변화를 끌어낼 수 있다.

첫 번째 글은 제이슨 츠바이크Jason Zweig가 쓴 〈어느 (아주) 어렸던 투자 칼럼니스트의 초상A Portrait of the Investing Columnist as a (Very) Young

Man〉이다. 이 글에서 제이슨은 흥미롭게도 14살에 고미술품 수집가로 활동했던 경험을 서술하고 있다.

이 글에 나타난 제이슨의 모습 중 가장 매력적인 건 그가 리서치에 투자한 엄청난 시간과 에너지라고 생각한다. 제이슨은 백과사전을 뒤져 미국의 위대한 작가들이 첫 작품을 출간한 연도를 적고 외운 뒤, 에스테이트 세일estate sales *에서 초판이 아닌 판본은 빠르게 넘겼다고 했다. 그림도 마찬가지로 시기와 화풍, 구도를 외웠다고 한다.

제이슨은 진정한 전문가였다. 그래서 괜찮은 물건을 건져 보려고 에스테이트 세일을 찾아다니면서도 눈앞에 있는 보물을 지나치는 사람들보다 유리한 위치를 점할 수 있었다.

마찬가지로, 쓸데없는 물건 대신 진짜 보물을 가려낼 수 있는 전문가에게 조언을 받는 편이 더 좋지 않겠는가?

그런 시장 전문가는 분명 있다. 그러나 목소리만 큰 사기꾼들이 많은 상황에서는 진짜 전문가를 파악하기 어려울 수 있다. 좋은 투자처와 마찬가지로 진짜 전문가는 드문 법이다.

우리는 독자들을 대신해 진정한 전문가와 이들이 작성한 최고의 글을 엄선하는 수고를 했고, 그 결과를 이 책에 한데 모았다.

투자의 정수라고 할 수도 있겠다.

이제 더 길게 이야기하지 않고, 전문가들의 이야기를 직접 들어

---

* 주로 특정 공간에 거주하던 사람이 사망하거나 이주를 할 때, 그 공간 내의 물건들을 처분하기 위해 이루어지는 판매 행사. 불필요한 물건을 마당에 늘어놓는 야드 세일과는 달리 에스테이트 세일은 구매자가 집안을 돌아다니면서 물건들을 살펴보고 구매한다.

보도록 하자. 내가 그랬던 것처럼 독자들도 이 책에 실린 글에서 가치와 재미, 통찰력을 느낄 수 있기를 바란다.

건투를 빈다.

멥 파버 Meb Faber

멥 파버는 이 책의 판매 인세를 자선단체에 기부하고 있다.

차례

| 3부 | 가격 책정과 밸류에이션

THE BEST INVESTMENT WRITING

제1부

투자 전략과 우위

제이슨 츠바이크 Jason Zweig

게리 안토나치 Gary Antonacci

모건 하우절 Morgan Housel

벤 헌트 Ben Hunt

토드 트레시더 Todd Tresidder

패트릭 오쇼너시 Patrick O'Shaughnessy

멥 파버 Meb Faber

1.

어느 (아주) 어렸던 투자 칼럼니스트의 초상

제이슨 츠바이크 Jason Zweig

연방 교도소의 수감자가 내 어린 시절을 회상하면 관심이 가기 마련이다.

지난 두어 해 동안 나는 미술품 수집가이자 유죄 선고를 받은 중범죄자인 랠프 에스메리안 Ralph Esmerian 이 어릴 적의 나를 언급한 기사에 대해 곰곰이 생각하고 있었다. 명품 보석 딜러이자 유명한 미국 고미술품 수집가였던 에스메리안 전前 미국 민속박물관장은 2011년 횡령과 파산 사기 혐의로 연방 교도소 징역 6년 형을 선고받았다. 그는 최소경비교도소인 펜실베이니아 웨이마트에 위치한 가나안 교도소에서 2014년 《고미술품 및 예술품 주간지 Antiques and the Arts Weekly》의 편집인 겸 발행인인 스커더 스미스 Scudder Smith 에게 이메일로 자신의 수집 경력을 회상하는 글을 보냈다. 아래에 인용한 부분을 읽어보라고 내게 권한 사람이 있었고, 아주 잘된 글이라 통째로 인용한다.

1973년 듀란트 이후 불과 1년 만에 우연히 뉴욕주의 세일럼에 소재한 딜러를 처음으로 방문하게 되었다. 마틴 츠바이크Martin Zweig는 뉴욕시와 뉴잉글랜드 지역에서 활동하는 고미술품 딜러 중 안목이 뛰어나기로 명성이 자자했다. 현관까지 츠바이크 부부가 마중을 나왔고, 우리는 곧장 집 안으로 걸어가 이곳저곳에 놓인 물건들을 둘러보았다. 마틴은 낯을 가리고 다른 사람의 눈치를 보며 의례적인 이야기를 불편해하는 사람 같았지만, 어떤 물건을 가리키며 고미술품으로서의 가치에 대해 이야기할 때는 활기차고 재기가 넘쳤다. 츠바이크 부부는 집 구경을 마치고 거실에 앉자고 권하더니 거실에 있는 작품들은 판매용이 아니라는 말을 덧붙였다.

조명이 어둑한 방에 들어섰을 때, 나는 커다란 흰 토끼 회전목마 피규어를 보고 넋을 잃었다. 짧은 꼬리와 유리 눈, 긴 귀에 원래의 표면 칠이 살짝 벗겨진 토끼가 그 공간과 내가 본 모든 작품을 압도했다. 일반 가구와 민속품 사이에서 강력한 존재감을 발휘하던 그 피규어를 보고 나니, 그것이 마틴의 집을 방문한 이유가 되어버렸다.

내가 그 피규어를 살 수 있느냐고 묻자, 판매용이 아니라는 불퉁한 대꾸가 곧바로 돌아왔다. 좀 더 이야기를 나누던 중에 나를 놀라게 한 작품들도 있었지만, 결국 이야기는 항상 그 멋진 토끼로 되돌아갔다. 15분쯤 지났을까, 마틴이 부인에게 방에 있는 제이슨을 불러 달라고 했다. 제이슨은 집 구경을 하면서 만나지 못한 그 집 아들이었다. 마틴은 판매용이 아닌 물품에 대해 이야기하는 것이 편치 않다고 털어놓았다. 딜러와 수집가로서의 이해관계가 명백하게 충돌하기에 고객의 반감을 살까 우려된다는 것이었다. 그래서 아들이 대화에 끼었으면 한다고 했다. 나는 마틴이 느끼는 거북함에 공감하여 고개를 끄덕여 승낙했다.

제이슨이 들어왔다. 장성한 어른일 것이라는 예상과 달리 키는 작지만 진중한 태도의 남자아이였다. 우리는 악수를 하며 통성명을 했고, 마틴은 내가 민속품과 토끼 피규어에 관심이 있다고 알려주었다. 마틴이 말을 마치자 제이슨이 바로 이어받아, 츠바이크 가족의 작품 사랑, 그리고 거실에 있는 작품들은 예고편 같은 것이 아니라 소장용이라는 점을 자세히 설명해주었다. 제이슨의 태도는 굉장히 인상적이었다. 나는 그에게 만듦새가 토끼 피규어와 비슷하다고 생각하는 수탉과 말 회전목마 피규어를 소장하고 있다는 말을 덧붙여 토끼 피규어를 가지고 싶다고 재차 요청했다.

제이슨은 한순간도 내게 눈을 떼지 않고 집중해서 이야기를 듣더니, 아버지에게 가서 토끼 피규어를 내게 팔면 토끼에게 좋은 집이 생길 것이라고 딱 부러지게 말했다. 마틴 씨는 제이슨에게 그런 결정에 확신이 있는지를 물었다. 갑작스러운 반전에 놀라기는 했지만, 입장을 달리하는 부자간의 대화 내용을 들어보니 둘이 짜고 하는 일 같지는 않았다. 제이슨은 단 한 번도 굽히지 않았고, 토끼 피규어를 팔겠다고 잘라 말했다. 마틴 씨는 제이슨에게 네가 한 결정이니 피규어에 값을 매기라고 했다.

제이슨은 거실에 들어온 이후로 줄곧 미소를 머금고 있었다. 당황하거나 망설이면서 눈을 피하지 않고 계속해서 나를 보다가, 내가 말과 수탉 피규어 각각에 지불한 액수의 3배를 불렀다. 나는 최대한 예의를 차려 제이슨에게 몇 살인지 물었다. 제이슨은 "10살이에요"라고 답했다. 그 말에 나는 거실이 빙빙 도는 것 같은 느낌이 들어 의자에 몸을 묻으며 아이를 보았다. 앨리스를 따라 원더랜드로 이어지는 구멍에 빠진 것인가? 도로시의 회오리 바람에 휩쓸려 미국인 고딕 예술품 딜러와 그의 아내, 보통 수준을 넘어서는 경험을 갖춘 조숙한 10살짜리 아들이 출연하는 시나리오에 던져진 다음, 이들과 함께 거대한 흰 토끼에게 빨려 들어간 것인지도 모르겠다는 생각을 했다.

마틴도 아들의 두둑한 배짱에 경악한 모습을 보고, 나는 미소를 유지한 채 제이슨에게 어떻게 그렇게 빨리 확신에 차서 혼자 값을 결정했는지 물었다. 제이슨은 주저 없이 설명했고, 나는 자리에서 일어나 축하의 의미로 악수를 하고 츠바이크 가족에게 감사 인사를 전했다.

멋지게 색을 입힌 흰 토끼 조각 피규어가, 그러니까 전국적으로 회전목마가 빙글빙글 돌던 20세기 초 필라델피아에 있던 덴첼Dentzel*의 작품이 그렇게 우리 집에 오게 되었다. 피규어를 볼 때마다 나는 세일럼의 딜러를 처음 방문했던 때가 생각난다. 흰 토끼의 마법에 버금가는 어린아이의 유창함과 대담함으로 가득한 기억이다. 이후 츠바이크 가족을 두 번 더 방문했지만, 영특한 그 아이를 다시 만나지는 못했다. 제이슨 츠바이크가 미국에서 손꼽히는 금융 전문가가 되었다는 이야기를 들었는데, 그가 10살에 보여준 존재감과 논리력을 기억

• 19세기 후반~20세기 초반의 미국식 회전목마 제작자.

하기에 놀랍지는 않았다.

글쓴이가 나에 대해 쓴 내용을 기억하지 못하는 상태에서 내 이야기를 읽으니 처음에는 이상한 기분이 들었다. 어쨌든 저 글은 내 이야기가 맞다. 지성, 교양, 포부가 있으셨던 부모님은 내가 아주 어릴 때부터 과거의 것에 대해 특별히 많은 지식을 갖추도록 가르치셨다. 저 회상록을 읽기 전까지 오랫동안 그 시절을 잊고 지냈지만, 나는 10대 청소년이 되기 전부터 부모님이 하시는 고미술품 사업의 실질적인 주니어 파트너였다.

랠프 에스메리안은 기억하지만, 그와의 대화는 가물가물하다. 그의 글에서 일부 세부 사항은 정확하지 않다. 40년이 지났으니 어찌 보면 당연한 일이다. 아버지 성함은 어빙Irving이며, 우리 가족은 2013년에 작고한 펀드매니저인 마틴 츠바이크와는 관련이 없다. 부모님은 야드 세일과 같은 행사를 돌아다니며 골동품을 모으신 것이 아니라, 권위 있는 고미술품 쇼에서 전시도 하고 좋은 박물관에 자주 판매도 하는 등 평판을 갖춘 딜러셨다.

랠프가 설명한 것처럼 아버지가 낯을 가리는 사람도 아니었다. 아버지는 생각이 많기는 하셨지만 소심한 분은 아니었다. 오하이오 주립대학교에서 정치학을 가르치셨던 아버지는 미국사의 중요 순간을 전부 기억하고 계신 듯했고, 이는 고미술품 딜러로서 적지 않은 이점으로 작용했다. 10여 년간 소도시의 신문 소유주이자 편집인 겸 발행인이기도 했기에 훌륭한 고미술품이라면 무엇이든 멋진 이야기로 만들어내셨다. 마지막으로, 랠프가 기억하는 시점의 나는 7살로 보였을 수도 있겠지만 10살이 아니라 14살이었을 것이다.

하지만 이런 사소한 오류를 제외하면 랠프의 이야기가 맞는 것 같다. 내게 '랠프'라고 불러 달라고 고집하는 와중에도 안목이 탁월하고 행동에 기품이 있었다.

랠프가 이야기한 대로 부모님이 나를 믿어주셨던 것도 맞다. 나는 부모님이 미술품을 구매하러 경매와 쇼에 가시면 대부분 동행했다. 그럴 때면 탁자 아래를 기어 다니거나, 책상 뒤편을 유심히 본다거나, 가구를 뒤집어 보거나, 오래된 책이 들어있는 상자를 뒤지거나, 손전등을 들고 다락이나 지하실, 헛간에 들어가 보기도 했다. 그러다가 가끔 부모님을 포함한 다른 사람들이 놓치는 훌륭한 물건을 발견하기도 했다. 그건 부모님이 나를 매우 잘 가르치셨기 때문이기도 했고, 내가 인내심이 있기 때문이기도 했다.

어린 내가 수색과 추적에 보인 열정, 감정사라면 맞닥뜨리게 되는 지적인 도전이 나와 비슷한 종류의 사람인 랠프의 관심을 끌었던 것 같다. 나는 진품과 가품을 구별하고자 거리낌 없이 먼지와 흙구덩이를 네발로 기어 다녔고, 역사적 가치가 있는 문서 하나를 찾기 위해 수북한 서류 더미를 뒤졌다. 10분 동안 햇빛에 서랍 밑바닥을 이리저리 비추어본 끝에 가구공의 서명일 수도 있겠다고 생각한 부분에 연필로 깃털처럼 희미하게 적힌 글을 기어이 찾아내기도 했다.

랠프가 얼마를 냈는지 기억나지는 않지만, 내가 토끼 피규어를 마땅한 값에 제대로 된 주인에게 보내주고 싶다는 생각에 가득 차 있었다는 점은 기억한다. 내가 생각한 적당한 값을 제시했을 따름이었고, 랠프가 토끼 피규어를 소장할 만한 사람이라면 그 값을 받아들였을 것이다. 그리고 실제로 그렇게 되었다. 아버지가 나를 끄나풀로 이용하지 않았다는 건 랠프의 이야기가 맞다. 아버지와 나는 그런 식으로 고객 바로 앞에서 약식 논의를 거쳐 가격을 정하곤 했다. 기업체를 매입할 때 워런 버핏이 그와 비슷하게 매도자에게 가격을 제시하도록 하는데, 받아들일 만한 가격이면 매입하고 아니면 예의를 차려 협상을 거절하고 자리를 떠난다고 한다. 아버지는 매입할 때는 흥정을 자주 하셨지만, 판매할 때는 흥정하지 않으셨다. 희귀하고 아름다운 것을 가지게 되면, 협상이라는 것 자체가 그 물건의 격에 걸맞지 않다고 생각하시는 듯했다.[1]

우리는 모두 그 토끼 피규어를 좋아했다. 강렬한 생동감이 있는 조각상이기 때문이기도 했고, 원래의 색감 전부와 윤기를 대부분 그대로 품고 반짝반짝 빛났기 때문이기도 했다. 회전목마 틀에 얹혀 위아래로 깡충거릴 모습을 어렵지 않게 그려볼 수 있었다. 나무로 표현한 털과 그 아래 뛰어오르기 전에 웅크린 나무 근육, 그리고 나무 느낌이 나는 도약을 준비하는 얼굴에 떠오른 기쁨을 볼 수 있었다. 토끼 위에 앉아 1890년대에 회전목마로 잠시 도망 나와 이렇게 멋진 조각을 타고 한 바퀴 휙 도는 소년의 모습을 상상하던 일이 아직도 기억난다. 그러면 랠프가 이야기했던 것처럼 정말로 《이상한 나라의 앨리스》가 떠올랐다.

토끼에 얽힌 사연과 같은 일은 드물지 않았다. 소더비와 크리스티스가 성장하여 예술계를 장악하기 전인 1970년대는 〈앤티크 로드 쇼Antiques Roadshow〉가 공영방송의 히트작이 되기 전이었고, 손끝만 까딱하면 세상의 지식을 펼쳐 보여주는 구글이 등장하기 전이었다. 예술과 고미술품 시장은 굉장히 비효율적으로 돌아갔다. 가격이 몇 자릿수 단위로 널을 뛸 수도 있었고, 실제로 그런 경우가 많았다.

금융 시장에서는 정보 비대칭이 매도자에게 유리한 경우가 많다. 매물을 들고 있는 사람은 내부 정보를 접할 수 있고, 매수하려는 사람보다 정보가 훨씬 더 많기 마련이다. 하지만 1970년대 예술과 고미술품 시장에서는 그런 정보 비대칭이 반대로 작용했다. 구매자가 판매자보다 훨씬 더 많은 것을 알고 있는 경우가 많았던 것이다.

이렇게 얻은 어린 시절의 교훈을 나는 한 번도 잊은 적이 없고, 어른이 되어 금융 시장을 알게 된 이후에도 계속 간직하고 있다.

세상은 눈에 보이는 것과 다르다. 대부분의 사람이 보물이라고 생각하는 것 중 다수가 실제로는 쓰레기다. 그리고 사람들이 쓰레기라고 생각하는 것 중 많은 수가 실제로는 보물이다.

쓰레기와 보물을 구분하려면 예술품 딜러이든 가치 투자자이든, 대단한 투자가인 마이클 스타인하트Michael Steinhardt가 이야기한 '남다른 관점variant perception'을 가져야 한다. 시장에 있는 대부분의 사람보다 훨씬 많은 것을 알아야 하며, 다른 사람들이 공통으로 하는 생각과 상반되는 지식의 가치가 가장 높아진다.

어렸을 때는 엄청난 양의 공부와 준비, 고집스럽고 괴팍하다고까지 할 수 있는 인내심을 바탕으로 그런 남다른 관점을 키웠다.

고서古書의 가치는 낮게 평가되는 경우가 많고 사람들이 쉽게 지나친다는 점에 착안하여, 나는 13살 즈음의 어느 여름날 며칠에 걸쳐 백과사전을 뒤져서 미국의 위대한 작가들이 첫 작품을 출판한 날짜를 적어두었다. 작가별로 하나씩 색인 카드를 만들어 주요 저작 전부의 명단을 날짜별로 작성했다(마크 트웨인 같은 일부 작가는 카드가 더 필요했다). 그러고 나서 플래시 카드 놀이 방식으로 적어둔 날짜를 모조리 외웠다.

그렇게 하면 거의 즉각적으로 초판을 발견할 수 있으리라고 생각했다. 19세기에는 출판사에서 보통 제목이나 판권 면에 초판이라는 표시를 하지 않았다. 하지만 유명한 책이 출판된 연도를 알고 있으면 먼지 쌓인 책이 가득 담긴 궤짝을 빠른 속도로 훑을 수 있다. 중요하지 않은 것이 무엇인지 알면 중요한 것에 집중할 수 있다.

나는 미술 참고도서와 박물관에 있는 그림에 대해서도 마찬가지로 시기와 화풍, 구도를 외웠고, 방 반대편에서 풍경화나 초상화를 보더라도 5~10년 정도의 오차 내에서 그려진 시기와 화가를 즉각 맞힐 수 있게 되었다.

비효율적인 시장에서 속도는 중요하다. 시장이 비효율적이기 때문에 막대한 가치가 존재할 수 있지만, 가치가 큰 만큼 다른 사람의 관심을 끌 수도 있기에 그 가치가 지속되지 않을 수 있다. 처음 알아보는 사람이 그 가치를 제대로 누리게 되는 것이다.

그래서 부모님은 전시 부스나 방, 집, 심지어는 판매용 물건을 온통 깔아놓은 잔디밭을 지날 때도 굉장히 집중해야 한다고 가르치셨다. 바닥부터 천장까지, 한쪽 끝에서부터 다른 쪽 끝까지 모든 곳을 훑어보아야 한다. 그렇다고 한 번에 하나씩만 보는 것이 아니다. 그러면 시간이 너무 많이 걸린다. 원래 빠른 자가 이기는 법이니까.

하나씩 보는 대신, 이 탁자 위에 있는 물건 전부, 저쪽 벽에 있는 물건 전부, 저쪽에 있는 가구 일체, 이 캐비닛에 들어있는 내용물 전체, 이런 식으로 여러 물건을 한 번에 눈에 담는 연습을 한다. 오크 탁자에 마호가니 의자, 모던한 식기류에 끼어 있는 은제 사발, 사진이나 판화, 포스터 사이에 들어가 있는 유화나 수채화, 돌돌 말린 합성 카펫류 옆에 있는 수직 러그처럼 어울리지 않는 특이한 무언가, 거기에 속하지 않는 물건을 찾아내는 것이다. 부모님은 확실한 피드백도 즉각 해주셨는데, 이는 전문가적 직관을 기르는 핵심 비법이기도 하다.

나는 한참 지난 후에야 이런 비슷한 훈련을 통해 여러 분야의 전문가가 다양한 형태의 패턴 인식을 갖춘다는 점을 알게 되었다.

대단히 박식한 노벨 경제학상 수상자인 허버트 사이먼Herbert Simon은 이렇게 이야기했다.

상황은 신호를 준다. 이 신호를 받은 전문가가 자신의 기억에 저장된 정보에 접속하면, 그 정보가 답을 알려준다. 직관은 알아본다는 것 이상도 이하도 아니다.

1970년대 초반에 가게 된 어느 에스테이트 세일에서 나는 오래된 책으로 뒤덮인 탁자로 걸어가 초판본의 전형적인 특징인 금색 압인이 찍힌 가죽 표지를 찾아 탁자 전체를 훑어보고, 한 권을 뺀 나머지 전부가 20세기에 나온 책이라는 점을 한눈에 알아보았다. 그 한 권을 바로 집어 들고 보니 헨리 워즈워스 롱펠로의 《하이아와사의 노래》였다. 책을 펼치자 출판연도가 1855년, 그러니까 내 머릿속에 있는 데이터베이스 항목과 맞아떨어졌다. 나는 10센트에 그 책을 샀다.

또 다른 경매에서 20여 개는 족히 되는 오래된 책 상자를 살펴본 적도 있다. 먼지가 너무 많이 묻어 나와서 손에 갈색 가죽장갑을 끼고 있는 것처럼 보일 정도였다. 마지막 상자의 밑바닥에서 아름다운 붉은빛이 도는 모로코 가죽으로 장정한 책 한 권이 나왔길래 제목을 보지도 않고 책을 펼쳤다. 안쪽 커버에는 고급스러운 피렌체 마블 무늬의 면지面紙를 댔고, 페이지는 금색 잎사귀로 테두리를 둘렀다. 마크 트웨인의 《아서왕 궁전의 코네티컷 양키》(1889) 초판본, 게다가 출판사에서 인쇄한 증정본 250부 중 하나였다. 뒤표지에는 마크 트웨인의 작품에 삽화를 그린 댄 비어드의 크리스마스 카드 원본까지 들어 있었다. 서명은 없었지만 이 판본은 분명 트웨인이 비어드에게 준 것이었다. 나는 그 책을 원래의 상자에 다시 집어넣은 후, 그 상자 전체를 40달러에 사서 나머지 다른 책들은 전부 기부했다.

하지만 막대한 준비와 전문적인 패턴 인식은 절반일 뿐이고, 인내심과 고집이 적어도 나머지 절반만큼 중요하다.

우리는 구매 원정을 떠날 때마다 소장할 만큼 괜찮은 물건을 찾지 못할 수도 있다는 생각을 한 적이 없었다. 아버지는 "괜찮은 물건을 발견하지 못했다는 건 아직 충분히 제대로 들여다보지 않았다는 것"이라는 말씀을 자주 하셨다.

아버지는 그 원칙을 너무 극단적으로 밀어붙이시는 경우가 많았다. 내가 아는 사람 중 손꼽히게 지적인 분이셨지만, 매몰 비용의 오류라는 인지적 오류를 범하셨다. 원정을 나갔다가 빈손으로 돌아오는 것을 싫어하셔서 뭐가 됐든지 간에 살 만한 것을 찾아내어 원정에 '정당성'을 부여하고자 말도 안 되게 많은 노력을 쏟아부으시곤 했다.

그런 헛된 노력의 일환으로 우리는 에스테이트 경매 시사회를 보러 뉴욕주 쇼하리에 있는 어느 집까지 운전해서 갔다. 한눈에 보아도 그 집에 있는 물건은 전부 별 볼 일 없는 것들이었다. 광고에서 눈길을 끌었던 치펜데일Chippendale*과 헤플화이트Hepplewhite** 양식의 가구는 복제품이었고, 도기와 자기류는 깨지고 금이 가 있었다. 러그는 찢어져 있었고, 그림은 보존 상태가 형편없었다. 부모님은 끝없는 좌절감의 늪에서 허우적거리며 가치 있는 물건을 찾으려 이 방에서 저 방으로, 또 계단을 느릿느릿 오르락내리락하셨다.

이렇게 몇 바퀴를 돌고 나자, 나는 더는 기운을 빼기 싫어서 어둑하고 우중충한 거실의 소파에 주저앉았다. 10대 소년이었으니 그럴

---

* 18세기 중후반에 유행한 가구 양식. 고딕, 로코코, 중국 양식의 요소를 조화롭게 녹여냈다.
** 18세기 말에 유행한 가구 양식으로, 방패 모양의 등받이와 섬세한 조각, 천을 씌운 시트, 곧고 아래로 갈수록 가늘어지는 다리, 고전적이면서 앤티크한 모티프를 조화롭게 섞은 것이 특징이다.

만도 했다. 소파를 덮은 천에서 퀴퀴한 먼지가 뭉게뭉게 피어올랐다. 나는 기침을 하며 눈을 찡그려 감았다. 눈을 뜨자 아까도 봤던 흉물스러운 그림이 눈에 띄었다. 벽난로에 기대 놓은 그 그림은 우리뿐만 아니라 보물찾기를 하러 온 사람 200여 명이 이미 10여 차례는 지나쳤었다.

경매인들이 다락에서 찾아놓은 그림이었는데, 표면이 너무 지저분해서 갈색과 시커먼 먼지를 섞어 니스 칠을 해 놓은 것 같았다. 캔버스의 위쪽 귀퉁이에는 물감이 벗겨지는 곳도 있었다. 십중팔구 다락에서 수십 년은 묵어 있던 그림이었다. 엄청나게 큰 도금 액자는 깨지고 금이 가 있었고, 먼지가 덮여 검은색에 가까웠다. 액자의 정교한 소용돌이무늬 사이에는 진흙 말벌이 집을 지어놓기까지 했다.

지루함에 그 그림을 오랫동안 들여다보고 있었는데 문득 무언가가 마음에 걸렸다.

'왜 저렇게 흉물스러운 그림을 저토록 화려한 액자에 끼운 걸까?'

이런 생각이 든 순간, 부모님이 언제쯤 오실지 궁금해하는 대신 그림에 골몰하기 시작했다. 나무 몇 그루, 구름 약간, 아마도 강을 그린 풍경화 같았다. 나머지는 먼지에 묻혀서 알아볼 수가 없었다.

하지만 크고 무거운 액자는 분명 한때는 아름다웠을 것이다.

검소하게 사는 네덜란드계와 스코틀랜드-아일랜드계 농가에서 그림을 넣지 않은 액자를 그냥 두었을 리가 없다. 그런 것이 있다면 얼마를 받든 팔았을 것이다. 그리고 그림이 다락에서 지저분해졌다면 그런 추레한 그림을 액자에 끼울 생각은 하지도 않았을 것이다.

그러니까 이 그림은 오래전 다락에 들어가기 전에 이미 멋진 액자에 끼워진 상태였을 것이다. 그러니까 그보다 훨씬 더 이전에, 즉 풍경화를 화려한 액자에 끼워놓는 유행이 지나가기 전에 누군가는 분명히 이 그림의 가치를 높게 평가했을 것이다.

소파 뒤편의 커튼으로 빛이 약간 들어오고 있었다. 나는 일어나서 커튼을 활짝 열어젖혔다. 한 줄기 햇빛이 먼지 더께 사이를 가르며 그림을 비추자, 내가 작은 핵폭발을 일으킨 것만 같았다. 밝은 분홍빛과 주황빛 구름이 줄지어 늘어선 나무와 폭포 위로 끓어오르고 있었다. 소파를 지나 벽난로로 걸어간 나는 캔버스 앞에 쭈그리고 앉아, 몇 인치 떨어지지 않은 곳에서 그림을 응시했다. 5, 60년 동안 쌓인 먼지 아래에서 물이 바위 위로 폭포수처럼 흘러내렸다. 줄지어 늘어선 나무 사이로 바람이 몰아쳤고, 불기둥처럼 구름이 터져 나왔다.

나는 그 그림이 오랫동안 행방이 묘연했던, 19세기 미국 풍경화가들의 모임인 허드슨강 파*의 걸작이라는 사실을 바로 알아차렸다. 나도 모르게 엄지손가락을 핥아 왼쪽 아래편 구석에 그려진 바위를 가볍게 쓸었다. 먼지 더께 틈으로 내가 방금 손으로 훑은 자리에 'F CHURCH 1848'이라는 문구가 보였다. 재빨리 기억을 되짚어보았다. 이건 1826년에 태어난 프레데릭 처치**의 초기 주요작이었다.

아래는 세정 이후 원래의 영광을 회복한 모습이다. 1975년 그날

---

* 미국적 풍경화의 아름다움을 추구한 화파로, 미국 미술사에서 매우 중요하게 평가된다.
** 미국 낭만주의 풍경화가로, 허드슨강 파의 주요 인물.

에는 이 그림이 전혀 이렇지 않았다고 분명히 이야기할 수 있다.

나는 총알 같이 계단을 뛰어 올라갔다. 부모님을 찾아서 양쪽 팔에 한 분씩 끼고는 목소리를 낮추어 "아래층에 처치 그림이 있어요"라고 이야기했다. 부모님은 주저하셨다. 그도 그럴 것이, 쓸모없는 물건으로 가득한 이 집에 괜찮은 것이 있을 리가 없어 보였기 때문이다. 내 눈을 들여다보시고는 그제야 내가 한 말의 의미를 깨달으셨다. 나는 두 분을 모시고 아래층으로 내려왔다. 그림을 밖으로 끌고 가 햇빛이 비친 모습을 본 우리는 숨을 몰아쉬며 말없이 거실에 다시 옮겨놓았다.

다음날, 그 시절 대부분의 경매가 그랬듯이 뒷마당에서 경매가 열렸다. 우리는 그 그림이 나오기를 참을성 있게 기다렸다. 그게 어떤 것인지 모르는 경매인은 "오래된 풍경화"라고 이야기하면서, 수리할 수 있는 사람을 찾을 수 있다면 액자는 건질 만할 수도 있겠다고 말했다. 앞에 앉아 있던 여자가 "더럽고 오래된 누더기"라고 한 것에 우리가 2,000달러 정도를 내자 사람들은 깜짝 놀랐다. 입찰에서 진 사람은 우리를 따라다니면서 부모님이 매입하려는 것은 무엇이든 좋으리라고 생각해서 응찰하는 딜러였다. 아버지는 그 사람을 '방어'라고 불렀다. 그 사람이 없었다면 우리가 유일한 입찰자였을 것이었다. 가격과는 상관없이 그림을 가져가려는 사람이 달리 없었다.

처치의 그림을 집으로 가져오자, 그림의 상태가 걱정되었다. 예술품 복원가가 사용하는 세정액을 묻힌 면 솜으로 먼지 더께를 대부분 제거했다. 하지만 칠이 푸석푸석해져 갈라지려는 부분이 있었다.

서둘러 조치를 취해야 했다. 우리가 그림을 복원가에게 가져가기도 전에 워싱턴 D.C.에 있는 최고의 경매 전문회사인 C.G. 슬론앤컴퍼니C. G. Sloan & Co.를 운영하는 예술품 딜러이자 변호사인 도널드 웹스터Donald Webster가 찾아왔다. 그는 그 자리에서 그림을 샀다. 내 기억으로는 1만 6,000달러 정도(요즘 돈으로 환산하면 7만 달러가 조금 더 된다)를 냈다. 그런 걸작과 이별하고 싶지 않았지만, 웹스터 씨는 우리가 의뢰하려고 했던 복원가에게 그림을 가져가는 것을 최우선으로 하겠다고 했다.

언제나처럼 우리는 다른 사람들의 무지를 이용해 돈을 벌었다고

• 상어를 먹이가 있는 곳으로 인도한다는 물고기.

생각하지는 않았다. 예술적, 그리고 역사적으로 중요한 작품이 망가지지 않도록 구한 것이라 생각했다. 우리가 찾지 못했다면 그런 보물들이 어떻게 되었을까? 누군가의 다락이나 식품 저장고, 공구 창고, 중국에는 동네 쓰레기 처리장에서, 우리는 그 작품들과 100여 년이라는 시간을 두고 그저 서 있었을 따름이다. 지금도 나는 우리가 처치의 그림을 제대로 알아보지 못했더라면 그날 경매에서 판매되지 않아 결국 쓰레기장으로 향했으리라 확신한다.

웹스터 씨가 우리에게 그림을 사가고 얼마 지나지 않아, 그 작품은 백악관의 소장품이 되어 (최소한 1990년까지는) 대통령 집무실에 걸리게 되었다.

트럼프 대통령 당선인과 그의 가족은, 돌려 말하자면 실내 장식 취향이 우리와 다르긴 하지만, 나는 우리가 오래전에 구해낸 프레데릭 처치의 멋진 풍경화가 있을 곳이 백악관에 남아 있기를 바랐다.

어린 시절과 청소년기에 내가 했던 일을 돌이켜보면 두 가지 생각이 든다. 첫째, 그렇게 어린 나이에 그렇게 많은 지식과 지적인 자극을 주신 훌륭한 부모님을 둔 나는 정말 운이 좋았다. 그리고 좋은 물건을 찾으려는 부모님의 열정에 감화된 내가 나중에 금융 시장에 관해 공부하게 되었을 때 가치 투자에 끌린 건 당연한 일이었다.

둘째, 때와 장소가 제대로 들어맞는 것이 정말 중요하다. 1970년대 예술과 고미술품 업계에는 비효율성이 넘쳐났고 그런 비효율성을 이용할 기회도 대단히 많았다. 그 당시에는 여느 주말에 어느 방향으로든 몇 시간만 운전해서 가면, 본래의 가치를 알아차린 사람이 거의 없는 고색창연한 물건으로 스테이션 왜건 한 대를 가득 채워 돌아올 수 있었다. 요즘에는 몇 주에 걸쳐 뉴잉글랜드 지역 대부분을 샅샅이 뒤지고 다녀도 실제 가치보다 고평가된 예술품과 고미술품 말고는 찾을 수가 없다. 예전에는 싸게 살 수 있었던 기회가 많았지만, 이제는 가격만 높고 별 볼 일 없는 그저 그런 물건을 두고 희귀하고 가치 있다고들 한다. 이베이에서 얼마에 팔린 물건인지 구글로 검색하는 데 몇 초 걸리지 않는 세상에서 저평가된 예술품과 고미술품은 사라지다시피 했다.

그렇다고 내가 어린 시절을 그리워하는 것은 아니다. 감정업을 그리 많이 하지 않는 것이 유감스럽지도 않다. 이제 그 시절이 지나갔다는 것을 너무나 잘 알고 있기 때문이다. 요즘의 예술과 고미술품 시장은 내가 어렸을 때와 완전히 다르다. 내가 생업으로 감정업을 한다고 해도 예전에 갖췄던 능력으로 수익을 낼 가능성은 거의 없을 것이다.[2]

내가 보기에 투자와 감정업의 유사점은 너무 분명해서 굳이 언급할 필요가 있나 망설여질 정도다. 수십 년 전의 종목 선정은 느리고 균일하지 않게 움직이는 정보를 가지고 하는 수작업이었기 때문에 가장 많은 정보를 가진 사람이 압도적으로 좋은 실적을 냈다. 워런 버핏이 수많은 기업 중 샌본 맵Sanborn Map과 뎀스터 밀 매뉴팩처링Dempster Mill Manufacturing을 콕 찍어서 매입한 사례를 생각하면 된다. 요즘에는 12만여 명의 공인 재무분석사와 전 세계적으로 32만 5,000여 개에 달하는 블룸버그 단말기가 있다. 여기에 공정공시규정으로 인해 기업이 중요한 정보를 모든 투자자에게 동시에 공시해야 하는 실정이라, 거의 완벽에 가깝게 공정한 경쟁의 장이 구현되었다.

과거의 비효율적인 시장에서 효과가 좋았던 능력을 요즘의 효율적인 시장에 적용하려는 것은 시간과 에너지의 낭비다. 폭넓게 거래되는 단일 주식 종목을 몇 주, 또는 몇 달에 걸쳐 분석하는 것은 뉴잉글랜드의 시골길을 달려 수십 년 전에 사라지다시피 한 좋은 매물을 찾으려는 시도와 비슷하다. 좋은 매물을 찾을 수야 있겠지만, 그런 노력에 비례하는 수익을 낼 가능성은 작다.

요즘에는 저평가된 투자처를 찾아내는 능력만으로는 턱없이 부족하다. 어디에 그런 투자처가 있을 가능성이 큰지를 가려내는 능력도 있어야 한다.

투자를 잘하려면 여전히 비효율적인 시장이 어디인지 살펴야 한다. 인덱스펀드가 쉽게 개입할 수 없는 마이크로 캡슐 주식microcap stocks*이나 하이일드 채권은 어느 정도 전망이 있다. 인덱스펀드의 지배력이 커지는 분야는 수익성이 떨어진다.

개인 투자자는 시간 차익거래로 여전히 수익을 낼 수 있다. 좋지 않은 뉴스로 인한 부정적인 정서가 가격에 반영되었을 때 주식을 사서, 언젠가 긍정적인 기류가 돌아올 때까지 여러 해 동안 보유하는 것이다. 대부분의 기관 투자자는 그럴 여력이 없다.

• 　시가 총액이 약 5,000만~3억 달러인 미국 상장회사의 주식으로, 소형주보다도 작은 상장 주식.

하지만 비효율적 시장에서 효과가 있었던 능력이 효율적인 시장에서 괜찮은 수익을 내는 경우는 드물어서, 거기까지 신경을 써야 할 정도는 아니다.

그런 시장을 겪어본 사람의 말이니 믿어도 된다.

미주

1 이번 주(2016년 12월)에 나는 랠프 에스메리안과 간단한 전화 인터뷰를 했다. 랠프는 연방 교도소에서 4년 반을 복역하고 3월에 석방되었다. 랠프는 내가 토끼 피규어 값으로 3,500달러(인플레이션을 감안해 조정하면 요즘 가격으로 대략 2만 달러쯤 된다)를 불렀다고 했다. 랠프는 "주저 없이 그 값을 부르더군요"라면서 "나를 똑바로 보고 있었고, 허락을 구하려 부모님 쪽을 쳐다보지도 않았죠. 어린아이가 그런 식으로 행동하는 것은 본 적이 없었어요"라고 이야기했다.

그 토끼는 부모님이 총 750달러에 구매한 회전목마 피규어 네 개 중 하나였고, 중요한 내용은 아니지만 많은 수익을 냈다. 우리는 뉴욕주 세일럼의 쓰레기 처리장 아래편에서 고물상을 운영하던 관리인에게서 이 멋진 조각상들을 샀다. 나머지는 뒷다리로 서서 콧김을 뿜는 말 두 개, 꼬리를 위로 뻗고 입에 생선을 물고 있는 고양이 하나였다. 처리장 관리인은 조각상들을 햇빛과 비, 눈에 노출되는 헛간 외벽에 기대 놓았다. 조각상들이 사라지기 직전에 우리가 구조한 것만 같았다. 랠프가 파산하여 채권단 상환 목적으로 소장하고 있던 미국 민속공예품 일부를 2014년 소더비에서 판매했을 때, 코네티컷주 우드베리의 고명한 딜러인 데이비드 쇼쉬David Schorsch가 그 회전목마 토끼를 10만 6,250달러에 구입했다. 친절하게도 데이비드는 내게 이메일을 보내 어떤 개인 수집가를 대신하여 구입했고, 토끼가 "훌륭한 민속예술 컬렉션을 갖춘 좋은 집"으로 가게 될 것이라고 알려주었다.

2 나는 평균적으로 10년에 한 번꼴로 저렴한 가격에 나온 훌륭한 고미술품이나 작품을 찾아내기는 한다. 그리고 그런 작품을 보면 구매한다. 하지만 그 이외의 모든 시간을 그런 작품을 더 찾아내는 데 쓰는 것은 어리석은 시간 낭비다.

저자 제이슨 츠바이크

2008년 《월스트리트 저널》의 개인금융 칼럼니스트가 되었다. 벤자민 그레이엄의 《현명한 투자자》 개정판 편집자이기도 하다. 처음으로 투자를 신경과학적으로 분석한 《머니 앤드 브레인Your Money Your Brain》과 월스트리트를 풍자한 용어사전인 《악마의 금융 사전The Devil's Financial Dictionary》의 저자다.

《월스트리트 저널》에 기고하기 전에는 《머니》 매거진의 수석 기고가이자 《타임》과 cnn.com의 객원 칼럼니스트로 활동했다. 1987년부터 1995년까지 《포브스》에서 뮤추얼펀드 에디터로 일했다. 그 이전에는 《타임》의 '이코노미 & 비즈니스' 섹션의 기자 겸 연구원, 격월 저널인 《아프리카 리포트Africa Report》의 보조 편집자였다. 존제이 내셔널 장학금을 받아 컬럼비아대학교에서 학사학위를 받았다.

TV와 라디오에 평론가로 자주 출연하며, 전미투자자협회, 아스펜 연구소, CFA 협회, 모닝스타 투자 컨퍼런스 등을 비롯하여, 하버드, 스탠퍼드, 옥스퍼드에서 대학생을 대상으로 한 강연도 진행했다.

오랫동안 스미소니언협회Smithsonian Institution의 계열 기관인 미국 금융박물관Museum of American Finance의 신탁 관리자였으며, 《파이낸셜 히스토리Financial History》 잡지와 《행동 금융 저널The Journal of Behavioral Finance》의 편집국 위원으로 활동하고 있다.

2.

시장에 대해 기억해야 할 것

게리 안토나치 Gary Antonacci

전문투자자로 40여 년을 활동해서인지 시장에 관한 내 생각을 묻는 경우가 있는데, 투자에 대해 체계적으로 생각하지 않고 하는 질문이 대부분이다. 다음은 흔히 하는 질문과 내 답이다.

질문: 주식 시장이 얼마나 떨어질 수 있다고 생각하시는지요?

대답: 89%까지 떨어질 수 있습니다.

질문: 네?!!

대답: 음, 그게 과거에 가장 많이 떨어진 수치입니다. 하지만 과거의 실적이 미래의 성공을 보장하지는 않기 때문에 그보다 더 떨어질 수도 있으리라고 생각합니다.

질문: 계좌를 방금 봤는데 떨어져 있더군요. 어떻게 해야 할까요?

대답: 계좌를 그만 들여다보세요.

질문: 지금 어떻게 하고 계시는지요?
대답: 늘 하던 대로, 제 모델을 따르고 있습니다.

이렇게 대답하고 나면 대개 더는 질문을 하지 않는다.

간단하지만 쉽지 않은 것

투자는 간단하지만 쉽지 않다고 이야기하는 사람들이 있다. 이는 이득을 봐서 기쁜 마음보다 손실을 내서 안타까운 마음이 2배는 강하게 드는 근시안적인 손실 회피 성향 탓이다. 여기에 투자 실적을 지나치게 자주 확인하는 경향이 같이 나타난다.

시장에서 얻을 수 있는 수익은 우리가 통제할 수 없지만, 어떤 위험을 감수할 것인지는 통제할 수 있음을 기억해야 한다. 체계적인 투자 규칙을 마련해 놓지 않으면 감정에 휩쓸려 부적절한 시기에 거래하기 십상이다. 달바Dalbar의 연구를 비롯해 여러 연구를 보면, 대부분의 투자자는 타이밍 결정을 굉장히 못한다. 투자자가 하는 가장 흔한 실수는 보통 최악의 시기에 투자를 그만두는 것이다.

하지만 확실한 규칙을 바탕으로 시장 원리에 맞춰 나간다면 투자가 꼭 어렵지만은 않다. 뱃사람이 바람을 통제할 수는 없지만, 어떤 식으로 바람을 타서 목적지에 도착할지는 결정할 수 있는 것처럼.

추세 추종

명심해야 할 가장 중요한 원칙은 "추세가 친구다The trend is your friend"라는 오랜 격언이다. "말을 타는 가장 쉬운 방법은 말과 같은 방향으로 가는 것"이라고 표현하기도 한다. 나는 시장의 장기 추세에서 벗어나지 않는 게 중요함을 되새기려고 사무실 벽에 이런 걸 붙여놨다.

출처: Quotatium.com

많은 사람이 익히 알고 있는 말이지만, 이 원칙을 굳건하게 지킬 수 있는 사람은 거의 없다시피 하다. 워런 버핏의 성공은 장기적으로 자신의 원칙을 지켜내는 비전이 있었기 때문이라고 볼 수 있다. 버핏은 "다른 사람보다 더 똑똑하지는 않아도 된다. 다만, 다른 사람보다 더 원칙을 잘 지켜야 한다"라고 말했다. 여기에서 원칙은 자신의 포지션을 유지하는 것에만 국한되지 않는다. 자신의 원칙에 따라 필요할 때는 불확실성이 있더라도 시장에 다시 들어가야 한다는 의미이기도 하다.

그렇다면 장기적인 시장의 추세에서 벗어나지 않을 수 있는 능력은 어떻게 얻을 수 있는가? 우선 과거의 추세 추종 실적이 어느 정도로 들어맞는지를 알아야 한다.

절대 모멘텀

추세 추종에는 이동평균*, 차트 패턴 분석, 기타 기술적 지표 등 여러 접근법이 있다. 내가 선호하는 추세 추종 방법은 절대 (시계열) 모멘텀absolute momentum **이다. 이 방법에는 다른 형태의 추세 추종 대비 몇 가지 이점이 있다. 우선, 이해하기가 쉽고 백테스트back test *** 도 용이하다. 되짚어보고자 하는 기간의 시장 등락 여부를 살펴보는 방법이다.

1927년까지 거슬러 살펴본 결과, 이동평균 지표와 비교해 절대 모멘텀이 거래가 30% 적었다. 1971년부터 2015년에 이르는 기간 동안, 우리의 글로벌 주식 모멘텀Global Equities Momentum, GEM 듀얼 모멘텀dual momentum **** 모델에는 주식 시장에서 이탈했다가 3개월 안

---

* 일정 기간의 평균.
** '모멘텀'은 증권의 가격이 특정 기간 동안 변화한 정도, 즉 증감률을 의미한다. '절대 모멘텀'은 투자 대상의 역사적 실적 대비 최근의 실적을 비교하는 개념이며, '상대 모멘텀'은 다른 종목 대비 투자 대상의 추세를 비교한다. 모멘텀이 플러스일 때 매수하고 모멘텀이 마이너스일 때 매도한다.
*** 현재의 포트폴리오나 투자전략을 과거의 자료에 대입해보는 방법.
**** 어떤 증권을 언제 매수할지 결정하는 데 두 종류의 모멘텀을 활용하는 투자 전략. 특정 기간 다른 자산보다 실적이 좋으면서 플러스 수익을 내는 자산만 선별하는 방식이다.

에 다시 들어갔던 절대 모멘텀 거래가 10건 있었다. 10개월 이동 평균의 경우에는 이탈 이후 재진입이 20건 있었다. 흔히 사용되는 200일 이동평균에서는 거래가 훨씬 더 많았다. 거래가 적을수록 마찰비용frictional costs*이 낮아지고 이중 손실whipsaw losses**이 줄어든다.

반드시 시장의 고점과 저점에 맞추어 진입하고 나와야만 투자를 잘하는 것은 아니다. 현실에서는 가격 변화에 너무 민감하게 반응하고, 고점과 저점에 지나치게 가까운 시점에 맞추어 시장에 들어가거나 나오는 투자 방법을 사용하면 대개는 이중 손실을 보게 된다.

추세 추종은 매수 후 보유 전략 대비 상승장에서 실적이 떨어지는 경우가 많다. 투자자가 시장 진입 시기를 놓치고 이중 손실을 보기 때문이다. 이는 심각한 하락장 리스크에 노출되지 않는 대가로 지불하는 값이다.

그러나 절대 모멘텀은 이중 손실로 이어지는 경우가 적으며, 듀얼 모멘텀의 상대 모멘텀relative momentum 요인으로 인해 장기적으로 하락장에서 앞서 나갈 수 있다. 절대 모멘텀이 하락장에서의 피해를 막아주는 역할을 하는 것이다. 아래의 표는 1971년 이후 절대 모멘텀과 상대 모멘텀, 듀얼 모멘텀(GEM)이 하락장과 상승장에서 어떤 실적을 냈는지 정리한 것이다.

---

* 투자 종목 결정과 종목을 바꿀 때 투자자가 지불해야 하는 비용.
** 하락 직전에 사고 오르기 직전에 팔아서 입는 손해.

1971.1~2015.12 하락장 및 상승장에서 실적

상승장	S&P 500	절대 모멘텀	GEM
1971.1~1972.12	36.0	32.6	65.6
1974.10~1980.11	198.3	91.6	103.3
1982.8~1987.8	279.7	246.3	569.2
1987.12~2000.8	816.6	728.4	730.5
2002.10~2007.10	108.3	72.4	181.6
2009.3~2015.7	227.7	136.8	106.4
평균	277.7	218.1	292.7
하락장	**S&P 500**	**상대 모멘텀**	**GEM**
1973.1~1974.9	-42.6	-35.6	15.1
1980.12~1982.7	-16.5	-16.9	16.0
1987.9~1987.11	-29.6	-15.1	-15.1
2000.9~2002.9	-44.7	-43.4	14.9
2007.11~2009.2	-50.9	-54.6	-13.1
평균	-36.9	-33.1	3.6

참고: 위의 표는 가상의 실적으로 미래 실적의 지표가 아니며, 특정 투자자가 실제로 이루어 낸 수익이 아니다.

근거

내 연구보고서 〈절대 모멘텀: 규칙 기반의 간단한 전략과 추세 추종 지표Absolute Momentum: A Simple Rule-Based Strategy and Trend Following Overlay〉를 보면, 1974년부터 2012년에 이르기까지 8가지 서로 다른 시장 상황에서 절대 모멘텀이 효과적임을 알 수 있다. 모스코비츠Moscowitz 등은 1965년부터 2011년까지의 주가 지수, 외환, 원자재, 채권 선물에 절대 모멘텀을 적용했을 때 효과가 있음을 밝혀냈다 (2011). 〈215년간의 글로벌 자산 모멘텀: 1800~2014년215 Years of Global

Asset Momentum: 1800-2014〉에서 게치Geczy와 사모노프Samonov는 1801년 부터 지금까지 상대 모멘텀과 절대 모멘텀을 주식과 주가 지수, 섹터, 채권, 외환, 원자재에 적용했을 때, 두 가지 모두 매입 후 보유 전략보다 높은 실적을 냈다는 사실을 보여주었다(2015).

그레이저만Greyserman과 카민스키Kaminski는 역대 최장 기간의 추세 추종을 다룬 연구를 진행했다(2014). 1695년부터 2013년까지의 기간에 추세 추종 모멘텀을 적용한 결과, 매입 후 보유 방법과 비교해 주가 지수 수익과 샤프 지수Sharpe ratio*가 더 높았다. 대규모 자금 인출의 가능성도 매입 후 보유 대비 적었다. 이들은 무려 1223년부터 84개의 채권, 외환, 원자재 시장에서 비슷한 결과를 도출했다! 이러한 연구 결과가 바로 자신감의 근거이며, 어떤 시장 상황에서든 절대 모멘텀을 유지할 수 있는 원동력이 된다.

시장의 과잉 반응

추세 추종에 그리 익숙하지 않으면서 낙관적인 고객도 있다. 그런 고객들도 2015년 8월과 같은 시장 스트레스의 상황에서 불안해한다. 그런 이들이 한 가지 더 알아야 하는 건, 주식이 항상 추세를 따르지는 않는다는 점이다. 증시는 스스로 과도하게 확장한 뒤 단기간에 평균으로 회귀하기도 한다. 그런 시기에 투자자는 경로를 이탈

---

* 리스크 조정 수익 계산에 가장 흔히 사용되는 방법. 특정 포트폴리오의 과거 또는 미래의 기대 실적을 투자자가 감수하게 되는 초과 위험에 따라 조정한다. 샤프 지수가 높으면 감수한 위험 대비 수익이 좋다는, 즉 안전하면서도 수익이 높다는 의미이다.

하지 않고 단기 변동성에 과잉 반응을 하지 않아야 한다.

나는 사무실에 아래 그림과 같은 커피 머그잔을 놓고, 사람들에게 단기 평균 회귀에 대해 알려주어야 한다는 사실을 되새긴다.

참고: Even dead cats bounce - 죽은 고양이도 뛰어오른다
출처: Quotatium.com

이 문구를 보면 시장의 노이즈를 무시하고, 이따금 시장에서 과잉 반응이 일어나더라도 많은 경우 평균 회귀가 뒤따른다는 점을 차분하게 받아들여야 한다고 생각하게 된다.

투자에서 단기 변동성을 제거하면서도 높은 수익을 내는 방법은 없다. 단기 변동성은 오히려 장기적으로 더 높은 수익으로 이어지므로 이를 받아들여야 한다.

기억할 것

추세의 지속성과 단기적인 평균 회귀가 존재한다는 사실은 엄밀한 학술 연구를 통해 확인되었다. 어떤 투자 방식을 택하든 이 두 가지를 염두에 두면 편안하게 확신을 가지고 투자할 수 있다. 이런 원칙을 이해하면 장기적인 투자 성공에 필요한 두 가지 특성을 갖출 수 있다. 첫째는 확실한 방법에서 벗어나지 않도록 흔들림 없이 원칙을 지키는 힘이고, 둘째는 인내심이다.

워런 버핏은 주식 시장은 참을성 없는 사람에게서 참을성 있는 사람에게 부가 이전되는 메커니즘이라고 했다. 우리도 버핏처럼 단기적으로 변동성이 있고 벤치마크 대비 실적이 낮을 수밖에 없는 시기를 참을성 있게 받아들여야 한다.

추세 지속성과 평균 회귀의 개념을 항상 유념하기가 어렵다면, 나처럼 포스터와 커피 머그잔을 마련하기를 권한다.

저자 **게리 안토나치**

북어워드를 수상한 《듀얼 모멘텀 투자 전략Dual Momentum Investing: An Innovative Strategy for Higher Returns with Lower Risk》의 저자로, 상대적 우위 가격 모멘텀과 추세 추종 절대 모멘텀을 결합하는 듀얼 모멘텀 개념을 투자업계에 도입했다.

모멘텀 투자 연구로 2012년에는 미국 액티브 투자매니저 협회National Association of Active Investment Managers, NAAIM에서 매년 수여하는 바그너상 1등상, 2011년에는 2등상을 수상했다.

1978년 하버드 경영대학원에서 경영학 석사학위를 받았으며, 그 이후 학문적 연구를 기반으로 한 혁신적인 투자 전략 연구 및 개발, 적용에 집중하고 있다.

3.

지속 가능한 경쟁 우위의 원천

모건 하우절Morgan Housel

데이비드 폴 그렉David Paul Gregg의 CD 발명은 역사를 바꾼 놀라운 일이었다. 하지만 CD는 만들기가 어렵지 않고 시간이 지나면서 활용도가 떨어진 탓에 CD 개발자의 이름을 들어본 사람은 아마 없을 것이다.

대부분 이런 식이다. 괜찮은 제품이나 사업 아이디어가 인기를 얻으면 강력한 경제 논리가 발동하면서 복제와 상업화가 일어난다. 제프 베이조스의 "남의 마진이 곧 내 기회"라는 말은 이를 잘 담고 있다.

비즈니스와 투자 성공의 핵심은 우위를 찾아내는 것이 아니다. '지속 가능한' 우위를 갖춰야 한다. 아이디어가 공개되고 특허가 만료되어도 다른 사람들이 따라 할 수 없거나, 따라 할 생각이 들지 않아야 한다.

다른 사람이 할 수 없는 것을 찾기란 거의 불가능하다. 지능은 지속 가능한 경쟁 우위의 원천이 아니다. 세상에는 똑똑한 사람이 많고, 예전에 지능의 영역이라고 여겨졌던 것 중 많은 부분이 이제는 자동화되었기 때문이다.

그러므로 다른 사람들이 하고 싶어 하지 않는 것이 지속 가능한 경쟁 우위의 우선적인 원천이라고 할 수 있겠다.

크게 5가지로 볼 수 있다.

더 빨리 학습하는 능력

IQ가 110인데 세상의 변화를 감지하는 능력을 갖춘 사람은 IQ가 140이더라도 생각이 경직된 사람보다 늘 앞서 나간다. 세상에는 똑똑하지만 성과를 내지 못하는 사람들이 많다. 오늘날과는 너무나 달랐던 2, 30년 전의 지식에 머물러 있기 때문이다. 그리고 지식에는 많은 매몰 비용(예를 들면, 진학도 쉽지 않고 비용이 많이 드는 대학 교육)이 수반되기 때문에 사람들은 세상이 계속 변해도 자신이 배운 것을 고수하려는 경향이 있다. 그러니 더 이상 의미 없는 문제를 해결하는 능력보다는 자신의 실수와 상황의 변화를 인지할 수 있는 능력이 더 효과적일 수 있다. 이 말이 당연하게 들리겠지만, 코닥과 시어스*가 1980년대의 문제를 2000년대에 해결하려고 한 것을 보면 꼭 그렇지도 않다.

마크 앤드리슨Marc Andreessen이 주창하는 '약하게 유지하는 강한

---

* 2018년 파산 신청한 미국의 최대 유통업체.

신념'은 내가 아주 좋아하는 개념이다. 무언가에 확신이 있으면서도 (집중) 오류가 있거나 더는 시대에 맞지 않다고 밝혀진 생각을 흔쾌히 포기하는 태도(겸손)보다 더 강력한 능력은 거의 없다.

고객에게 더 공감하는 능력

모닝스타에 따르면 뮤추얼펀드 매니저의 47%는 자신이 운용하는 펀드 중 개인적으로 가입한 것이 전혀 없다고 한다. 충격적인 일이다. 하지만 대부분의 기업에서 비슷한 일이 일어나고 있으리라 생각한다.

맥도날드의 임원 중에서 시찰 목적이 아니라, 정말로 맥도날드의 음식을 먹고 싶어서 매장에 자주 방문하는 사람이 얼마나 되겠는가? 거의 없을 것이다. 델타항공의 CEO가 탑승을 거부당하거나 항공사 측의 실수로 짐을 분실한 적이 몇 번이나 되겠는가? 아마 한 번도 없을 것이다.

고객이 어떤 식으로 제품을 경험하는지 알지 못하면 기업에서 해결하고자 하는 문제와 고객의 관점에서 해결이 필요한 문제 사이에 궁극적으로 괴리가 생길 수밖에 없다. 여기서도 마찬가지로, IQ가 낮지만 고객에게 공감할 수 있는 사람이 IQ는 높지만 고객의 관점에서 생각하지 못하는 사람보다 거의 항상 승률이 더 높다. 기존 선거 운동 전략의 힘보다는 유권자의 분위기를 이해하는 것이 훨씬 중요했던 2016년 미국 대선에서도 이런 점이 잘 드러났다.

이는 최고의 작가들이 독서광인 이유와도 일맥상통한다. 이들은 직접 책을 소비하는 고객이기도 하기에 독자들이 무엇을 원하고 그렇지 않은지를 잘 알기 때문이다.

더 효과적으로 커뮤니케이션하는 능력

최고의 제품을 만들어내는 기업이 반드시 사업적으로 성공하는 것은 아니다. 누가 됐든 가장 설득력을 갖춘 기업이 성공한다. 조지 소로스는 금융 분야에서 가장 뛰어난 사람으로 손꼽히겠지만, 금융 자문가로서는 처참하게 실패했을 것이다. 소로스의 책을 읽는 사람 열 명 중 단 한 명도 책이 어떤 내용을 담고 있는지 이해하지 못하기 때문이다.

비즈니스의 우위는 대부분 신뢰와 간결함이 교차하는 지점에서 형성된다. 두 가지 모두에서 고객이 관심을 돌리기 전에 내가 무슨 일을 왜 하고 있는지를 전달하는 능력이 필요하다.

이는 똑똑한 사람일수록 더 어려워하는 경향이 있는 이상한 일이기도 하다. '지식의 저주curse of knowledge'라는 편향이 있는데, 자신보다 경험이 적은 사람이 같은 방식으로 세상을 바라보기 힘들다는 사실을 깨닫지 못하는 것이다. 나는 지식의 저주가 벌어지는 상황을 직접 본 적이 있다. 어떤 금융 자문가가 금융 지식이 거의 없는 할머니에게 (그분이 원하는 대로) 채권 비중을 늘리는 것은 "수익률 곡선의 기울기 때문"에 불가능하다고 이야기한 것이다. 그 할머니는 그게 무슨 말인지 이해하지 못했고, 본인이 혼동한 것인지 자문가가 전달을 제대로 하지 못한 것인지 구분할 수가 없어서 신뢰가 무너지는 경험을 했다고 내게 이야기했다.

더 많이 실패할 의향

실수할 의향이 없다는 것은 성공 가능성이 큰 일만 시도한다는 뜻이다. 그리고 그런 일은 지금 이미 하는 일을 아주 약간만 변형한 경우가 많은데, 세상이 변하면 조만간 쓸모가 없어질 수도 있다.

베이조스의 말을 다시 인용하자면, "매년 진행하는 실험의 수를 2배로 늘리면 창의성을 2배 늘리게 된다."

핵심은 파국에 이르지 않으면서 자주 실패할 수 있는 문화를 조성하는 것이다. 즉, 성공하지 못할 일을 한다고 직원에게 불이익을 주거나, 실패하면 회사가 무너질 수도 있는 아이디어 하나에 너무 투자를 많이 해서는 안 된다.

나는 아마존과 구글이 성공한 원인은 다른 어떤 회사보다도 실패를 더 잘하고, 또 실패할 의향이 넘치기 때문이라고 확신한다. 여러 번의 작은 실패를 받아들여야만 결국 크게 성공하는 몇 가지를 찾아낼 수 있다.

더 오래 기다릴 의향

보상은 스펙트럼상에 존재한다. 단기적인 보상은 예측이 어렵고 작지만, 더 오래 기다리면 보상이 커지고 확률이 높아진다.

경쟁자보다 더 오래 기다리는 성향을 갖추는 것만으로 얼마나 많은 경쟁 우위가 생기는지를 보면 아마 놀랄 것이다.

더 오래 기다리면 초기의 실수에서 학습하고 고쳐 나갈 수 있는 시간을 벌게 된다. 임의성이 줄어들고, 구체적인 성과를 내는 데 한 발 더 다가갈 수 있다. 사람들의 예측 불가능한 감정에서 생기는 단기적인 혼란과 무논리가 아니라, 중요한 문제에 집중할 수 있게 된다.

경쟁자는 2년밖에 기다리지 못하지만 내가 5년을 기다릴 수 있다면, 지능이나 능력과는 관계가 없으면서도 강력한 우위를 점하게 된다.

이거야말로 비즈니스에서 거의 공짜나 다름없는 것이 아닌가.

저자 **모건 하우절**

컬래버레이티브 펀드The Collaborative Fund의 파트너다. 미국 비즈니스 편집자 및 작가 협회Society of American Business Editors and Writers에서 수여하는 최우수 비즈니스상을 두 차례 수상했며, 제럴드 로브 상Gerald Loeb Award 우수 비즈니스 및 금융 저널리즘 부문에 두 차례 최종후보에 오르기도 했다. 《컬럼비아 저널리즘 리뷰Columbia Journalism Review》에서 〈최고의 비즈니스 글 2012Best Business Writing 2012〉 모음집에 선정되었다. 2013년에는 스크립스 하워드 상Scripps Howard Award의 최종후보에 올랐다.

4.

누가 순진하다는 거야, 케이?

벤 헌트 Ben Hunt

위대한 문학은 전부 둘 중 하나다. 어떤 사람이 여행을 떠나거나, 낯선 사람이 마을에 오거나.

— 레오 톨스토이

사탄: 다른 꿈을 꾸게, 그것도 더 잘!

— 마크 트웨인, 《불가사의한 이방인》

트웨인은 마지막 소설인 《불가사의한 이방인》을 11년간 집필했지만 끝내 완성하지 못했다. 이 책은 크게 세 부분으로 구성되어 있으며, 트웨인의 작품 중 가장 어둡고 재미가 없는 작품이다. 개인적으로는 가장 좋아하는 작품이다.

해럴드 힐: 여러분은 인정하고 싶지 않은 상황을 못 본 체하고 있거나, 동네에 당구대가 있다는 것이 어느 정도의 재앙인지 모르고 있는 겁니다!

'피리 부는 사나이' 전설은 원래 끔찍한 살인 이야기였는데, 독일의 하멜린에 "우리 아이들이 떠난 지 100년이다."라는 최초의 기록이 남아 있다(1384).

스탠리 문: 당신 이름은 루시퍼인 줄 알았는데.

조지 스피고트: 맞아. 예전에는 '빛을 가져오는 자'였지. 멍청한 이름
　　　　　　　이었어.

조지 스피고트: 내가 지금까지 네게 한 말은 전부 다 거짓말이야. 그
　　　　　　　것도 포함해서.

스탠리 문: 뭐를 포함해서?

조지 스피고트: 내가 지금까지 네게 한 말은 전부 다 거짓말이라는
　　　　　　　거. 그렇지는 않아.

스탠리 문: 뭘 믿어야 할지 모르겠군.

조지 스피고트: 나는 아니지, 스탠리, 내 말을 믿으라고!

브렌든 프레이저가 출연한 2000년의 졸작이 아니라, 피터 쿡과 더들리 무어가 출연한 천재적인 1967년 판으로 꼭 보아야 하는 영화이다. 러스트역으로는 라켈 웰치가 출연했다.

웨이드 윌슨: 리암 니슨이 나오는 악몽을 또 꿨어. 내가 그 사람 딸
　　　　　　을 납치했는데, 당최 받아들이지를 못하는 거야. 그걸
　　　　　　로 영화를 세 편 찍었지. 어느 시점에 가서는 리암 니슨
　　　　　　이 그냥 나쁜 아버지인 건 아닌지 생각해봐야 한다고.

찰흙을 빚어 그릇을 만들지만,

그 속이 비어 있어야 쓸모가 있다.

문과 창문을 내어 방을 만들지만,

그 안이 비어 있어야 쓸모가 있다.

그러므로 유有로써 이롭게 하는 것은

무無로써 그 쓰임을 다하기 때문이다.

— 노자

은광에서 금을 찾으려는 것 같아

와인 병에서 위스키를 마시려는 것 같아

— 엘튼 존/버니 토핀, 〈홍키 캣〉

마이클: 우리 아버지도 힘 있는 사람, 그러니까 대통령이나 상원의원

처럼 권력이 있는 사람과 다를 바 없다고.

케이 아담스: 네가 얼마나 순진한 소리를 하고 있는지 알기나 해, 마이

클? 대통령이나 상원의원은 사람을 죽이라고 하지 않아.

마이클: 아. 누가 순진하다는 거야, 케이?

— 〈대부〉

톨스토이의 유명한 말처럼 문학에는 두 가지 이야기밖에 없다. 어

떤 사람이 여행을 떠나거나, 낯선 사람이 마을에 오거나. 이 둘 중

시장과 투자의 세계에서 우리에게 더 익숙한 이야기는 각자의 삶에

대한 주관적인 인식에 입각한 첫 번째 종류다. 배우고, 경험하고, 어려움을 극복하고, 실력을 쌓는다. 아니, 정확히는 스스로에게 그렇게 이야기한다.

그러나 아주 먼 미래에 우리의 투자 여정을 돌이켜보면 '영웅'이 아니라 '불가사의한 이방인'의 전형으로 보일 것이다. 인류의 역사만큼이나 오래된 이야기, 그리고 항상 좌절을 겪은 이방인이 '그런 계약에 서명하거나 그런 말에 속다니, 내가 무슨 생각이었던 거지? 나는 왜 그렇게 순진했을까?'라고 반성하면서 끝나는 이야기 말이다.

요즘의 불가사의한 이방인은 물론 한 사람이 아니라 미국, 유럽, 일본, 중국의 중앙은행이라는 마피아 기관이다. 중앙은행의 수장은 〈뮤직맨〉의 로버트 프레스턴Robert Preston 만큼 카리스마가 있지는 않겠지만, 그와 비슷하게 투자자를 홀린다. '리버 시티River City'의 선량한 사람들은 이 '뮤직맨'의 커뮤니케이션 정책과 포워드 가이던스˙를 기준으로 채권 상품을 산다. 중앙은행의 커뮤니케이션 정책과 포워드 가이던스를 기준으로 크고 작은 투자자가 금융 자산을 매입하는 것이다. 정도와 규모에는 차이가 있지만, 종류의 차이는 아니다.

불가사의한 이방인은 단순하거나 일차원적인 사기꾼이 아니다. 아니, 사기꾼이긴 하지만 온전한 악당이다. 대체로 자신의 목표에 대해서 솔직한 편이며, 똑똑한 말로 목표를 달성하고자 한다. 그러니까 코를레오네가※의 사람과 결혼한다는 것이 어떤 의미인지 케

•　중앙은행의 미래 정책 방향을 외부에 알리는 조치.

이가 몰랐다는 것은 아니다. 마이클은 처음부터 케이에게 아주 분명하게 자기 입장을 밝혔다. 그러나 케이는 마이클이 갑자기 자신의 인생에 다시 나타나자, 그의 말을 너무나도 믿고 싶은 나머지 의심을 내던지고 마이클이 내세우는 그럴듯한 '내러티브'를 받아들인다. 나는 마이클도 가문을 조직 범죄의 세계에서 온전하게 빼낼 수 있으리라는 자기 말을 실제로 믿었다고 생각한다. 마찬가지로, 옐런 전 연준 의장이 2014년 여름에 긴축과 터널 끝에 빛이 보인다고 언급했을 때도 스스로 그 이야기를 믿었을 것이라 확신한다. 우리는 모두 상황에 따라 거짓말쟁이가 되니까.

〈대부〉의 스토리 라인에 비추어 투자자를 케이 역에, 연준을 마이클 코를레오네 역에 대입해 비교해보자. 케이에게 불행한 결말이기는 하지만(마이클에게도 그리 좋은 결말은 아니고), 제법 잘 들어맞는 비유라고 생각한다. 우리는 케이의 운명을 피할 수 있을까?

케이와 마찬가지로 우리는 지금 달러와 다른 통화의 상대적인 가치가 반영하듯이 마피아, 그러니까 연준 그리고 경쟁적인 통화 정책과 결혼한 상태다. 2014년 여름 이후로 무역 가중 달러trade weighted dollar**와 석유, 신흥시장, 산업·제조업·에너지 주식 사이에 강력한 마이너스 상관관계가 있다는 것이 엄연한 사실이다. 다음은 에너지 투자자라면 누구나 진심으로 중요하게 생각할, 주로 파이프라인과 인프라 계열의 미드스트림 에너지 기업 43개로 구성된 알레리안

** 무역 가중 달러 지수는 미국과 교역하는 주요국의 통화 대비 미국 달러가 평균적으로 얼마나 가치가 있는지를 표시한다.

MLP 역지수_{inverted Alerian MLP index}(티커: AMZ) 대비 무역 가중 달러다.

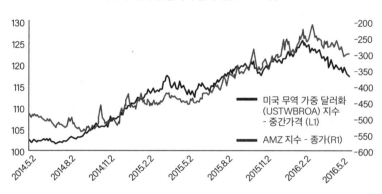

미국 무역 가중 달러와 알레리안 MLP 지수

위에 제시된 -94%의 상관관계는 펀더멘털이나 실물 경제와는 어떤 식으로든 확실한 접점이 없는 두 종목(파이프라인과 달러화) 사이는 말할 것도 없거니와, 종류를 막론하고 두 종목 간에 존재할 수 있는 상관관계 중 상당히 강력한 것이다. 하지만 불가사의한 이방인이 마을에 오면 이런 일이 항상 일어난다. 기존의 행동 방침(즉 상관관계)은 쓸데없는 것이 되고, 이방인이 하는 입에 발린 소리와 약속에 홀랑 넘어가면서 새로운 규칙과 상관관계가 생겨난다. 왜냐하면 불가사의한 이방인이 하는 일이 바로 그런 거니까. 내러티브와 믿음을 갈구하는 우리의 집단적인 생각이 무엇이든, 그런 의식에 착 달라붙는 설득력 있는 이야기를 하는 것이다.

시장에서는 이런 현상이 딱히 새롭지도 않다. '화제주_{story stocks}'

는 늘 있었고, 특히 기술·미디어·텔레콤(TMT) 부문에는 카리스마 있는 이야기꾼 경영진과 이들의 노력 여하에 따른 밸류에이션 멀티플valuation multiples에 대한 이야기가 상당히 많다.

내가 가장 좋아하는 화제주의 사례는 세일즈포스닷컴Salesforce.com(티커: CRM)이다. 시가총액 550억 달러의 기업으로 직원 수는 1만 9,000명, 매출은 65억 달러 정도다. 내가 알기로 세일즈포스닷컴은 창립 이후 GAAP 수익을 한 푼도 낸 적이 없다(회계연도 2016년에 세일즈포스닷컴은 GAAP 기준 주당 0.07 달러의 손실을 기록했다). 그래서 비非GAAP 수익을 기준으로 평가하는데, 그럼에도 회계연도 2017년의 당사 추정치인 주당 1달러의 80배(!) 정도에 거래된다.

세일즈포스닷컴은 이야기 장인인 마크 베니오프Marc Benioff가 CEO로 재임하는 행운을 누리고 있다. 그의 말을 들어보면 알겠지만, 세일즈포스닷컴의 가치를 예약 증가나 그와 비슷한 종류의 지표로 평가해야 하는 이유를 꽤 설득력 있게 제시하는 사람이다. 물론 내 안의 회의주의자는 가뜩이나 영업사원들이 예약 증가에 따른 보상을 받는 상황에서, 굳이 손실을 봐가며 소프트웨어 서비스의 매출을 늘리는 것이 그리 좋지는 않다는 점에 주목할 것이다. 내 안의 냉소주의자는 지난 10여 년간 베니오프가 일련의 10b5-1 계획*을 통해 CRM의 주식 1만 2,500~2만 주를 팔아치웠다는 점에 주목할지도 모르겠다. 바로 그 때문에 베니오프는 수십억에 달하는

---

* 미 증권거래위원회sec의 규정으로, 내부 정보를 이용한 기업 내부자의 주식 거래를 제한하고자 사전에 제출한 계획대로 주식을 거래하도록 한다.

자산가, 그것도 유동성 있는 자산을 가진 억만장자고, 나는 그렇지 않은 것일 테다. 다음의 차트는 CRM의 5년 차트다.

세일즈포스닷컴(CRM) 5년 차트

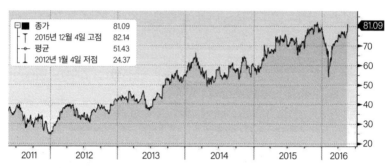

© 2016.5.20 현재 블룸버그 파이낸스 L.P.의 자료. 설명 목적으로만 제공되며, 과거의 성과는 미래의 실적을 보장하지 않는다.

나쁘지는 않다. 지난 5년간 138% 올랐다. 2016년 초반에는 약간의 등락이 있었지만 주가는 확실히 반등했다. 하지만 조금 더 깊이 들여다보도록 하자.

이 5년 차트에 포함되는 거래일 수는 1,272일이다. 전체 거래일의 2%가 채 되지 않는 21일이 (항상 수요일 폐장 이후) 세일즈포스닷컴의 수익보고 다음날인 목요일이었다. 그 21 거래일을 제하면, 세일즈포스닷컴의 주가는 지난 5년간 불과 35% 상승했을 뿐이다. 어떻게 이런 일이 가능한 것일까? 어떤 인과 과정을 거친 것인가? 베니오프는 지난 여러 해 동안 수익 발표가 나간 수요일 밤 이후에 진행자인 크레이머Cramer가 항상 "사세요, 사세요, 사세요!"라고 소리 높여 이야기하는 〈매드 머니Mad Money〉에 출연했다. 수익 발표 다음 날인 목요일 아침이 되면, 매도측 애널리스트 두세 명의 '연합'이 거래가 시작되기 전에 세일즈포스닷컴 주식의 분기 성과에 대해 극찬하는 평을 내놓는다. 해당 목요일의 모든 투자자가 크레이머나 매도측 애널리스트의 이야기를 믿는 것은 아니다. 세일즈포스닷컴 주식을 공매하는 사람들은 특히 그럴 것이다(CRM은 항상 공매 총액이 높다). 그러나 '상식 게임'에서와 마찬가지로, 주식을 공매한다는 것은 다른 사람도 모두 크레이머와 매도측 애널리스트(게임이론의 용어를 쓰자면 '선교사Missionaries•')의 이야기를 들었음을 알고 있다는 의미이며, 다른 사람도 모두 이러한 '상식', 즉 모두가 알고 있다는 사실을 다들 알고 있는 상황에 맞추어 행동할 것이라고 예상해야 한다. 여기에서 유일하게 할 수 있는 논리적인 행동은 다른 사람이 공매 포지션을 커버하기 전에 나도 그렇게 하는 것이다.

그러면 전형적인 숏 스퀴즈short squeeze••가 발생해 주가가 급등한다. 물론 수익 발표를 할 때마다 이런 일이 벌어진 것은 아니다. 마크 베니오프와 그 일당도 형편없는 분기 실적을 눈에 띄는 성과로 포장하지는 못했다. 그런데도 발표 때마다 주가가 오르는 일은 오랜 기간에 걸쳐 놀라울 정도로 일관되게 나타난 행태로 인한 결과, 내가 알고 있는 사례 중 상식 게임이 가장 잘 작동한 경우다.

하지만 아직 남은 이야기가 더 있다. 이제, 베니오프의 내러티브

• 말로 시장을 움직이는 사람들을 의미한다.
•• 주가 하락을 예상하고 공매도를 했는데 주가가 갑자기 올라서 공매도를 했던 투자자들이 손실을 줄이고자 주식을 매수하는 것.

와 상식 게임에 연준의 내러티브와 상식 게임을 더해보자. 지난 5년 간 연방공개시장위원회FOMC에서는 공식적인 성명을 43번 발표했 다. 지난 5년간 세일즈포스닷컴의 주식을 FOMC의 성명 발표일인 43일과 수익 발표일인 21일 동안만 보유한다고 가정하면 상승폭이 167%이지만, 나머지 1,208일 동안 보유하면 8% 하락한다.

세일즈포스닷컴 주가 상승

© 2016.5.19 현재 블룸버그 파이낸스 L.P.의 자료. 설명 목적으로만 제공되며, 과거의 성과는 미래의 실적을 보장하지 않는다.

그렇다면 다른 주식은 어떠한가? 지수 전체는? 알레리안 MLP 지 수를 다시 살펴보도록 하자. 지난 5년간 AMZ를 FOMC가 성명을 발표한 43일 동안만 보유하면 상승폭이 28%이지만, 나머지 1,229 거래일 동안 보유하면 39% 하락한다. 지난 2년간 AMZ를 FOMC가 성명을 발표한 16일 동안만 보유하면 18% 상승하지만, 나머지 487 거래일 동안 보유하면 48% 하락한다. 덜어냄을 통해 더함을 이루었 으니 노자가 자랑스러워할 만하다.

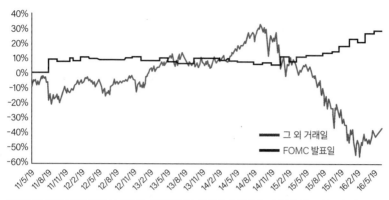

알레리안 MLP 지수 가격 상승

© 2016.5.19 현재 블룸버그 파이낸스 L.P.의 자료. 설명 목적으로만 제공되며, 과거의 성과는 미래의 실적을 보장하지 않는다.

나는 〈착시와 현실Optical Illusion/Optical Reality〉에서 썼던 말을 반복하고자 한다. MLP 투자자가 유전 고갈 예정 시기와 리그 카운트rig counts˙보다는 G-7 회의와 연준 이사의 말로 찻잎점을 치는 데 더 많은 관심을 쏟아야 한다는 사실을 믿기 어려울 것이다. 하지만 나는 보이는 대로 현상을 해석할 따름이다. 내가 쓴 《엡실론 이론Epsilon Theory》에 숨어 있는 핵심 메시지가 있다면, 현상을 그에 맞는 이름으로 불러야 한다는 것이다. 이는 굉장히 전복적인 행위다. 상황을 진정으로 바꿀 수 있는 유일한 전복적 행위인지도 모르겠다. 여기서도 마찬가지다. 요즘에는 신흥 시장과 원자재 시장, 산업/에너지 주식 등 아주 많은 시장이 존재하며, 우리는 이들을 'FOMC 정책의 파생 표현'이라고 불러야 한다. 예전에는 기술주만 화제주였

˙ 원유 채굴 시추기의 수로, 원유 생산량의 선행지수로 볼 수 있다.

다. 요즘에는 모든 주식이 화제주이며, 상식 게임의 논리가 그 어느 때보다도 시장 행태와 가격 행동을 이해하는 데 도움이 된다.

FOMC 성명 발표일과 기타 거래일 사이에 완전한 플러스 또는 마이너스 전환이 일어나는 것은 아니지만, S&P 500 전반에도 이러한 현상이 분명하게 나타난다. 지난 5년간 FOMC가 성명을 발표한 43일 동안만 SPX를 보유하면 17% 상승하며, 나머지 1,229 거래일 동안 보유하면 28% 상승한다. 지난 2년간 FOMC가 성명을 발표한 16일 동안만 SPX를 보유하면 상승폭이 5%, 나머지 487 거래일 동안 보유하면 상승폭이 2%이다.

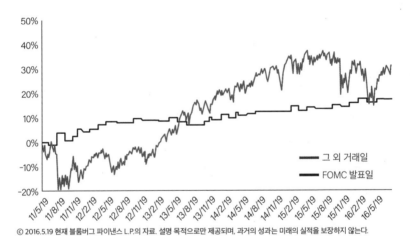

S&P 500 지수 가격 상승

© 2016.5.19 현재 블룸버그 파이낸스 L.P.의 자료. 설명 목적으로만 제공되며, 과거의 성과는 미래의 실적을 보장하지 않는다.

눈을 부릅뜨고 이런 차트를 들여다보면 어떤 결론을 내릴 수 있을까? 2014년 7월 드라기 ECB 총재와 옐런 연준의장이 2014년 7월부터 '통화 정책의 대분열"'을 시작한 후 지난 2년간 내러티브 효과와 상식 게임의 영향이 가속화되었다. 다른 요인이 없었다면 주가가 하락할 시기에 내러티브 효과와 상식 게임은 특히나 큰 영향력을 발휘하며, 이는 주가 지수 전반으로 확산하고 있다. 적어도 내가 보기에는 그런 상황이다.

그렇다면 이런 현실 인식을 바탕으로 투자자는 무엇을 해야 할까? 두 가지를 생각해볼 수 있겠는데, 하나는 실질적인 행동 방침이고 다른 하나는 관점의 전환이다. 전자가 재미는 더 있겠으나 후자가 더 중요하다.

첫째, 이와 관련하여 실질적인 리서치 프로그램이 있으며, 내가 이 짧은 글에서 전하고자 하는 내용은 상식 게임을 실용적으로 활용하면 화제주를 다루는 투자 전략을 뒷받침할 수 있다는 것이다. 이 리서치 프로그램에 관심이 있는 사람이라면 데이터를 받아서 본인이 가장 좋아하는 주식이나 뮤추얼펀드, 인덱스에 적용해보기를 권한다. FOMC 성명 발표일은 연방 준비이사회의 웹사이트에서 바로 알아볼 수 있다. 계량경제학에서 석사나 박사학위를 따지 않아도 이 내용을 살펴보는 데는 문제가 없다.

이 리서치 프로그램이 어떤 결론을 낼지는 알 수 없지만, '엡실론 이론'을 통해 이를 밝혀 나가고자 한다. 투자 분야의 오픈소스 소프트웨어 개발이라고 볼 수 있다. 다만, 상식 게임은 100 거래일

<hr />

• 유럽중앙은행ECB은 양적 완화를 연장하고 연준은 금리 인상 기조로 전환하여, 미국과 유럽의 통화 정책이 엇갈렸던 시기.

중 98일 동안 아무것도 하지 않는다고 다짐하는 것이기 때문에 단독 투자 전략으로 변환하기는 어려울 것이다. 이런 아이디어로 자금을 끌어오려면 운이 따라야 할 것이고. 그러나 특히 액티브 펀드를 운용하는 데 우리가 현재 사용하는 단독 전략에 더하여 활용할 수 있는 좋은 관점이다. 요즘의 개별 종목 투자자들은 중앙은행이라는 그랜드 카지노에서 재미없고 확신 수준이 낮은 패를 계속 받고 있다. 거의는 전략과 관계없이 소극적으로 '아무것도 하지 않는 것'이 옳은 결정이지만, 똑똑한 투자자는 아무것도 하지 않는 것을 가장 견디기 힘들어한다. 상식 게임의 메시지와 그 강력한 영향력을 우리의 현재 투자 전략에 더해서 사용하면, 대체로 아무것도 하지 않아야 한다는 옳은 결정을 더 쉽게 내릴 수 있다.

이는 이 글의 두 번째 시사점과도 관련이 있다. 불가사의한 이방인 이야기에서 알아야 할 가장 중요한 것은 이야기의 내용이 어떠하든 이방인이 주인공이라는 점이다. 영웅은 없다! 불가사의한 이방인을 만나면 목표를 단순하게 잡아야 한다. 이방인과 만나고 나서도 살아남아야 한다는 것.

(개인적으로든 집단적으로든) 우리가 겪고 있는 투자 시대의 주인공이 우리가 아니라는 생각을 하기는 굉장히 힘들다. 우리는 자아를 가진 생명체이기 때문이다. 모두 각자의 영화에서는 주인공이며, 각자의 사운드트랙 주제가를 듣는다. 그러나 불가사의한 이방인은 리암 니슨이 〈테이큰〉의 또 다른 속편에서 납치된 딸을 구하기 위해 (두 번! 세 번을!) 길을 나섰듯 우리가 영웅적으로 극복해야 할 장애

물이 아니다. 어느 시점에 이르면 이런 종류의 영웅주의는 리암 니슨이 양육을 제대로 하지 못하고 있다는 점을 보여줄 뿐이며, 개별 종목 투자자 또는 과거의 상관관계와 투자의 의미를 고집하는 사람의 경우에는 본인이 투자를 잘 못하고 있다는 방증에 불과하다.

오늘 존재하는 상관관계와 투자의 의미는 각 중앙은행장을 비롯하여, 이들이 하는 이야기와 밀접하게 얽혀 있다. 지금 세계에서는 수익률이 낮고 정책이 통제력을 발휘한다. 중앙은행장이 지배하는 실버 에이지에서 '살아남는 투자자'가 되려면, 이들이 하는 말의 영향력을 인식하고 기존에 사용하던 투자 전략에 포함해야 한다. 그러면서도 순진하게 그런 말을 진심으로 받아들여서는 절대로 안 된다.

저자 벤 헌트

세일리언트 파트너스Salient Partners의 수석 투자전략가이며, 게임이론과 역사의 시각으로 시장을 분석하는 뉴스레터 및 웹사이트〈엡실론 이론〉의 운영자다. 180개국에서 10만 명이 넘는 전문투자자와 자산배분가가〈엡실론 이론〉의 신선한 관점과 새로운 통찰을 참고한다. 회사 차원의 투자 전략을 수립하며, 포트폴리오 매니저와 핵심 클라이언트의 의사결정 과정에 본인의 투자 관점을 접목한다. 직접 포트폴리오도 운용하며, 다양한 투자 출판물과 미디어 프로그램에 큰 비중으로 참여하고 있다.

1991년 하버드대학교에서 정치학 박사학위를 받고, 뉴욕대학교와 서던메소디스트대학교에서 10년간 정치학을 강의했다.《전쟁에 이르기까지Getting to War》와《정책과 정당 경쟁Policy and Party Competition》등 마이클 레이버Michael Laver와 2권의 학술서를 공동집필했다. 테크 기업 2개를 창업했으며, 건설장비 업계를 대상으로 지능형 스키매틱 및 부품 다이어그램을 제공하여 예비부품 전자상거래를 촉진하는 소프트웨어 회사 스마트이큅SmartEquip의 공동 창업자다.

2003년 벤처 캐피털로 투자에 입문했으며, 롱/숏 주식 헤지펀드 2개의 포트폴리오 매니저로 활동했다. 2006~2011년에는 이리디안 자산운용Iridian Asset Management에서, 2012~2013년에는 TIG 어드바이저스TIG Advisors에서 근무하다 2013년 세일리언트에 합류했다.

5.

투자 전에 반드시 해야 하는 5가지 질문

토드 트레시더 Todd Tresidder

손해 보는 투자를 미리 거르는 법

핵심은 다음과 같다.

1. '비즈니스 상식 테스트'를 통해 이익을 얻는 방법을 배운다.
2. 다른 것보다 먼저 해야 할 가장 중요한 질문을 파악한다.
3. 본인의 돈을 지켜줄 5가지 특별 보너스 실사實査 질문을 이해한다.

투자에서 모르는 것은 약이 아니다. 값비싼 대가를 치른다.

투자에 대해 모르면 비용이 발생한다.

하지만 해결책은 간단하다. 실사를 하면 된다. 실사는 전문 투자자와 아마추어를 구분하는 중요한 능력이다.

아마추어 투자자는 실사를 하지 않고 직감이나 어디선가 읽은 기사, 중개사의 투자 조언, 믿을 만하다는 정보 등을 믿고 힘들게 번 돈을 덜컥 투자한다. 이런 식의 투자는 불필요하고 피할 수 있는 위험을 초래하며, 결국 엄청난 손실로 이어진다.

전문 투자자는 그러지 않는다. 한 푼이라도 위험에 노출하기 전에 하고자 하는 모든 투자에 대한 조사를 먼저 한다. 당연히 귀찮고 힘든 일이지만, 어려운 질문의 답을 미리 알고 있으면 나중에 큰 손해를 막을 수 있다.

투자 실사를 대신할 수 있는 일은 그냥 없다고 보면 된다. 투자에 대해 몰랐던 부분에서 돈이 나갈 것이다.

다음은 종류를 막론하고 투자를 하기 전에 스스로에게 반드시 해야 하는 5가지 실사 질문이다.

실사 질문 1: 돈을 잃을 경우의 수는 무엇인가?

이 질문은 너무나 중요하다. 나머지 4가지는 제쳐두고 이 내용만 뼈에 새겨질 때까지 반복에 반복을 거듭하고 싶은 마음이 들 정도다.

어떤 투자로 인해 돈을 잃을 수 있는 모든 경우의 수를 이해해야 비로소 그 투자에 대해 안다고 할 수 있다.

규칙 1: 절대로 돈을 잃지 않는다.

규칙 2: 절대로 규칙 1을 잊지 않는다.

— 워런 버핏

이 질문은 정말 중요하다. 투자한 돈을 회수할 수 있는지에 우선 집중해야 하고, 그런 후에야 투자금의 수익을 따져야 한다.

어떤 투자를 분석할 때 나는 가장 먼저 손실로 이어질 수 있는 주요 리스크를 전부 사전에 따져보고, 어떤 식으로 돈을 잃을 수 있는지 경우의 수를 모두 알아본다.

이렇게 리스크를 모두 따지고 나면 두 번째 단계로 넘어가, 관리가 가능한 리스크는 모두 사전에 관리해서 제거한다. 아래에서 이 두 단계의 실사 과정을 더 자세하게 살펴보도록 하겠다.

1단계: 리스크 프로필 작성

우선, 어떤 투자를 했을 때 돈을 잃을 수 있는 경우의 수를 모두 알아봐야 한다. 투자와 관련된 리스크를 알아보고 분류하는 것이다.

관리할 수 있는 리스크가 얼마나 많은지 알게 되면 깜짝 놀랄 수도 있다. 제대로 된 포트폴리오와 투자 전략이 있으면 보통 한두 가지를 제외한 주요 리스크를 모두 괜찮은 수준으로 관리할 수 있다. 여기서 제외한 한두 가지 리스크가 그 투자에서 통제되지 않는 특수한 리스크 프로필을 구성하게 된다. 투자하면서 감수해야 하는 잔여 리스크인 것이다.

손실 리스크를 피하려면 우선 투자 고려 대상에 내재하는 리스크가 무엇인지를 알아야 한다. 주식 시장을 예로 들어보자. 주식 시장에서 리스크의 수는 무한에 가깝지만, 실전에서 활용하기 위한 목적으로 몇 가지 주요 카테고리로 나누어볼 수 있다.

1. 기업별 리스크: 회계 부정, 소송, 방만 경영 등으로, 업계의 문제가 아니라 특정 기업에만 존재하는 리스크다. 이런 리스크는 여러 기업에 분산 투자하여 관리할 수 있다. 뮤추얼펀드와 상장지수펀드(ETF)가 대표적인데, 간단하게 기업별 리스크를 분산하여 관리할 수 있는 비용 대비 효과적인 방법이다.

2. 산업별 리스크: 제품 수요 감소, 소비자 취향 변화, 파괴적disruptive 기술 변화, 산업법의 변화 등이 포함된다. 이런 리스크는 단일 업종에 포트폴리오를 집중시키지 않는 방식으로 통제한다.

3. 투자 스타일 리스크: 산업별 리스크와 밀접한 관련이 있는 리스크로, 가치 투자와 성장 투자, 대형주 투자와 소형주 투자와 같은 투자 스타일에 따른 리스크다. 투자를 진행하면서 시장에서 얻게 되는 보상과 손실은 투자 스타일에 따라 달라진다. 따라서 이 리스크를 관리하려면 소형주나 가치, 또는 성장 투자 등 특정 투자 스타일 하나에만 지나치게 매달려서는 안 된다.

4. 시장 리스크: 주식에 대한 투자자들의 의욕이 떨어져 주식의 전반적인 밸류에이션 수준이 떨어지는 현상과 관련이 있다. 이런 리스크는 확고한 매도 원칙과 헤징을 통해 관리할 수 있으며, 국내 주식 시장만 고집하기보다는 부동산, 원자재, 현금, 글로벌 주식 등 연관성이 없는 다른 시장에 분산 투자하는 것도 방법이다.

다시 한번 말하지만, 위에서 언급한 리스크 프로필은 주식 투자에 관해 설명하기 위한 분류다. 그러나 포트폴리오에 보유하고 있는 모든 자산군에 같은 원칙을 적용할 수 있고, 또 그렇게 해야 한다.

인생은 전부 위험에 대한 연습이다.
— 윌리엄 슬로언 코핀 주니어 William Sloane Coffin Jr.

예를 들어 부동산에 투자한다고 하면, 특정 부동산, 도시, 부동산 유형에 지나치게 편중해서 투자하지 않는 것이 좋다. 리스크를 집중시키기보다는 관리 가능한 만큼 분산하는 편이 현명하다.

2단계: 통제 가능한 리스크 프로필 작성
리스크 프로필을 다 작성한 후 할 일은 두 가지다.

- 첫째, 없앨 수 있는 리스크를 모두 관리하여 벗어날 방법을 마련해야 한다.
- 둘째, 통제가 어려운 나머지 리스크 프로필이 포트폴리오 내의 다른 투자와 겹치지 않도록 해야 한다.

이렇게 하면 포트폴리오를 구성하는 투자의 리스크가 대체로 서로 관련성이 없어지고 관리가 가능해져, 최종적으로 포트폴리오 전체의 리스크 총량이 최소화된다.

이런 것들을 굳이 신경 써야 하는 이유는 리스크가 낮을수록 잘못된 판단을 했을 때 돈을 더 적게 잃기 때문이다. 그리고 판단을 잘못했을 때 더 적게 잃는 것이 중요한 이유는 제대로 된 판단을 했을 때 수익이 더 커진다는 의미이기 때문이다.

성공하는 사람과 그렇지 못한 사람의 차이는 능력이나 아이디어가 아니다. 자신의 아이디어를 믿고 계획을 세워 위험을 감수하며 결국 실천으로 옮기는 용기다.

— 앙드레 말로Andre Malraux

리스크를 관리하는 능력은 오로지 지식과 창의력의 문제다.

각각의 투자에는 그것에만 활용할 수 있는 고유한 리스크 관리 방법이 있고, 그 방법은 해당 투자와 거래가 이루어지는 시장 고유의 특징과 직접적인 관련이 있다는 점을 꼭 기억해야 한다.

예를 들어, 수익형 부동산의 최대 리스크 중 하나는 금리 변동이다. 담보 금리가 가장 큰 비용을 차지하기 때문이다. 이 리스크를 관리하려면 장기 고정 금리를 확정하여 조달 자금을 완전 분할 상환하면 된다.

비소구 금융non-recourse financing*을 활용하면 부동산 손실을 계약

---

* 담보에 대한 책임을 묻지 않는 금융 기법. 일반적인 대출은 차주나 보증인에게 대출 원리금 상환에 대한 무한 책임을 지우지만, 비소구 금융 방식에 의한 대출에서는 채권자인 금융기관도 상당한 위험을 부담하게 된다.

금 금액 정도로 줄일 수 있다. 손해가 나는 부동산이 생겼을 때 포트폴리오 전체에 영향을 미치는 광범위한 자본 손실의 리스크를 통제하는 것이다.

리스크를 관리하는 이 두 가지 금융 수단은 부동산에 국한되어 있으며, 부를 형성하는 또 다른 두 가지 주요 경로인 사업 또는 유가증권 자산에 대한 투자에는 활용할 수 없음을 유념해야 한다.

각각의 시장에는 리스크 관리와 관련한 고유의 특징이 있으며, 유가증권 시장도 마찬가지다. 일례로 대부분의 증권 시장은 유동성이 높고 거래 비용이 낮다. 그래서 확고한 매도 원칙이 있으면 비용 대비 효과적으로 리스크를 관리할 수 있는 매력적인 시장이다.

실제로 다수의 뮤추얼펀드에는 거래 비용이 없으며, 수수료 없는 교환 특권**을 통해 일日 단위의 유동성을 확보하고 있다. 그러나 유가증권 자산과 달리, 부동산에서 자본의 하방 리스크를 통제하려는 목적으로 매도 전략을 사용하는 것은 비합리적이다. 부동산은 거래 비용이 엄청나게 높고, 매도하고자 하는 시기에 시장 상황이 좋지 않아 유동성이 낮을 수도 있기 때문이다.

즉, 각각의 시장에 존재하는 고유한 특성을 활용하여 그 시장에 내재하는 리스크를 효과적으로 관리할 수 있다. 시장에 따라 리스크 감축에 효과가 있는 방법은 달라질 수 있다.

요약하자면, 첫 번째 실사 질문을 통해 특정 투자에서 돈을 잃을

** 뮤추얼펀드 주주에게 펀드 투자를 동일한 펀드 제품군 내의 다른 펀드로 교환할 기회를 주는 것.

수 있는 모든 경우의 수를 알아봐야 한다. 이 과정에서 우선 해당 투자에 원래 있는 리스크가 무엇인지 살펴보아야 한다. 그다음에는 투자 대상 자산이 속한 시장의 고유한 특성에 맞추어 최악의 상황에서도 손실을 통제할 수 있는 전략을 세워야 한다. 이것이 바로 액티브 리스크 관리의 핵심이다.

> 위험을 감수하고 꽃망울을 터뜨리는 것보다 옴짝달싹 못하고 봉오리 안에 있어야 하는 위험을 견디기가 더 어려워지는 순간이 마침내 찾아왔다.
>
> ― 아나이스 닌Anais Nin

제거할 수 있는 모든 리스크를 관리하여 털고 나면, 통제되지 않는 특수한 리스크 특성이 남는다. 이제 리스크 관리의 마지막 단계로 나아가, 남아 있는 리스크가 포트폴리오 내의 다른 투자와 연동하지 않도록 해야 한다. 예를 들어 아파트를 산다고 하면, 머피의 법칙이 발동된다고 해도 금리 리스크를 통제하고 손실 리스크 총량을 최소화할 수 있도록 장기 비소구 대출을 이용하는 식이다.

또한, 지역에 따른 통제 불가능한 리스크로 인해 포트폴리오 내의 다른 자산이 영향을 받지 않도록 서로 다른 지역에 소재한 건물을 매입하는 방법을 쓸 수도 있겠다.

마찬가지로, 각 아파트의 손실 리스크는 내가 보유한 유가증권 자산 포트폴리오나 사업에 내재한 리스크와는 관련이 없다. 자산마다 각각의 고유한 리스크 특성이 있으니까.

리스크에 지나치게 집중하는 게 비관적으로 비칠 수도 있지만, 내가 경험한 바로는 오히려 그 반대다. 리스크에 집중하면 되레 균형이 맞는다. 투자는 원래 탐욕의 게임이기 때문이다.

돈을 버는 것이 목표이므로 이익을 좇아 공격적인 플레이를 하는 것이 당연한 게임이다. 그러니 손실도 고려하도록 스스로 원칙을 세우면, 공격력에 맞먹는 강력한 방어력을 갖추어 승리할 수 있게 된다.

달리 말해 훌륭한 투자자는 견조한 수익률에 더하여, 시장 상황과 관계없이 꾸준한 수익률을 낼 수 있어야 한다. 이는 원칙에 입각한 리스크 관리를 통해 손실 통제에 집중해야만 이룰 수 있는 목표다.

실사 질문 2: 개인 목표와 포트폴리오 목표를 어떻게 이룰 것인가?

대부분의 투자자에게 포트폴리오 목표는 최소 리스크로 최대 이익을 내는 것이다. 이를 달성하려면 사업과 부동산 및/또는 유가증권 자산 투자에서의 경쟁 우위를 활용한 투자 전략으로 구성된 분산 포트폴리오를 구축해야 하는데, 리스크 관리와 높은 수학적 기대를 바탕으로 하는 각 투자 전략 간에는 관련성이 없어야 한다(길고 복잡한 문장이기는 하다. 두 번 읽으시라. 저 문장에 중요한 내용이 많다).

그렇지만 포트폴리오 목표만 세우는 것으로는 충분하지 않다. 개인 목표도 반드시 세워야 한다. 개인 투자 목표란 본인의 가치관, 능력, 이익을 지키면서 포트폴리오 목표를 달성하는 것이다.

우리는 성공을 향해 각자의 길을 가는 고유한 존재다. 애초에 그 길의 방향이 잘못되어 있다면 굳이 애써서 그렇게 성공하려고 할 필요가 없다.

돈, 가족, 인간관계, 건강, 커리어 측면에서의 성공은 가장 적은 노력으로 실수를 최소화하면서 최단 시간에 개인 목표를 달성하는 것이다. 스스로 세운 목표와 자신이 선택한 전략이 청사진이나 계획이 된다. 전략은 레시피와 같아서 재료를 잘 골라 적절한 비율로 섞으면 항상 같은 결과, 즉 경제적인 성공이라는 예측 가능한 결과를 얻을 수 있다.

— 찰스 기븐스Charles J. Givens

투자 성공은 평생에 걸쳐 이루어지는 과정이고, 사람은 로봇이 아니다. 오랫동안 성공을 향한 여정을 지속할 수 있는 유일한 방법은 본인의 이익과 능력, 목표, 자원에 맞는 투자 전략을 택하여 정서적인 안정감을 확보하는 것이다.

달리 이야기하면, 성공을 가로막는 가장 큰 방해물은 그 길을 가다 마주치게 되는 수많은 기회에서 집중력을 잃는 것이다. 투자로 돈을 버는 방법은 많지만, 자신에게 맞는 한두 가지 방법을 찾은 뒤 다른 방법에 흔들리지 않아야 한다. 성공할 때까지 오랜 기간에 걸쳐 방향을 유지해야 한다.

예를 들자면, 나는 단독주택, 상업용 부동산, 미니 창고, 사무실 공원, 이동식 주택, 어음, 아파트 등에 성공적으로 투자한 부동산 투자자들과 일해본 경험이 있다. 그러나 한 번에 이런 투자 대상 여러 개를 액티브하게 운용하면서 성공을 거둔 투자자는 거의 본 적이 없다. 각각의 투자 분야에는 전문성을 가지고 접근해야 하는 그나름의 특징이 있다. 그래서 잡다한 방식으로 투자하면 성공하기 어렵다.

각 분야에서 성공적으로 투자하는 데 필요한 요소는 각기 다르다. 각 분야에 맞는 전문적인 능력과 경쟁 우위도 각기 다르다. 모든 투자 전략을 한 사람이 마스터하는 것은 불가능하고, 그럴 필요도 없다. 무엇에 투자하든 경제적 자유를 달성할 수 있는 기회는 차고 넘치기 때문이다.

스스로의 이익과 투자 목표, 리스크 허용도에 맞는 특성을 갖춘 투자 대상이 무엇인지 결정해야 한다. 그래야 부와 행복, 충족감을 얻을 수 있다. 각자에게 적합한 투자 대상은 다를 수 있으므로 본인에게 잘 맞는 방법을 찾아야 한다. 예를 들자면, 모든 투자에는 '액티브'한 요소와 '패시브'한 요소가 있다. 본인이 '직접' 부동산에 투자하고 싶지 않다면, 단독주택보다는 전문적으로 관리되는 아파트 단지를 택하는 편이 더 합리적이다. 본인의 목적에 부합한다는 전제하에 유가증권 자산 투자를 통해 더 패시브한 투자를 할 수도 있다.

성공은 미리 정해놓은 가치 있는 개인 목표를 점진적으로 실현해나가는 것이다.

— 폴 마이어Paul J. Meyer

그러나 55세에 이제 막 은퇴 자금을 마련하기 시작한 경우라면 유가증권 자산과 같은 패시브 투자를 권하는 조언에 유의해야 한다. 늦은 시작을 만회하면서도 경제적 목표를 달성하려면 사업이나 부동산에서만 가능한 레버리지가 필요할 수도 있다.

요약하자면, 두 번째 실사 과정에서는 하려는 투자가 개인 목표와 포트폴리오 목표에 부합하는지 분석해야 성공적인 투자를 할 수 있다. 다음은 두 번째 실사 질문의 요점을 요약한 것이다.

1. 수익 가능성을 높이려면 유가증권 자산의 투자 전략에는 수학적인 플러스 기대치가, 사업 또는 부동산 투자 전략에는 경쟁 우위 또는 활용 가능한 시장 우위가 있어야 한다. 이것이 바로 투자 수익의 원천이 된다.
2. 투자 수익의 원천은 나중에도 안정적으로 활용할 수 있도록 장기간에 걸쳐 충분한 규모로 지속되어야 한다.
3. 투자 전략은 본인의 능력, 이익, 가치관, 역량에 부합해야 한다.
4. 투자 전략은 자신의 포트폴리오 목표와 맞아야 한다.
5. 다른 투자 대안에 흔들리지 않고, 경쟁 우위를 통해 수익을 낼 수 있도록 장기간에 걸쳐 투자 전략을 유지해야 한다.

하려고 하는 투자가 위의 시험을 통과하면, 힘들게 번 돈으로 위험을 감수하여 개인 목표와 포트폴리오 목표 달성을 시도할 만하다.

이때 이러한 원칙을 분명하게 정립하고 어떤 식으로 적용할지 알려주는 재무 코치가 있으면 좋다. 투자 상품을 판매하지 않고 편향된 투자 조언을 하지 않는 재무 코치라면 특히나 도움이 될 수 있다.

실사 질문 3: 출구 전략은 무엇인가?

어떤 투자를 하든 그 전에 출구 전략을 항상 계획해 두어야 한다. 영구적으로 적절한 투자는 없기 때문이다. 시대가 변하고, 시장 상황이 변하고, 스스로의 목표가 변한다.

투자를 하는 이유가 있어야 하고, 그 이유가 어그러지면 바로 빠져나와야 한다. 미리 투자의 이유를 정해두어야 혼동 없이 주저하지 않고 매도 결정을 할 수 있다.

매도가 중요한 이유는 포트폴리오에 자체적인 생명력이 있기 때문이다. 매도를 하면 포트폴리오에는 나무에서 마른 가지를 잘라내는 것과 같은 효과가 생긴다. 새로운 성장이 일어날 수 있는 여지를 만들어낸다. 이는 건강한 과정이다. 자신이 하는 투자를 무조건 끝까지 끌어안고 가면 안 된다.

폴라로이드는 한때 엄청난 블루칩 주식이었지만 기술이 변하면서 엄청난 타격을 받았다. 러스트 벨트rust belt*가 부동산 붐의 중심지

---

* 미국의 오대호 인근에 있는 사양 산업이 밀집된 공업 지대.

였던 때가 있었고, 철도도 한때는 운송의 제왕이었다. 하지만 지금은 아니다.

모든 것은 변하므로 시대에 적합하게 포트폴리오에도 변화를 주어야 한다. '영구적인 투자'는 존재하지 않는다. 적당한 상황이 왔을 때 매도하지 못할 투자 자산은 절대로 없다. 자신의 포트폴리오를 관리하는 사람으로서 우리는 그런 적당한 상황이 무엇인지를 알고, 조건이 맞아떨어지면 조치할 준비가 되어 있어야 한다.

원래 나갈 때보다 들어갈 때가 더 쉬운 법이고, 들어가기 전에 나올 길을 살피는 것은 당연히 갖추어야 할 신중함일 따름이다.

— 이솝

투자에 임하기 전에 해당 투자의 가정과 전제를 알아야만 원칙에 어긋났을 때 바로 빠져나올 수 있다. 나는 가능한 모든 경우에 일이 잘못되더라도 손실을 통제할 수 있도록 가격을 기준으로 출구 지점을 미리 정해놓는다.

예를 들어 보자. 나는 부동산 재산차압권에 투자하는 회사의 파트너였는데, 그 회사의 비즈니스 모델은 체납 세금보다 조금 높은 가격으로 가치 있는 부동산을 인수하는 것이었다. 저당 잡히지 않은 가치 있는 부동산을 실제 가치보다 저렴한 가격에 매입할 때도 있었다.

이익이 나기는 했지만 그 사업은 접었다. 그 비즈니스 모델의 성공에 결정적이었던 법과 관련된 전제가 크게 잘못되었음을 알게 되었기 때문이다. 모델의 전제가 틀렸다는 점을 깨달은 뒤, 수익금을 가지고 더 나은 분야로 옮겨갔다. 모델의 전제를 알고 있었던 덕분에 그 전제의 소용이 다했음을 알게 되었던 것이다.

예전에 수익을 냈던 모델에 대해 이렇게 생각하는 것을 의아하게 여기는 사람들도 있겠지만, 우리는 타당하지 못한 전제 때문에 뒤통수를 맞는 것이 시간 문제일 뿐이라는 점을 알고 있었다. 마찬가지로, 나는 주식 포지션에 들어갈 때 내 판단이 틀렸다는 신호가 되는 가격 변화를 기준으로 어느 시점에 빠져나올지를 미리 정한다.

요약하자면, 대개 가장 좋은 손실은 초기의 손실이기 때문에 항상 출구 전략을 미리 정해두어야 한다.

피치 못한 실수를 하더라도 자본을 보전해야 다음 기회에 투자를 할 수 있다. 문제가 있는 투자를 쳐내어 포트폴리오를 꾸준히 정리하면 새로운 성장의 여지를 둘 수 있다.

신중한 질문이 지혜의 절반이다.

— 프랜시스 베이컨

실사 질문 4: 투자의 사업적 근거는 무엇인가?

투자는 궁극적으로 사업에 하는 것이기 때문에 모든 투자에는 사업성이 있어야 한다. 즉, 수익, 밸류에이션, 투자 수익률이 투자 대상 기업의 경쟁 우위와 진입 장벽에 부합해야 한다.

경제학의 기본 개념을 조금 가져와서 자세하게 살펴보자.

비즈니스와 금융의 세계는 경쟁적이다. 시장 수익을 넘어서는 수익과 일정 수준을 초과하는 과도한 밸류에이션은 상당한 경쟁 우위와 잠재적인 경쟁자를 막는 진입 장벽이 동시에 있어야만 지속될 수 있다. 그렇지 않으면 경쟁이 심해져 밸류에이션과 수익이 시장 수준으로 떨어지게 된다. 쉽게 말해 이런 상황에서 투자를 하면 돈을 잃게 되고, 이는 좋지 않은 일이다.

예를 들어 2000년에는 나스닥 지수가 수익의 200배 이상에 거래되었는데, 투자를 잘 모르는 사람이라도 이게 말이 안 되는 상황임을 알 수 있었다. 서로 경쟁 관계에 있는 많은 회사의 수익력을 나타낸다는 광범위한 주가 지수가 어떻게 200년 치의 수익을 낼 수 있다는 말인가? 실상은 그렇지 않았고, 주가는 그에 맞춰 떨어졌다.

마찬가지로 2005년 남부 캘리포니아의 여러 아파트 거래를 살펴보면 공실, 운영 비용, 세금, 보험료 없이 40년 만의 최저 금리를 가정해도 이자를 상환할 수 없을 정도로 높은 가격에 매매되고 있었고, 투자를 잘 모르는 사람이라도 말이 안 되는 상황임을 알 수 있었다. '더 심한 바보 이론greater fool theory*'을 제외하면 이렇게 부풀려진 가격의 합당함을 설명할 수 있는 가치평가 모델은 존재하지 않는다.

요컨대 비즈니스 상식 테스트를 활용하면 손실로 이어질 수 있는

---

* 자산이 고평가되어 있어도 나중에 '더 심한 바보'에게 더 높은 가격에 팔 수 있으리라는 생각에 비싼 자산을 매수한다는 이론.

위험한 투자 광풍과 투기성 버블을 피할 수 있다.

투자 조언: 비즈니스 상식 테스트로 사기당하지 않는 방법

그런데 비즈니스 상식 테스트를 활용하면 투자 광풍과 투기성 버블을 피할 수 있을 뿐만 아니라, 사기의 낌새도 미리 알아챌 수 있다.

예를 들면, 흔히 일어나는 사기가 바로 고전적인 폰지 사기Ponzi scheme인데, 투자금에 엄청난 이자를 제시하면서도 투자 원금을 보장한다는 식이다. 이러한 투자 사업 개요는 얼핏 들으면 그럴듯하지만, 알아듣기 어려운 전문 용어를 끼워 넣어서 초보 투자자들의 기를 꺾는 경우가 많다. 그래서 투자자들이 다음과 같은 필수적인 질문을 제대로 하지 못하게 된다.

1. 합법적인 사업체는 전화 한 통에 저금리로 전문가를 통해 필요한 자본을 조달할 수 있는데, 기획사는 그 많은 번거로운 과정을 거쳐 많은 소액 투자자를 모집해야 한다면 어떻게 사업성이 있을 수 있는가? (답: 아마도 합법적인 사업이 아닐 것이다. 전문가라면 실사를 통해 그를 간파할 수 있겠지만 아마추어는 실사를 하지 않는다.)

2. 합법적인 사업이라고 가정했을 때, 투자 대상이 되는 사업을 통해 보장된 엄청난 수익을 창출하는 방식은 무엇이며, 경쟁자의 등장으로 수익이 잠식되지 않도록 해주는 진입 장벽은 무엇인가?

3. 사업에서 '보장한다'는 것의 이면에 실제로는 무엇이 있으며, 정
   확히 무엇을 보장한다는 것인가?(투자 조언: 누군가가 무언가를
   보장한다는 이야기를 많이 할수록, 무엇으로부터 어떤 것을 보장한다
   는 것인지 더 자세히 살펴보아야 한다.)

지식은 사기꾼의 천적이며, 질문을 하고 제대로 된 정보를 갖춘
투자자는 사기꾼에게 최악의 적이다. 질문을 하고 답을 들어야 배
울 수 있다. 이것이 바로 실사의 본질이다.

아마추어는 부에 이르는 쉬운 길을 찾고 싶어 하고, 또 그런 길을
찾았다고 믿고 싶어 하기에 질문을 하면서 진실을 알려고 하지 않
는다. 그 결과 대개는 값비싼 대가를 치른다.

내게도 놀라울 정도로 자주 투자 사기 연락이 온다. 투자 사기는
실제로 존재하며, 투자자라면 비즈니스 상식을 적용하여 사기성 내
용을 걸러낼 수 있도록 실사 질문을 던져보아야 한다.

나는 고객에게 제대로 된 질문을 던지는 방법에 대해 조언했고,
그 덕분에 많은 사람이 수억 달러에 달하는 피해를 보지 않을 수
있었다. 그러니 독자 여러분에게도 도움이 될 것이다.

(법적인 사유로 이름을 공개하지 않는) ○○ 투자에 대한 조언에 감사 인
사를 전하고 싶었습니다. 최근에 20% 이상의 수익을 내고 ○○에서
22만 달러를 빼냈습니다. 한 달 이상 늦었지만 돈은 잘 들어왔습니
다. 부동산 변호사 말로는 역대 최악의 계약이었다고 합니다. 변호사

는 첫 문장을 보자마자 사기라는 걸 알아차리더군요. 해주신 코칭이 정말로 도움이 되었습니다. 제 나름의 실사를 진행하고 숫자를 근거로 삼아 결정하는 방법을 배울 수 있었습니다.

— 법적인 사유로 이름을 공개하지 않음

이후 미국 증권거래위원회(SEC)에서는 위에서 언급된 사기를 적발했으며, 일찍 발을 빼지 못한 투자자들은 돈을 전부 날렸다.

투자는 자산 또는 투자 대상이 되는 사업의 수익성에 대한 권리라는 점을 항상 기억해야 한다. 채권이든 증권이든 부동산이든, 궁극적으로는 약속받은 수익의 사업성을 납득할 수 있어야 한다. 사업성이 없다면 아마도 제대로 된 사업이 아닐 것이다.

기억하자. 사업 내용이 너무 좋아서 의심스러울 정도라면 아마 그 생각이 맞을 것이다. 이건 경쟁적인 비즈니스 세계에 대한 상식적인 투자 조언이다.

실사 질문 5: 포트폴리오의 리스크 프로필과 수학적 기댓값에 어떠한 영향을 미치는가?

여기에서 이야기하고자 하는 것은 효율적 투자선efficient frontier 과 현대 포트폴리오 이론modern portfolio theory 이다. 통계 또는 금융 전공자는 아는 내용이겠지만, 비전공자도 이해할 수 있도록 전문 용어 사용을 최대한 배제하고 설명하겠다.

포트폴리오의 리스크를 줄이거나 수익을 높이는 투자가 아니라면 절대로 포트폴리오에 추가해서는 안 된다. 되도록 이 두 가지를 모두 추구해야 한다.

어떻게 그럴 수 있을까?

여러 시장 사이클에 걸쳐 8%의 복리 수익을 내지만, 하락장에서는 손실을 보는 주식 투자 전략이 있다고 해보자. 역의 상관관계가 있는, 즉 다른 자산과 반대 방향으로 움직이는 기대수익률 12%의 자산을 추가하면, 수익률은 늘리면서 포트폴리오 전체의 리스크는 줄일 수 있다.

국내 주식과 상관관계가 낮거나 역의 상관관계가 있는 자산에는 원자재, 금보유고, 부동산, 헤지펀드와 같은 일부 대체 투자군 등이 있다.

투자를 할 때는 항상 리스크 프로필(투자 대상이 어떤 상황에서 특정 방향으로 움직이는가)과 수학적 기댓값(향후 수익을 얼마나 내겠는가)을 우선적으로 분석해야 한다.

요약

요약하자면, 투자 게임은 실사라는 전장에서 승패가 갈린다.

똑똑한 결정을 하는 데 필요한 답을 찾을 때까지 질문을 던져야 한다. 다음은 이 글에서 제시한 반드시 해야 하는 5가지 실사 질문을 간단하게 다시 정리한 것이다.

1. 돈을 잃을 수 있는 경우의 수는 무엇인가?

2. 개인 목표와 포트폴리오 목표를 어떻게 이룰 것인가?

3. 출구 전략은 무엇인가?

4. 투자의 사업적 근거는 무엇인가?

5. 포트폴리오의 리스크 프로필과 수학적 기댓값에 어떠한 영향을 미치는가?

위의 실사 질문이 각자의 실사를 진행하는 과정에서 기본적인 출발점이 되었으면 한다.

> 지혜의 핵심은 제대로 된 질문을 전부 아는 것이다.
>
> — 존 시몬John A. Simone Sr.

위에서 제시된 주제로 책을 한 권 쓸 수도 있기 때문에 저 목록이 완벽하다고 생각하지는 않는다. 생각해볼 만한 다른 실사 질문도 있다.

1. 기대수익률이 얼마나 현실적인가?

2. 기대수익률의 전제와 결정 요인은 무엇인가?

3. 역사적 수익률은 분석 대상 시기의 영향을 얼마나 받는가?

4. 이 투자로 인한 세무적 결과는 어떠한가?

5. 관련된 각 원칙의 배경과 역사는 무엇인가?

6. 이 외에도 아주, 아주 많다.

이 글을 통해 독자들이 조기에 은퇴하고 부를 쌓아나가는 여정에서 가장 큰 비용을 초래하는 명백한 오류를 피할 수 있도록 중요한 실사 질문 몇 가지를 숙지할 수 있었으면 한다.

도움이 되기를 바란다.

UC 데이비스에서 경제학 학사학위를 받았으며, 경제학 아너 소사이어티 앤 딘 리스트Economics Honors Society and Deans List의 회원이다.

35세에 2,000만 달러가 넘는 포트폴리오를 운용하는 헤지펀드 투자매니저로 은퇴하기 전까지 많은 기업을 창립했다.

자신의 웹사이트인 financialmentor.com을 통해 주창하는 개인 금융 및 투자 전략을 실천하여 23세에 마이너스였던 자신의 순자산을 불려, 12년 후 자수성가한 백만장자가 되었다.

통계적·수학적 리스크 관리 시스템을 활용한 투자의 초기 선구자이자 전문가다. 지금도 액티브 투자자로 활동하고 있으며, 상승장과 하락장 모두에서 꾸준한 투자 수익을 내고 있다.

트레시더의 글은 financialmentor.com에서 찾아볼 수 있다.

6.

알파냐 자산이냐

패트릭 오쇼너시 Patrick O'Shaughnessy

밸류에이션과 저변동성 등의 지표를 활용하는 팩터 기반 전략[*]을 추구하는 투자자가 늘고 있지만, 현재 가장 인기 있는 전략들은 정작 팩터를 잘못 적용하고 있다. 규모가 아니라 알파를 추구하는 전략이어야 하는데, 자산운용업계는 그 반대로 나아가고 있다.

보통 스마트 베타 Smart Beta 라고 하는 팩터 기반 전략에서는 수백 가지 종목을 보유하며, 시장 벤치마크와 많이 중첩된다. 팩터를 적용하는 훨씬 강력한 방법은 시장에서 큰 비중을 차지하는 종목과 겹치지 않도록 한 다음, 전반적인 팩터 프로필이 가장 좋은 종목만 선별하여 차별화된 포트폴리오를 구축하는 것이다. 스마트 베타만큼 규모를 키울 수는 없지만, 알파 지향적인 이런 방법이 성과가 훨

* 수익률에 영향을 미치는 특정 요인, 즉 팩터를 기준으로 수립하는 투자 전략을 의미한다.

씬 좋다.

전문적인 운용 투자 전략에는 투자 요소(알파 추구)와 사업 요소 (자산 추구)가 있다. 규모와 더 나은 실적 추구는 서로 다른 목표다. 밸류에이션이나 모멘텀, 퀄리티, 저변동성 등의 팩터는 사업성을 염두에 둔 운용사에서 주로 적용한다. 자산운용업계에서는 수수료와 자산이라는 두 가지 변수가 중요하다. 인덱스펀드, ETF가 두각을 나타내면서 스마트 베타가 부상했고, 인덱싱**으로 인해 업계 전반에 걸쳐 수수료가 상당히 낮아졌다. 전체적으로 수수료가 낮아지자, 자산운용사에서는 투자자에게 제시할 전략을 결정할 때 규모를 더 중요한 요소로 고려하게 되었다. 수수료가 떨어지면 자산을 늘려야 한다. 업계 전체적으로 자산이 증가하려면 늘어난 투자금을 감당할 수 있는 전략을 제시해야 한다.

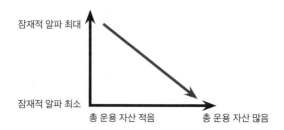

자산이 늘어나면 사업성은 좋아질지 모르나, 수익률 측면에서는 좋지 않은 경우가 많다. 운용 자산의 규모가 늘어나면 투자 대상으

** 패시브한 방식으로 포트폴리오를 구성하는 투자 전략. 투자자가 이익을 추구하면서도 시장 인덱스의 실적을 추종하여 자본이나 자산을 보전하려는 투자 형태를 지칭한다.

로서 적합한 종목의 범위는 줄어들고, 거래 충격 비용이 늘어나면서 잠재적 알파가 잠식된다. 자산운용에서는 규모의 비경제 현상이 나타난다. 뮤추얼펀드와 헤지펀드는 규모가 커질수록 실적이 악화하는 경향이 있다.[1]

물론 수수료는 굉장히 중요한 문제이고, 광범위한 시장 인덱스펀드에 거의 무료로 접근할 수 있다는 것은 좋은 일이다. 그러나 운용 수수료나 밸류에이션과 같은 핵심적인 팩터는 서로 별개의 문제이다. 나는 조정 순이익의 12배에 거래되는 S&P 500 인덱스펀드에 0.75%를 내는 편이 조정 순이익의 25배에 거래되는 동일한 시장 거래에 0.05%를 내는 것보다 더 낫다고 생각한다(이는 2016년 4월 현재의 상황이다). 밸류에이션이나 주주수익률*과 같은 팩터에서 시장보다 큰 우위를 점하려면 다른 무엇보다도 알파, 그리고 알파의 일관성에 중점을 둔 전략을 세워야 한다.

'팩터 알파'를 달성하려면 여러 고유한 팩터를 사용하여 팩터 프로필이 가장 좋은 종목을 골라서(50개 정도만), 집중도가 더 높은 포트폴리오를 구축해야 한다. 즉, 시장의 많은 부분을 보유하지 '않는' 것이다. 스마트 베타보다 팩터 알파에 집중하면 더 높은 수익률이 가능해지고, 팩터 우위도 상당히 개선된다. 이 글의 나머지 부분에서는 흔히 사용되는 전략과 규모의 위험성을 살펴보고, 투자 과정에서 팩터를 활용하는 대안적 솔루션을 제시하고자 한다.

• 　주주수익률 = 배당수익률 + 순바이백수익률(지난 1년간 발행된 주식제외 재매입한 사외주식의 비율)

규모는 수익률을 잠식한다

종류를 막론하고 포트폴리오와 시장의 격차는 1) 어떤 주식을 보유하는지, 2) 포트폴리오에서 해당 주식에 어떠한 가중치를 부여하는지에 따라 달라진다. 이 두 가지 변수가 어떤 영향을 미치는지 알아볼 수 있도록 S&P 500[2]의 구성 요소를 살펴보고, 역사적으로 효과가 입증된 단일 팩터인 밸류에이션[3]을 기준으로 다른 포트폴리오를 구성하여 인덱스에서 점점 더 멀어지는 효과를 입증하고자 한다. 이런 기본적인 사례를 드는 이유는 이를 전략으로 권하기보다는, 집중과 가중치 기법의 영향을 살펴보고자 함이다.

검증 대상

이 전략의 세 가지 버전은 다음과 같다.

- 첫 번째 전략에서는 S&P 500에 있는 모든 종목을 밸류에이션과 50~500개 종목으로 구성된 포트폴리오를 기준으로 날짜별로 분류했다(그래서 50개 종목 버전은 해당 일자에 가장 저렴한 종목이 되는 식이다). 포지션은 동일가중 방식이다(예. 50개 종목 포트폴리오에서 각 2%, 또는 100개 종목 포트폴리오에서 각 1%).
- 두 번째 전략에서는 (50~500개의) 동일 종목으로 구성된 동일 포트폴리오에서 시가총액에 따라 포지션에 가중치를 부여했다. 이 방법을 사용하면 집중도가 높은 포트폴리오에서 상위 종목의 가중치가 매우 커지게 된다(예. 가장 최근의 50개 종목 포트폴

리오에서 IBM의 가중치는 11.3%).

- 세 번째 전략에서는 시가총액 조정 밸류에이션 팩터[4]를 활용하여 포트폴리오를 구성했다. 인덱스 내의 특정 종목 가중치에 상대적 밸류에이션을 곱하는 방식이다. 이 팩터는 규모가 작고 가격이 높은 기업보다 규모가 크면서 가격이 낮은 기업을 선호한다. 여기에서도 해당 팩터를 활용하여 50~100개 종목으로 포트폴리오를 구축했다. 이 방법은 주요 밸류 인덱스와 아주 유사한 종목을 보유하는 밸류 전략으로, 규모를 확장하기가 가장 용이하다.

검증 내용

다음은 두 가지 변수를 강조한 조사 결과다. 첫 번째는 S&P 500 대비 1년 선행 초과수익률 평균이고, 두 번째는 액티브 투자 비중 평균이다(즉, 포트폴리오에서 S&P 500과 다른 종목의 비중으로, 이 수치가 높을수록 인덱스와 중첩되는 부분이 적다).

종목 수	동일가중 포트폴리오		시가총액 가중 포트폴리오		시가총액 조정 밸류 포트폴리오**	
	% 초과 수익률 평균*	% 액티브 투자 비중 평균**	% 초과 수익률 평균*	% 액티브 투자 비중 평균**	% 초과 수익률 평균*	% 액티브 투자 비중 평균**
50	6.7	91	5.0	91	0.8	61
100	5.8	84	4.3	82	1.5	55
150	4.9	78	3.1	73	1.8	53
200	4.4	73	2.5	63	2.0	51
250	3.9	67	2.1	54	2.2	50

300	3.3	62	1.5	44	2.3	49
350	2.9	57	1.0	33	2.2	48
400	2.6	53	0.7	22	2.3	48
450	2.3	49	0.3	9	2.1	47
500	1.8	45	0.0	0	1.8	45

인덱스에 가장 근접   매우 액티브

* S&P 500 대비 1년 선행 초과수익률 평균
** S&P 500과 다른 포트폴리오 비중

참고: 오쇼너시 에셋 매니지먼트O'Shaughnessy Asset Management 에서 산출(osamresearch.com)

검증 결과

이 간단한 실험을 통해 우리는 다음과 같은 내용을 알게 되었다.

- 집중과 동일가중은 포트폴리오의 초과수익률 평균과 액티브 투자 비중을 높인다.
- 동일가중 포트폴리오의 실적은 시가총액 가중 및 시가총액 조정 밸류 포트폴리오 대비 각각 연간 평균 1.8~2.0% 더 높다. 이는 미국 대형주 시장에서는 큰 폭의 마진에 해당한다.
- 집중도가 높은 포트폴리오일수록 밸류에이션 우위가 훨씬 더 크다. 평균 밸류 백분위 점수상 종목 가격이 훨씬 더 저렴하다.

이유

주가수익비율price-to-earning eatio, PE 등으로 측정하는 밸류는 '시장 전망'의 다른 표현일 뿐이다. IBM의 상대적 밸류에이션이 낮으면 시장에서 다른 종목에 비해 IBM의 미래를 부정적으로 평가한다는 뜻이다. 우리는 시장의 평가가 지나치게 부정적일 때 오히려 시간이 흐르면서 밸류의 효과가 발휘된다고 생각한다. 시장의 부정적인 평가는 좋은 것이다. PE가 낮을수록 시장이 회의적이라는 뜻이다.

가장 저렴한 종목의 수	가장 최근 동일가중 포트폴리오의 PE
50	11.6
100	13.0
150	14.3
200	15.1
250	15.9
300	16.7
350	17.3
400	18.4
450	19.5
500	20.9

참고: 오쇼너시 에셋 매니지먼트에서 산출(osamresearch.com)

위 표에서 현재 여러 포트폴리오(동일가중 버전)의 PE(오른쪽 수치) 추세를 볼 수 있다. 시장의 부정적 평가(낮은 PE)가 기회를 의미한다면, 그 기회는 포트폴리오가 S&P 500과 다를수록 확실히 커진다.

이런 간단한 밸류 포트폴리오가 오늘날 어떤 모습일지 살펴보면 도움이 될 것이다. 다음은 밸류 전략별로 구성한 50개 종목 버전에서 상위 10개의 종목을 제시한 것이다. 그 옆에 각 포트폴리오의 가중평균 시가총액도 명기했다.[5] 표의 왼쪽에서 오른쪽으로 옮겨가면서 시가총액이 점점 더 커지기 때문에 상위 10개 종목이 점점 더 시장 전반과 비슷해진다는 점을 알 수 있다.

상위 10개 종목

순위	동일가중 50	시가총액 가중 50	시가총액 조정 밸류 50
1	발레로 에너지	IBM	애플
2	게임스탑	보잉	JP모건 체이스
3	플루오르	메트라이프	엑슨모빌
4	파슬 그룹	타겟	웰스파고
5	HP	캐피털 원 파이낸셜	마이크로소프트
6	씨게이트 테크놀로지	델타항공	버크셔 해서웨이
7	올스테이트	푸르덴셜 파이낸셜	버라이즌 커뮤니케이션스
8	베드 배스 & 비욘드	라이온델바젤 인더스트리스	씨티그룹
9	메이시스	트래블러스	인텔
10	갭	발레로 에너지	길리어드 사이언스
가중평균 시가총액	$22,299	$45,670	$149,223
역사적 초과수익률 평균	6.7%	5.0%	0.8%

참고: 오쇼너시 에셋 매니지먼트에서 산출(osamresearch.com)

규모와 우위

가치 투자자든 퀄리티 투자자든 수익률 투자자든, 핵심 질문은 시장 전반과 비교해 내 우위가 얼마나 크냐다. 주가순자산비율price-to-book, PB을 중시한다면 그에 대해 시장 대비 상당한 포트폴리오 디스카운트*를 목표로 해야 한다.

그러나 위의 포트폴리오 전반에 걸쳐 가장 두드러지게 나타나는 차이는 바로 규모다. 포트폴리오 구축에서 시가총액을 변수로 사

---

* 서로 잘 맞지 않는 사업체나 자산을 기업이 보유하고 있다는 사실을 반영하여 공제하는 밸류의 금액 또는 비율.

용하면 다른 모든 우위가 흐릿해진다. 엑슨모빌은 PB가 1.95배이지만, 규모가 큰 회사이기 때문에 러셀 1000 밸류 지수Russell 1000 Value index에서의 가중치가 3.6%다. 폭락한 에너지 주식인 시드릴Seadrill의 PB는 0.18배다. 엑슨모빌보다 훨씬 더 '저렴'하지만, 시드릴은 규모가 16억 달러밖에 되지 않기에 지수에서 가중치는 0에 가까운 0.01%다. 엑슨모빌이 40% 상승하면 지수 전반을 1.44% 끌어올린다. 시드릴이 40% 상승하면 지수가 0.004% 오른다. 엑슨모빌이 40% 상승하는 것과 같은 영향력을 발휘하려면 시드릴은 14,400% 상승해야 한다.

러셀 1000 밸류 지수의 관점에서는 엑슨모빌이 훨씬 더 중요한 종목이다. 그러나 규모보다 밸류를 더 중시하면 가중치가 매우 다를 것이다. 엑슨모빌은 가장 큰 종목이지만 시가총액이 아니라 PB를 기준으로 분류하면 50 백분위수에 속할 따름이다. 시드릴은 가장 저렴한 백분위수에 속한다.

액티브 투자의 관점에서 보면 이는 엄청나게 이상한 일이다. 포트폴리오에서 종목의 가중치를 정할 때는 시가총액이 아니라 낮은 가격을 훨씬 더 중시해야 하기 때문이다.

다르다는 것은 잠재력이 더 크다는 것

러셀 1000 밸류처럼 시가총액을 기준으로 종목의 가중치를 부여하면 포트폴리오는 늘 시장과 겹치는 부분이 많아진다(낮은 액티브 비중). 중첩되는 부분이 많으면 획득할 수 있는 알파에 한계가 있다.

우리가 선호하는 지표인 액티브 비중은 포트폴리오가 벤치마크와 다른 정도를 나타낸다. 미래의 실적을 예측하는 지표는 아니지만, 어떤 전략의 잠재적인 알파가 얼마나 되는지 잘 보여준다. 아래의 차트를 보면 그 이유를 알 수 있다.

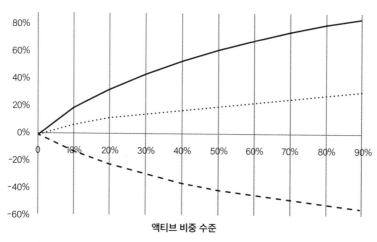

액티브 비중 수준별 최대 초과수익률

참고: 오쇼너시 에셋 매니지먼트에서 산출(osamresearch.com)

1962~2015년까지 시장에서 매일매일 어떤 일이 일어날지 이미 알고 있는 상태에서 액티브 비중의 수준을 달리했다. 그래서 수준별로 0~90%에 이르기까지 가장 높은 1년 선행 초과수익률을 달성할 수 있는 포트폴리오를 만들었다. S&P 500에 속한 종목만 사용했고, 포트폴리오에서의 최대 포지션 규모는 5%까지만 허용하여 실적이 가장 좋은 종목 몇 개에만 편중되지 않도록 했다. 이 차트

는 S&P 500 대비 액티브 비중의 수준에 따른 (과거 기간 전체의 평균) 최대 초과수익률을 보여준다. 이런 잠재력은 양방향으로 작용하기 때문에 액티브 비중 수준별로 최악의 시나리오도 함께 제시했다. '잠재적' 초과수익률은 액티브 비중의 모든 수준에서 플러스 방향으로 더 쏠리는 경향을 보인다.

액티브 포트폴리오일수록 초과 수익의 잠재력이 더 커진다.[6] 누구도 앞일을 전부 알 수는 없기에 이런 식으로 일관되게 알파를 달성하는 사람은 없다. 그러나 이러한 '최상의 시나리오'를 보면 시장과는 다르게 구성한 포트폴리오의 힘을 알 수 있다.

밸류 같은 팩터는 위에 제시된 잠재수익률을 플러스 방향으로 이끌 수 있다. 실제로 우리가 만든 여러 밸류 포트폴리오에서 그런 추세가 나타났다. 집중도가 높은, 즉 액티브 비중이 높은 포트폴리오일수록 평균 성과가 더 좋았다. 놀라운 점은 1980년대 초에는 절반 이상의 뮤추얼펀드에서 액티브 비중이 80%를 넘었지만, 2009년 현재에는 20% 정도만 그 정도를 유지한다. 기관의 규모가 커진 요즘은 대규모 기관에서 시장의 대부분을 통제한다. 1950년에는 대규모 기관의 운용 비중이 시장의 7~8%였지만, 2010년에는 67%였다.[7]

비용은 중요하다

지금까지는 이론적 수익률만 이야기했다. 종목 수가 늘어남에 따라 S&P 500 밸류 전략의 비용 차감 전 수익률이 악화한다. 이제는 거래 비용을 차감해 보자. 단순 거래 수수료는 실질적인 비용이지만, 여기에서는 대규모 자산운용사에 더 중요한 시장 충격 비용을 중점적으로 다룬다. 기관의 규모가 커져서 수십억 달러를 거래할 정도면, 해당 기관의 거래로 인해 매수 및 매도하는 종목의 가격이 움직인다. 개인이 10만 달러 정도의 계좌를 운용할 때와 비교하면, 매수 가격은 높아지고 매도 가격은 낮아진다. 시장 충격은 최종 투자자는 볼 수 없고, 자산운용사에서는 보고하지 않는 비용이라 큰 관심을 받지 못한다. 아래의 표는 자산 규모가 커짐에 따라 연간으로 환산한 시장 충격 비용이 얼마나 증가하는지를 보여준다(수치는 추정치이며, 전문 거래자는 큰 폭이든 작은 폭이든 이를 통제할 수 있다.).

동일가중 포트폴리오

자산 (백만 달러)	50개 종목	100개 종목	250개 종목	500개 종목	1,000개 종목	3,000개 종목
50	0.23%	0.22%	0.19%	0.17%	0.13%	0.00%
100	0.29%	0.25%	0.21%	0.19%	0.14%	0.01%
250	0.41%	0.33%	0.25%	0.21%	0.15%	0.01%
500	0.56%	0.43%	0.31%	0.25%	0.17%	0.01%
1,000	0.80%	0.59%	0.40%	0.31%	0.21%	0.01%
2,500	1.29%	0.94%	0.60%	0.45%	0.28%	0.01%
5,000	1.81%	1.33%	0.85%	0.62%	0.37%	0.01%
10,000	2.44%	1.84%	1.20%	0.88%	0.52%	0.02%
20,000	3.13%	2.43%	1.64%	1.23%	0.73%	0.03%
30,000	3.53%	2.80%	1.94%	1.48%	0.89%	0.03%
40,000	3.83%	3.07%	2.16%	1.67%	1.02%	0.03%
50,000	4.06%	3.27%	2.34%	1.83%	1.13%	0.04%

시가총액 가중 포트폴리오

자산 (백만 달러)	50개 종목	100개 종목	250개 종목	500개 종목	1,000개 종목	3,000개 종목
50	0.07%	0.05%	0.04%	0.02%	0.01%	0.00%
100	0.09%	0.07%	0.05%	0.02%	0.01%	0.00%
250	0.12%	0.09%	0.07%	0.03%	0.01%	0.00%
500	0.16%	0.12%	0.09%	0.04%	0.02%	0.00%
1,000	0.23%	0.15%	0.13%	0.05%	0.03%	0.00%
2,500	0.36%	0.24%	0.19%	0.08%	0.04%	0.00%
5,000	0.47%	0.34%	0.26%	0.11%	0.05%	0.00%
10,000	0.62%	0.44%	0.36%	0.16%	0.07%	0.00%
20,000	0.83%	0.58%	0.48%	0.22%	0.10%	0.00%
30,000	1.00%	0.69%	0.56%	0.27%	0.12%	0.00%
40,000	1.15%	0.79%	0.63%	0.30%	0.14%	0.00%
50,000	1.29%	0.87%	0.68%	0.33%	0.16%	0.01%

참고: 오쇼너시 에셋 매니지먼트에서 산출(osamresearch.com)

비용으로 인한 방해 양상을 살펴볼 수 있도록 시장 충격이 훨씬 더 중요한 소형주와 중형주 종목까지 포함하는 러셀 3000Russell 3000으로 범위를 확장했다. 50~3,000개에 이르는 종목의 밸류에이션을 기준으로 포트폴리오를 만들었다. 총 운용 자산은 5,000만~500억 달러 규모로 했다. 이렇게 구축한 포트폴리오를 연간 롤링 기준으로 리밸런싱하여 포지션마다 보유 기간이 최소 1년이 되도록 했다. 동일가중 포트폴리오의 집중도가 높아질수록 소형주에 대한 익스포저가 늘어나기 때문에 S&P 500의 종목을 대상으로 같은 분석을 진행했을 때보다 충격 지수가 더 높다.

이 표에 제시된 비용 추정치는 2010년부터 2015년까지 5년 동안 실제 밸류 포트폴리오의 거래를 시뮬레이션한 것으로, 가상이 아니라 실제 시장 조건을 바탕으로 한 수치다. 충격 비용이 (연간 환산) 1%가 넘는 지점에 강조 표시를 했다. 시가총액 가중 포트폴리오에서 집중도가 가장 높은 포트폴리오는 300억 달러 규모에 도달하면서 충격 비용이 1%가 되었다. 그러나 동일가중 포트폴리오에서 집중도가 높은 포트폴리오는 1% 지점에 훨씬 더 빠르게 도달했다. 동일 가중치를 부여하고 집중도를 높였을 때 실적이 더 좋다는 사실은 이미 확인한 바 있다. 이 표는 집중도가 더 높은 밸류 포트폴리오는 대규모 자산운용사가 추구하는 규모를 수용할 수 없음을 보여준다. 알파를 원하는 투자자는 동일가중을 추구하면서 포트폴리오 보유 종목의 수를 줄일 것이다. 자산을 추구하는 투자자라면 자산운용업계의 추세, 즉 대형주 시장이나 시가총액 기준 가중치에 주력하는 광범위한 스마트 베타 인덱스를 구축하고자 할 것이다.

다시 스마트 베타로

규모와 초과수익률이 양립하기 어렵다는 점은 앞에서 확인했다. 1994년의 주주 서한에서 버크셔 헤서웨이의 향후 성장률이 떨어질 것이라 경고하면서 버핏이 이야기했듯이, "규모가 커지면 더 나은 투자 성과를 내기가 어렵다." 사실상 최초의 스마트 베타 팩터였던 PB는 밸류 지표로 인기를 얻으면서 오히려 제대로 활용되지 못했다고 할 수 있다. PB를 기준으로 수천억 규모의 투자가 이루어졌지만, 1993년 파마와 프렌치가 처음으로 PB를 중요한 밸류 팩터로 내세운 이후로 실적이 악화했다.

밸류 팩터 — 누적 초과수익률

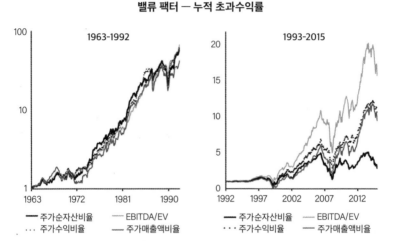

참고: 오쇼너시 에셋 매니지먼트에서 산출(osamresearch.com)

공상과학의 대가인 윌리엄 깁슨William Gibson 은 《패턴 인식Pattern Recognition》에서 "확인이 되면 곧 상업화될 것"이라고 썼다. 《패턴 인식》에서 깁슨이 옷에 대해 쓴 부분이 있는데, 스마트 베타 ETF에 대한 이야기로 보아도 무방할 듯하다.

이건 시뮬라크라의 시뮬라크라의 시뮬라크라이다. 저민 스트리트와 새빌로우의 제품을 밟고 올라선 브룩스 브라더스의 전성기를 희석시킨 랠프 로렌의 희석 팅크제로, 기성복에 폴로 니트와 레지멘탈 스트라이프의 리버럴함을 양념으로 듬뿍 친 것이다. 그러나 타미야말로 영점이자 블랙홀이다. 어딘가에 반드시 타미힐피거의 사건 지평선이 있어서, 그 경계를 넘어가면 그보다 더 파생적이고 원천에서 멀어져 영혼이 없을 수 없는 그런 지점이 있을 것이다.

스마트 베타는 역사적으로 입증된 가장 흔한 팩터를 상업화한 것이다. 상품은 당연히 많은 사람이 이용할 수 있어야 한다. 자산운용의 맥락에서는 많은 투자금을 수용할 수 있어야 한다는 뜻이다. 수천억 달러를 액티브 전략으로 운용하여 단순한 시장 인덱스보다 일관되게 높은 실적을 내는 경우는 많지 않다. 워런 버핏조차도 규모에 발목을 잡힌 정도는 아니라고 해도 실적 둔화를 겪었다.

팩터 투자에는 잠재적인 이점이 많다. 기존의 액티브 운용보다 보통 더 저렴하고, 제대로 운용하면 원칙을 굉장히 잘 지킬 수 있는 전략이다. 그러나 1,000억 달러 규모의 자산을 수용할 수 있다고 하는 팩터 투자보다는 다른 투자처를 찾아보는 편이 좋다. 포화 상태에 다다른 전략은 항상 피해야 한다. 지금은 그렇지 않지만, 과거에는 스마트 베타 전략을 뒷받침하는 팩터 대부분이 그렇게 중요한 기준으로 여겨지지 않았다. 인기와 확장성, 어떤 전략이나 아이디어에서 새로 도입한 '지표'를 조심해야 한다. 인기 있는 지표가 기준이 되고 나서 그 의미와 우위를 상실하는 경우가 너무 많기 때문이다.

팩터 알파

팩터 알파 방식의 철학적 근거는 스마트 베타와는 확연히 다르다.

우선, 팩터 알파에서는 보유하지 않는 종목이 중요하다. 우리는 애플이나 마이크로소프트가 매력적이라고 생각하지 않는다면 포트폴리오에 두 종목 모두 보유하지 않아야 한다고 생각한다. 모든 종목에 대해 시장 가중치가 아니라 가중치 0에서 시작한다. 각 종목은 무죄가 증명될 때까지 유죄로 추정한다. 이렇게 하면 자연스럽게 액티브 비중이 높아지고, 전반적인 알파 잠재력이 큰 포트폴리오가 된다.

둘째, 알파는 주요 팩터로 측정한 시장 대비 포트폴리오가 보유하는 상대적인 우위에서 나온다. 디스카운트나 주주수익률 등이 더 커져 스프레드가 커지면, 시간이 지나면서 초과수익률이 개선된다. 포트폴리오는 팩터 프로필이 가장 좋은 종목에만 집중해야 한다. 높은 팩터 우위를 달성하려면 대개의 스마트 베타 전략보다 집중도를 더 높여야 한다.

가장 인기가 많은 스마트 베타 ETF의 샘플을 조사해보면, 이와는 반대로 S&P 500이나 러셀 1000과 중첩되는 부분이 많다는 것을 알 수 있다. 일반적인 '저변동성' ETF인 USMV는 S&P 500 대비 액티브 비중이 46%다. 이는 USMV가 액티브 비중이 50% 정도인 S&P 500의 동일가중 버전보다 S&P 500과 겹치는 부분이 더 많다는 뜻이다. 팩터 알파를 추구하는 전략에서는 액티브 비중이 80% 이상인 경우가 많다. 액티브 비중을 높이면서도 분산투자가 잘 이루어지도록 할 수 있지만, 더 많이 분산한다고 항상 더 좋지는 않다. 팩터 투자에서 분산은 대부분 팩터 익스포저가 희석된다는 뜻이다. 팩터가 최극단일 때 가장 효과적이라면, 분산은 결국 우위에서 벗어나 시장 수익률을 추구하게 된다는 의미다.

글보다는 그림을 보았을 때 이해가 더 잘 되는 경우가 많다. 아래의 그림을 보면 일반적인 스마트 베타 방식과 팩터 알파 방식 사이에 확연한 차이가 있음을 알 수 있다. 모닝스타Morningstar 형식의 박스를 활용하되, 차트에 시가총액이나 밸류 대비 성장을 명시하기보다는 우리가 판단하기에 미래의 초과수익률을 가장 잘 예측하는 팩터인 주주수익률과 퀄리티를 기준으로 삼았다(퀄리티는 밸류에이션, 수익 성장, 수익 퀄리티, 재무 건전성을 종합한 개념이다).

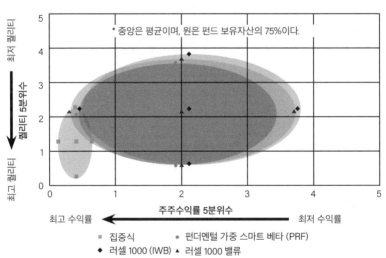

팩터 우위의 측정 — 스마트 팩터 알파 vs. 스마트 베타

참고: 오쇼너시 에셋 매니지먼트에서 산출(osamresearch.com)

위 그림을 통해 각 포트폴리오가 수익률과 퀄리티 스펙트럼에서 어디에 위치하는지 살펴보고자 한다. 좌측 하단의 포트폴리오는 퀄리티와 수익률의 측면에서 모두 상대적인 수치가 높다. 원의 중심부에 표시된 점은 해당 포트폴리오의 현재 평균 주주수익률과 퀄리티 수치를 나타내며, 원의 주변부는 포트폴리오 가중치의 75%를 아우른다. 추세는 분명하다. 러셀 1000 전반에서 러셀 1000 밸류로, 그리고 규모가 가장 큰 '펀더멘털 지수' 스마트 베타 방식으로 옮겨갈수록 팩터 쪽으로 치우침이 나타나는 걸 볼 수 있다. 이때 익스포저가 매우 광범위해진다. 팩터 알파는 의도적으로 완전히 다른 접근 방식을 취한다. 훨씬 더 좁은 범위의 핵심 팩터에 익스포저가 더 집중되도록 하는 것이다.

S&P 500(SPY), 러셀 1000 밸류(IWD), 펀더멘털 지수(PRF), 최소변동성(USMV) 등 인기 있는 각종 ETF 스마트 베타 전략을 각 포지션(세로축이 퀄리티, 가로축이 주주수익률)과 포트폴리오 가중치(원의 크기)의 차원에서 표시하면 훨씬 더 자세한 시각화가 가능하다. 이들 전략을 마지막 차트인 팩터 알파 방식과 비교해보면, 주주수익률과 퀄리티의 측면에서 포트폴리오 구성 및 포지션이 확연히 다르다는 점을 알 수 있다.

S&P 500(SPY)

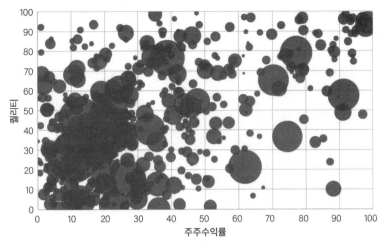

참고: 오쇼너시 에셋 매니지먼트에서 산출(osamresearch.com)

러셀 1000 밸류(IWD)

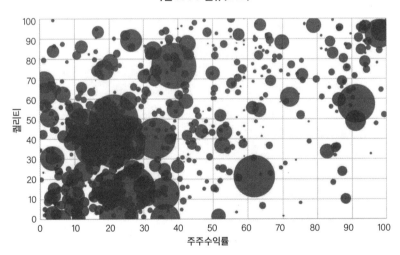

참고: 오쇼너시 에셋 매니지먼트에서 산출(osamresearch.com)

펀더멘털 지수(PRF)

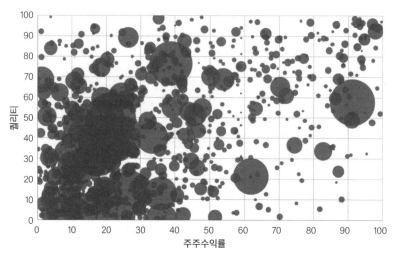

참고: 오쇼너시 에셋 매니지먼트에서 산출(osamresearch.com)

USA 최소 변동성 (USMV)

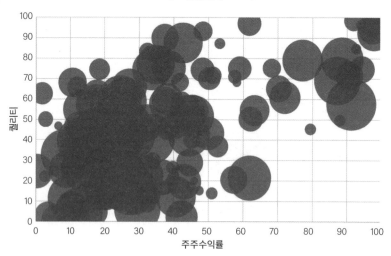

참고: 오쇼너시 에셋 매니지먼트에서 산출(osamresearch.com)

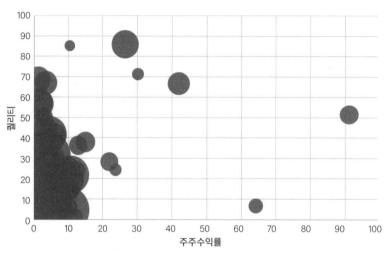

'팩터 알파' 포트폴리오

참고: 오쇼너시 에셋 매니지먼트에서 산출(osamresearch.com)

팩터 알파 방식에 일부 극단값이 존재하는데, 이는 팩터 프로필이 악화하고 있는 포지션들이다. 일례로 우측 끝단에 있는 점은 XL 그룹인데, 지난해 인수 목적으로 주식을 대량 발행하기 전까지는 견조한 주주수익률을 유지하고 있었다. 전략을 리밸런싱하면서 이러한 포지션은 좌측 하단에 있는 종목 방향으로 셀다운*될 것이다.

위의 산출값에서 감안해야 할 것은 차트마다 출발점이 각기 달라서 백분위수를 계산할 때 가장 광범위한 미국 주식 종목(대략 2,500여 개)을 투자 대상으로 했다는 점이다. 그 결과, 위의 차트 전반에 걸쳐 주주수익률이 약간 높게 나타나는 편향이 발생했다. 이

• 인수 후 재매각.

들 차트는 소형주보다 배당금과 바이백 수익률*이 더 높은 대형주 위주의 전략이다. 소형주 기업은 백분율을 계산할 때 포함되기는 하지만 차트에는 보통 보이지 않는다.

향후 전략

인덱스와 스마트 베타 팩터는 각 인덱스를 대상으로 하는 전략에 유입되는 자산 규모의 영향을 받아 변화한다. 낮은 PB 전략에 수천억 달러가 유입되었고, 그로 인해 PB가 악화했다[8]. 펀드 유입량은 모든 것에 영향을 미친다.

마크 트웨인은 "기회가 더는 기회가 아니게 되었을 때가 되어서야 나는 기회라는 것을 보았다"라고 이야기했다. 누군가가 어떤 전략을 발견해서 상품화하고 규모를 키운 다음에야 시장 전략을 인지하게 되는 경우가 많다. 스마트 베타 팩터는 상품이다. 밸류와 비만**, 풋 매도에 이르기까지 모든 것에 대한 ETF가 존재한다. 투자를 할 때는 매니저나 그 뒤에 있는 회사의 의도를 생각해야 한다. 자산을 끌어모으는 데 집중하는지, 아니면 시간이 지나면서 알파를 획득하고자 하는지를 살펴보아야 한다. 밸류를 중시하는 투자자라면 시가총액 가중 밸류 포트폴리오, 예를 들면 PB 기준 50 백분위수에 속하는 엑슨모빌을 우선적으로 보유하는 포트폴리오가 정말로 해당 팩터를 가장 잘 반영하는지 생각해야 한다. 과거에 팩터 알파는 투자

---

* 매입한 자사주 금액을 기존의 시가총액으로 나눈 값.
** 전 세계적으로 비만 치료로 수익을 올릴 수 있는 기업에 투자하는 ETF가 있다.

자에게 좋은 결과를 안겨주었다.

완벽한 것은 없다. 다른 퀀트 전문가들은 포지션이 더 적으면 추적 오차tracking error***가 커지고, 정보 비율information ratio****이 떨어진다는 등의 사실을 지적하면서 다른 의견을 낼 수도 있다. 나는 자산 운용사에서 수백 종의 스마트 베타 전략을 계속 내놓는다면, 향후 더 차별화된 방식에 우위가 생기리라고 생각한다. 단순하고 저렴한 시장 포트폴리오에서 벗어날 정도로 팩터를 신뢰하는 투자자라면 틸트tilt*****를 통해 팩터를 추구하지는 않았으면 한다. 진정으로 팩터에 대한 익스포저를 획득하는 방식으로 해야 한다. 깔끔하게 정리하자면, 진정한 딥밸류 포트폴리오(나 다른 팩터)에 S&P 500이나 러셀 1000 펀드의 5bp를 결합한다고 생각하면 된다. 그렇게 하면 스마트 베타 옵션과 전반적으로 비슷한 팩터 익스포저를 더 낮은 가격에 확보할 수 있다.

언제나, 언제나, 언제나 이 전략이 알파 전략인지, 자산 전략인지 자문해보라.

••• 지수와 ETF의 격차.
•••• 초과수익률을 추적 오차로 나눈 비율로, 사후적인 성과 지표로 널리 사용된다.
••••• 틸트 펀드는 벤치마크형 지수를 모방하도록 핵심 종목을 보유하되, 시장보다 좋은 실적을 낼 수 있도록 다른 종목을 보유할 수 있도록 한 뮤추얼펀드나 ETF를 의미한다.

미주

1 Joseph Chen, Harrison Hong, Ming Huang, and Jeffrey D. Kubik, "Does Fund Size Erode Mutual Fund Performance? The Role of Liquidity and Organization"; Andrea Gentilini, "How AUM Growth Inhibits Performance"

2 1990년 이전의 수치의 경우, 지금은 없는 당시 S&P 500의 실제 구성기업이 아니라 시가총액 기준 500대 기업을 선정하였다.

3 밸류는 매출/가격, 수익/가격, ebitda/ev, 잉여현금흐름/ev, 주주수익률을 동일 가중한다.

4 S&P 500에서의 밸류에이션 백분위×가중치로, '전체적인 저렴함에 대한 기여' 정도로 생각하면 된다.

5 잠재력은 양방향으로 작용한다. 액티브 비중이 큰 포트폴리오일수록 성과가 부진할 가능성도 커진다.

6 동일가중 및 시가총액 조정 밸류 포트폴리오를 기준으로 분류한 밸류 순위.

7 www.sec.gov/News/Speech/Detail/Speech/136517151580

8 물론 유입량 이외에도 팩터 실적에 영향을 미치는 문제들이 있다.

저자 **패트릭 오쇼너시**

오쇼너시 에셋 매니지먼트의 임원이자 포트폴리오 매니저다. 팰그레이브 맥밀런Palgrave Macmillan에서 출간한 《밀레니얼머니Millennial Money: How Young Investors can Build a Fortune》를 썼다. 《월스트리트에서는 무엇이 중요한가What Matters on Wall Street》 제4판의 참여 저자이자, 〈알파 혹은 자산? ─ 팩터 알파 대 스마트 베타Alpha or Assets? ─ Factor Alpha vs. Smart Beta〉등 여러 백서의 저자이기도 하다. 상기 백서의 주제는 2016 모닝스타 연간 ETF 컨퍼런스의 기조발표 주제이기도 했다.

팟캐스트 〈최고처럼 투자하라Invest like the Best〉는 최근에 청취자 수가 70만을 넘어섰으며, 《월스트리트 저널》에서 선정한 '꼭 들어야 할 투자 팟캐스트 5개'에 선정되기도 했다. 〈실전 투자 가이드The Investor's Field Guide〉 블로그의 운영자이기도 하다.

노트르담대학교에서 철학 학사학위를 받았으며, 공인 재무분석사CFA이기도 하다. 아내와 두 아이와 함께 코네티컷주의 그린위치에 산다.

7.

원자재와 신흥국 시장의 수익률이 50%?

멥 파버_{Meb Faber}

과거를 바탕으로 미래를 가늠할 수 있다면, 우리는 곧 향후 2년간 40~96%의 수익률을 누리게 될 것이다. 희망 사항이나 과한 추측이 아니다. 무언가를 판매하려는 것도 아니다. 그저 시장 구조상 발생했던 역사적 이익이 지금 반복되고 있다는 점을 지적하는 것이다.

그렇다면 지금, 과연 무슨 일이 일어나고 있는 걸까?

고무줄이 하나 있다고 생각해보자. 살짝만 잡아당겼다가 놓으면 그리 멀리까지 날아가지 못한다. 그러나 한계까지 잡아당겼다가 놓으면 쏜살같이 방을 가로지를 것이다.

과거의 흐름을 보건대, 우리는 곧 일부 자산군이 쏜살같이 방을 가로지르는 모습을 보게 될 것이다. 2008년에 나는 첫 책인 《아이비 포트폴리오The Ivy Portfolio》를 썼다. 그 책에서는 자산 배분과 기본적인 추세 추종을 주로 다루었지만, 평균 회귀 전략에 대해서도 언급했다. 잘 모르는 분들을 위해 설명하자면, 평균 회귀는 시장에 보통 어느 정도의 균형 수준이 있다는 개념이다. 시장에서 가치는 오르락내리락하고 장기간에 걸쳐 극단적인 수준에서 등락이 이루어질 수도 있지만, 결국에는 시장 특유의 균형 수준으로 돌아가는 경향이 있다는 것이다. 그래서 고무줄과 마찬가지로 시장도 더 많이 당겨질수록, 그리고 더 오랫동안 당겨진 상태일수록 마침내 움직이게 되었을 때 더 빠르게 균형점으로 돌아간다.

아래의 차트는 《아이비 포트폴리오》에 수록된 것으로, 평균 회귀와 관련한 일부 역사적 수익률이 제시되어 있다.

A: 1903~2007년 국가 평균 회귀

	모든 연도	2년 연속 하락 이후	3년 연속 하락 이후
수익률 평균	13.02%	19.03%	30.30%
수익률 중간값	10.65%	14.97%	19.57%
빈도	100%	9.26%	2.59%

B: 1975~2007년 자산군 평균 회귀

	모든 연도	2년 연속 하락 이후	3년 연속 하락 이후
수익률 평균	12.97%	23.19%	33.93%
수익률 중간값	12.18%	28.68%	33.93%
빈도	100%	7.27%	1.21%

눈앞에 있는 기회에 달려들기 전에 우리가 실제로 얼마나 '당겨진' 상태인지 파악할 수 있는 맥락을 조금 더 제시하겠다.

《아이비 포트폴리오》를 쓴 지 8년이 된 시점이라 책에 실린 통계치를 다시 확인하고 데이터 세트를 확장하고자 했다. 그래서 위에서 설정한 자산군을 10개의 광범위한 자산군으로 늘려 1972년까지 아우르는 테스트를 진행했다.

이번에는 약간 다른 것을 시도했다. 《아이비 포트폴리오》를 쓰면서 진행했던 원래의 테스트에서는 자산이 평균 회귀를 시작한 이후의 1년 수익률만 봤다. 그러나 평균 회귀로 인한 이득이 1년 후에는 없으리라고 생각할 근거가 없다는 점을 깨달았다. 그래서 이번에는 기간을 2년으로 늘렸고, 흥미로운 결과가 도출되었다.

1. 한 자산군이 3년 연속 하락하는 경우는 꽤 드물다. 총 378개 년에 걸쳐 6번밖에 일어나지 않은 일로, 2%가 채 되지 않는다. 그러나 3년 연속 하락이 발생할 경우의 수익률은 상당하다.
   - 1978~1980년 30년 만기 국채. 2년 수익률 48%.
   - 2000~2002년 미국/해외/신흥국 주식. 2년 수익률 각각 43%, 69%, 96%.
   - (횟수를 세어보면 앞에서 언급한 6회 중 4회가 발생한 것이다. 나머지 2회는 지금 일어나고 있으며, 조금 후에 살펴보도록 하겠다.)
2. 자산군이 아니라 국가, 섹터, 산업별 분석 연구를 진행할 수도 있다. 그런 분석은 집중도와 변동성이 더 높기 때문에 우리가 다루는 '하락 연도'의 기간을 2~3년에서 3~5년으로 늘리는 편

이 합리적이다. 1920년대까지 거슬러 올라가도 이런 일은 드물다. 3년 연속 하락이 발생한 경우는 3% 정도에 불과하다. 4년 연속 하락은 1%, 5년 연속 하락은 거의 발생하지 않는다. 그러나 자산군의 경우와 마찬가지로 수익률은 상당하다.

- 3년 연속 하락을 경험한 국가는 그 이후 2년간의 수익률이 56%였다. 4년 연속 하락하면 수익률은 74%로 올라가며, 5년 연속이면 135%가 된다.

- 섹터별로 보면 3년 연속 하락 이후 2년간의 수익률은 60%였다. 4년 연속이면 91%, 5년 연속이면 138%였다.

- 산업별로 보면 3년 하락 시 그 이후 2년간의 수익률은 59%, 4년 하락 시 80%, 5년 연속 하락 시에는 105%였다.

3. 경험적으로 특정 자산이 2년, 3년, 4년, 5년 연속으로 하락하면, 향후 2년간의 총수익률로 각각 40%, 60%, 80%, 100%를 기대할 수 있다(연속 하락한 연도 수를 2로 곱하면 된다).

2년 총수익률

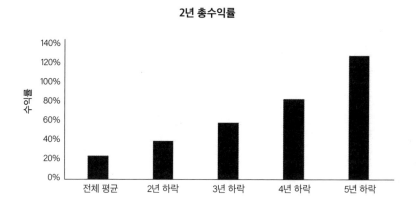

위의 차트를 보면 자산군, 섹터, 국가, 산업별 2년 평균 총수익률을 알 수 있다. 이를 모두 감안하고 보면, 우리 앞에는 바로 지금 엄청난 기회가 있다.

대형 자산군 중 3년 연속 하락한 자산이 2종 있다. 앞서 언급했듯이, 이는 378개년 동안의 기회 중 5번째와 6번째다. 이들 자산이 무엇이냐면, 바로 신흥국 주식과 원자재다.

신흥국 주식과 해외 주식 전반의 밸류에이션이 저렴하다는 점에 대해서는 상세히 살펴보았고, 이 두 가지는 향후 견조한 수익률을 보이리라고 생각한다. 앞에서도 이야기했듯이, 신흥국 주식 카테고리에서 오늘날과 같은 상황이 마지막으로 발생했을 당시의 2년 수익률은 96%였다. 이런 현상은 원자재 부문에서 지난 40년간 발생한 적이 없다. 이에 대한 수익률이 얼마나 될지 누가 알 수 있겠는가?

규모가 작은 섹터와 국가, 산업에 존재하는 기회에 대해서는 가을에 다룬 적이 있다. 석탄 주식을 언급하면서 이 추세를 살펴보았는데, 현재 금 채굴업과 엔화도 5년 연속 하락했다. 그리고 이 세 가지 자산은 엄청난 2016년을 보내고 있다. 석탄은 40%, 금 채굴업은 66%, 엔화는 10% 상승했다. 국가별로 보면 연초에 가장 저렴한 국가로 우리가 언급한 국가가 브라질이었는데, 무려 36%나 올랐다.

2016년의 수익이 이미 엄청나기는 하지만, 역사적으로 보면 고무줄이 이미 너무 당겨져 있어서 앞으로 얻을 주요한 수익이 아직도 남아 있다.

2018년에 다시 확인할 예정이다!

저자 **멥 파버**

캠브리아 인베스트먼트 매니지먼트Cambria Investment Management의
공동 설립자이자 최고투자책임자CIO이다. 캠브리아의 ETF 및 특
별 계정, 사모 투자 펀드를 운용하고 있다. 여러 백서와 책 5권의 저
자이며, 투자 전략에 대한 강연과 기고도 많이 하고 있다.《배런스》,
《뉴욕 타임즈》,《뉴요커》에 기고한 글이 실리기도 했다. 버지니아대
학교에서 기초공학과 생물학을 복수 전공했다.

제 2 부

시장 여건과 리스크, 수익률

데이비드 머클 David Merkel

노르베르트 카임링 Norbert Keimling

애덤 버틀러 Adam Butler

스탠 알트슐러 Stan Altshuller

톰 맥클레란 Tom McClellan

자레드 딜리안 Jared Dillian

라울 팔 Raoul Pal

배리 리트홀츠 Barry Ritholtz

켄 피셔 Ken Fisher

8.

향후 주식수익률의 추정

데이비드 머클David Merkel

주식 시장이 얼마나 과소 또는 과대 평가되어 있는지 가늠하는 모델에는 여러 가지가 있다. 아래는 그 몇 가지 예다.

- 주가순자산비율PB
- 주가/이익잉여금
- Q비율(시장 전체의 시가총액/대체원가)
- 시장 전체의 시가총액/GDP
- 실러Shiller의 CAPE10*(과 모든 변형)

보통은 이런 모델로 주식수익률 변동의 60~70% 정도를 설명할

*   CAPE는 Cyclically-Adjusted Price Earnings Ratio의 약자로 경기조정 주가수익비율을 의미한다. 주가가 지난 10년간 평균 PE의 몇 배인지를 보여주는 지표다.

수 있는데, 이제는 더 좋은 모델이 있다. 내가 만든 건 아니고, 〈필로소피컬 이코노믹스Philosophical Economics〉라는 블로그에서 본 모델이다. 기본 개념은 연준에서 발행하는 Z1 보고서**에서 민간 투자자가 보유하고 있는 미국 내 부富의 비중을 살펴보는 것이다. 이 비중이 높을수록 향후 수익률은 낮아진다.

이런 직관적인 판단에 대해 두 가지 측면에서 생각해볼 수 있다. 우선 간단하게는 보통 사람들이 겁을 먹고 주식을 기피하면 향후 수익률이 더 높아지는 경향이 있다고 볼 수 있다(패닉을 매수). 보통 사람들이 두 손 걷어붙이고 주식을 사들이면, 주식을 매도하거나 주식공모IPO를 통해서라도 이들에게 흥미롭고 비싼 새로운 주식을 던져줄 때다(탐욕을 매도).

이런 현상을 바라보는 두 번째 직관적인 관점은 자기자본이든 타인자본이든 자금 조달 방식과 관계없이 자산의 수익률은 같다는 모딜리아니-밀러Modiglani and Miller의 자본구조 이론과 비슷하다. 시장가치 대비 자기자본의 비중이 작다면 비중이 클 때보다 수익률이 더 커질 것이다.

현재 시점에서의 의미

3월 중순에 연말 자료에서 추정한 아래의 그래프를 통해 다음과 같은 내용을 알 수 있다.

** 미국 금융계정 보고서Financial Accounts of the United States.

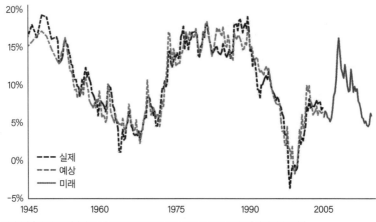

향후 주식수익률의 추정 — 향후 10년간 S&P 500의 총수익률

아이디어 출처: 필로소피컬 이코노믹스(www.philosophicaleconomic.com), 그래프 추정 및 설계는 저자.

- 이 모델로 10년간 수익률 변동의 90% 이상 설명할 수 있다.
- 2009년 3월에 향후 10년간 연간 수익률을 16%로 추정했다.
- 1999년 3월에 향후 10년간 연간 수익률을 −2%로 추정했다.
- 현재로서는 1년 전 추정치인 4.7% 수준에서 회복하여 연간 6%로 추정된다.

이와 관련해 살펴볼 그래프가 2개 더 있다. 아래의 첫 번째 그래프는 S&P 500에 맞춰 조정했는데, 뒤로 갈수록 더 잘 들어맞는다. 총수익률 지수가 아니기 때문에 시간상 앞쪽에서 발생하는 차이는 누적 배당으로 인한 것이다. 그렇기는 하지만, 2025년 말 즈음에는 S&P 500이 몇백 포인트 단위의 오차 범위 내에서 3,000 근처에 육박할 것이라 생각한다. '그런데 그래프는 그보다 더 높이 올라가는 것 같다'라고 이야기할 수도 있겠지만, 예상 배당분은 뺀 것이다.

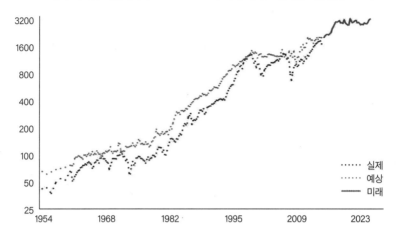

향후 주식수익률의 추정 — S&P 500 수치의 예측(그렇지만 배당은?)

다음 그래프는 내가 직접 만든 총수익률 지수를 사용한 추정치다. 두 그래프가 얼마나 유사한지에 주목하라.

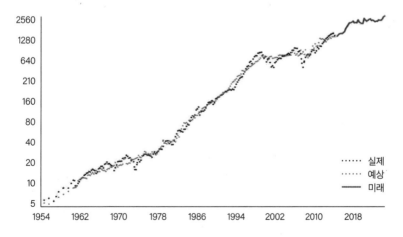

향후 주식수익률의 추정 — 총수익률 기준 모델의 정확도

함의

향후 10년간 주식의 총수익률이 연간 6.1%(배당률 2.2%)에 불과할 것이라 예상한다면, 그러한 추정이 다음에 미치는 영향을 생각해보아야 한다.

- 연기금 / 퇴직
- 변액연금
- 전환사채
- 직원 스톡옵션
- 주식수익률에 의존하는 모든 것

확정급여형 연기금에서는 기대 주식수익률이 6%보다 훨씬 높을 것으로 예상하고 있다. 납입금이 늘지 않으면 자금 조달 격차가 더 심화할 것으로 보인다. 베이비부머 끝 세대가 연금 수익을 필요로 하는 시기에 확정기여형 연기금도 같은 문제에 직면하게 된다(안타깝지만 연금은 정작 필요할 때는 지급되지 않는다).

얼마 되지 않는 향후 수익률의 많은 부분을 변액 연금과 대형 뮤추얼펀드에서 가져가기 때문에 수익률은 실망스러울 것이다. 전환사채의 경우에는 대부분 돈이 되지는 않을 것이라, 주식으로 전환되기보다는 채권 형태로 남게 된다. 여러 직원 스톡옵션과 종업원 주식 소유 제도의 경우, 기업의 실적이 좋지 않은 한 이렇다 할 가치를 실현하지 못한다.

약간 낮은 회사채 수익률과 약간 낮은 변동성에 자본 구조 자체가 맞추어져 있어, 거의 모든 환경에서 자본 수익률이 낮은 상황이다. 각국 중앙은행에서는 경기 침체를 겪으면서 자본을 투입할 가치가 없는 저수익 프로젝트를 털어내기보다는 금리를 낮추어 경기를 부양하려는 전략을 택하고 있다. 이로 인해 이런 저수익 환경이 조성된 측면도 있다.

기대치를 다시 설정하고 저축을 늘려라

은퇴 자금을 늘리려면 저축을 더 많이 해야 한다. 시장에서 대량 매각이 발생하는지 기회를 보며 기다릴 수도 있겠지만, 요즘 밸류에이션은 거의 70 백분위수에 가까운 실정이다. 높기는 하지만, 그렇다고 굉장히 높은 수준은 아니다. 이 지표가 연간 수익률 3%를 의미하는 수준이 되면, 나는 포지션을 혜지할 것 같다. 하지만 그렇게되면 S&P 500이 대략 2,500 정도일 것이다. 현시점에서는 보통의 경우 내가 채택하는 투자 기조를 유지하고 있다. 원한다면 독자 여러분도 똑같이 해도 된다.

저자 **데이비드 J. 머클**

주식형 자산운용사인 알레프 인베스트먼츠Aleph Investments를 운영하고 있다. 중상류층과 소규모 기관을 대상으로 주식 및 채권 계정을 별도로 운용하며, 최소 가입 금액은 10만 달러다. 저자가 운영하는 블로그인 〈알레프블로그alephblog.com〉에서 더 많은 글을 찾아볼 수 있다.

피나코프 시큐리티스Finacorp Securities의 수석 이코노미스트이자 연구 책임자로 근무했으며, 호브드 캐피털Hovde Capital의 수석 투자 애널리스트, 투자 웹사이트 〈리얼머니RealMoney.com〉의 수석 해설위원, 드와이트 에셋 매니지먼트Dwight Asset Management의 회사채 매니저로 활동했다.

존스홉킨스대학교에서 학사 및 석사 학위를 취득했다.

9.
실러-CAPE와 PB를 활용한
주식 시장 수익률 예측

노르베르트 카임링 Norbert Keimling

요약

- 실러-CAPE와 주가순자산비율PB를 통해 향후 주식 시장 수익률을 안정적으로 예측할 수 있다.
- 구조적 전환이 있는 일부 국가에서는 CAPE보다 PB가 장점이 많을 때도 있다.
- 조사 결과를 바탕으로 살펴본 장기적인 시장 잠재력은 미국 4.3%, 유럽 8.0%, 신흥국 시장 8.4%다.

지난 100년간 미국 주식에 투자하면 연간 약 7%의 실질 자본수익률을 실현할 수 있었다. 채권, 현금, 금, 부동산 등 어떤 자산군을 살펴도 잠재수익률이 이 정도인 자산군은 없었다. 그렇지만 주식 시장은 변동성이 굉장히 심하고, 투자 시기에 따라 달성 가능한 수익률이 크게 달라진다. 그래서 투자자는 가장 정확하게 장기적인 주식 시장의 상황을 예측할 방법을 고민하게 된다.

정석적인 방법, 즉 시장 경제 상황을 기준으로 기업의 수익 전망을 예측하고 주식 시장 밸류에이션을 활용해 중단기 실적을 예측하는 방법은 실전에서 성공률이 그리 높지 않다. 경제 상황은 기껏해야 대략적으로만 추정할 수 있다. 글로벌 기업의 수익 성장은 본사가 있는 국가의 경기 변동과 점차 분리되는 추세이며, 중단기 수익 성장과 주식 시장의 상황 간에는 이렇다 할 연관성이 없다시피 하다. 중단기적으로 보면, 계산이 가능한 펀더멘털 데이터보다 테러리즘이나 유가 충격, 중앙은행의 발표와 그로 인한 시장 심리 등 예측하기 어려운 요인이 자본 시장 상황에 훨씬 더 큰 영향을 미친다.

이를 고려하면, 현재 시장 가격 대비 시장에서의 기업 수익을 보는 PE와 같이 흔히 사용되는 밸류에이션 지표는 정확한 예측이 가능해도 내년 주식 시장 수익을 안정적으로 보여주지는 않는다(그림 1).

그림 1
1871.1~2016.4 정확한 내년 수익 예측을 활용한 PE와 실질 S&P 500 지수의 관계

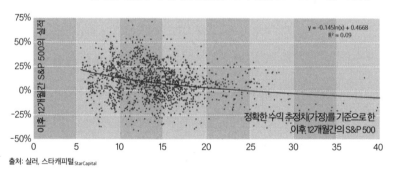

출처: 실러, 스타캐피털StarCapital

정확한 수익을 예측하겠다며 치열하게 경쟁하는 애널리스트가 많다는 점을 생각해보면 정말이지 안타까운 일이 아닐 수 없다.

기존의 PE가 장기적인 전망에서 거의 쓸모가 없는 이유는 2가지로 설명할 수 있다. 첫째, 기업 수익은 매우 변동성이 크다. 현실적으로 기업 수익은 기껏해야 대략적으로만 예측할 수 있다. 예를 들어, S&P 500의 수익은 2009년부터 2010년까지 7~77포인트의 범위에서 변동했다(그림 2). 그러므로 특정 연도의 이익 수준이 꼭 이후 상황을 예측하는 근거가 되는 것은 아니다.

그림 2
1871.1~2016.4 S&P 500 기업의 인플레이션 조정 수익

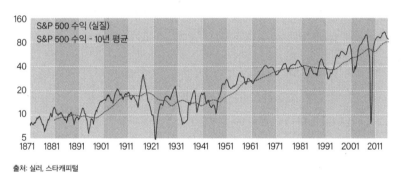

출처: 실러, 스타캐피털

그뿐만 아니라 PE는 기업 수익이 낮아지는 위기 상황에서 항상 매력도가 떨어져 보인다. 그러나 위기야말로 가장 수익성이 높은 매수 기회가 존재하는 시기다. 따라서 PE를 기준으로 하는 현재 또는 추정 수익은 예측 수단으로 전혀 적합하지 않다. 다행히도 기존의 PE보다 더 나은 예측 수단이 있다.

CAPE

무려 1934년에 그레이엄Graham과 도드Dodd는 주기적인 수익 변동이 PE의 유효성에 치명적일 수 있다고 생각했다. 그래서 PE 산출 시 역사적 수익의 장기 평균을 활용해야 한다고 권고했다. 1998년 존 캠벨John Campbell과 노벨 경제학상 수상자인 로버트 J. 실러Robert J. Shiller는 이 권고를 바탕으로 미국 S&P 500 기업의 인플레이션 조정 수익이 1871년 이후 연간 2%에 조금 못 미치는 속도로 비교적 꾸준히 증가했다는 점을 입증했다. 경기가 좋은 해에는 기업 수익이 평균을 웃돌고 침체기에는 기업 손실이 크지만, 이 두 추세 모두 오랫동안 지속되지 않는다는 점에 착안하여 실러와 캠벨은 경기조정 주가수익비율, 즉 CAPE를 고안해냈다. CAPE는 현재의 시장 가격을 이전 10개 연도의 인플레이션 조정 수익의 평균과 비교한다. 주식 시장의 가치는 높은 확률로 수익 수준으로 돌아오는데, 경기순환을 반영하여 조정한 CAPE를 통해 수익 수준 대비 가치가 높은지 낮은지를 적절하게 측정할 수 있다.

매력적인 CAPE는 투자 기회를 의미한다

실제로 기존의 PE보다 경기조정이 반영된 CAPE는 훨씬 더 안정적으로 장기 수익률을 예측할 수 있다. 예를 들어, 지난 135년간 미국 주식 시장의 CAPE는 일부 경우를 제외하면 10~22의 범위를 유지했는데, 많은 경우에 역사적 평균인 17 수준으로 돌아왔다(그림 3).

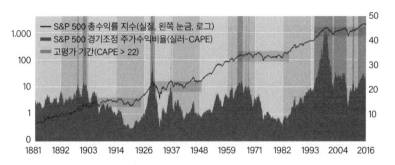

그림3

1881.1~2016.4 CAPE와 미국 S&P 500 총수익률 지수 사이의 관계

참고: CAPE 수준이 22보다 큰 시기는 회색 수직 막대로 음영 처리했으며, 이후의 침체 기간은 수평 막대로 음영 처리했다.
출처: 실러, 스타캐피털

CAPE가 이 범위를 상당히 넘어선 것은 1901, 1928, 1966, 1995년의 4번에 불과하다. 왜 오랫동안 활용된 평가 방식이 이 각각의 사례에 더 이상 적용되지 않았는지에 대해서는 대량생산이나 전화기 도입, 금본위제 탈퇴, 세계화 등의 그럴듯한 이유가 제시되었다. 시겔Siegel과 같은 저자도 현재 CAPE가 눈에 띄게 높은 수준인 것에 대해 탄탄한 근거를 제시한다. 예를 들면 극단적인 마이너스 금리로 인해 리스크 프리미엄이 낮아졌을 수도 있고, 회계 규칙이 바뀌면서 S&P 500 기업의 수익 잠재력이 저평가되었을 수도 있다. 또는 자사주 매입이 늘어난 상태에서 배당 정책이 조정되어 수익 증가 수준이 영구적으로 더 높아졌을 수도 있다. CAPE는 이 모든 요인으로 상승할 수 있다. 정말로 새 시대가 열린 것인지, 아니면 "'이번에는 다르다'는 가장 값비싼 대가를 치르게 하는 말이다"라는 템플턴Templeton의 격언이 다시 한번 옳다고 판명날 것인지는 시간이 지나야만 알 수 있다.

한 가지는 분명하다. 지난 135년간 더 높아진 밸류에이션의 이유로 제시된 내용은 아무리 그럴듯해 보이더라도 전부 틀렸음이 밝혀졌다. 앞에서 제시된 모든 고평가 기간에 S&P 500은 사상 최고치를 기록했다. 이 고평가 기간에 투자한 사람들은 대체로 10~20년에 걸쳐 실질적인 손실을 보았다. 반면, 매력적인 CAPE와 비관적인 시장 심리가 지배적이었던 시기에 투자한 사람들은 장기적으로 항상 평균 이상의 수익률을 달성했다.

CAPE를 활용하여 글로벌 수익률 전망이 가능하다

이러한 상관관계는 미국 시장에만 국한되지 않는다. 우리가 진행한 최근 연구 〈실러-CAPE를 활용한 주식 시장 수익률의 예측Predicting Stock Market Returns Using Shiller-CAPE〉에서는 1979~2015년 조사 대상이 된 모든 국가의 지수에서 유사한 상관관계가 나타난다는 증거를 찾아냈다. 평가 기간이 훨씬 더 짧고 회계 기준과 지역적 특성이 상이하기는 하지만, 매력적인 밸류에이션은 높은 수익률을 수반하고 고평가는 낮은 수익률로 이어진다는 추세가 모든 국가에서 관찰되었다.

그림 4
CAPE와 추후 10~15년간 실질 수익률 평균 간의 관계

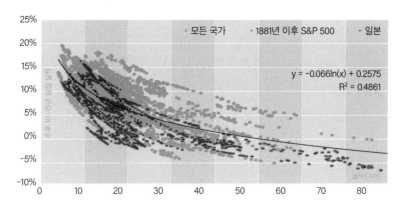

$$y = -0.066\ln(x) + 0.2575$$
$$R^2 = 0.4861$$

CAPE와 추후 10~15년간 실질 수익률 간의 관계					
국가	CAPE<10	10-15	15-20	20-25	25-30	>= 30
호주	12.0%	8.5%	7.4%	4.9%	3.6%	
캐나다	7.3%	7.6%	9.4%	9.3%	7.0%	5.3%
덴마크	10.3%	9.1%	8.0%	9.1%	11.4%	6.6%
프랑스	13.7%	12.1%	8.4%	8.3%	9.4%	0.2%
독일	10.2%	10.1%	7.1%	6.3%	3.9%	0.7%
홍콩	11.0%	8.5%	6.4%	5.2%	4.3%	2.7%
일본			9.3%	7.3%	4.4%	-1.4%
네덜란드	15.3%	10.6%	6.1%	2.5%	-0.2%	-1.4%
노르웨이	10.7%	7.2%	7.1%	6.6%	4.7%	
싱가포르	9.8%	7.4%	6.7%	4.4%	3.4%	2.3%
스페인	14.1%	11.6%	9.7%	5.1%	3.1%	0.8%
스웨덴	17.0%	14.8%	13.0%	12.5%	11.0%	5.1%
스위스	10.9%	12.9%	11.4%	9.0%	6.8%	1.3%
영국	12.3%	9.7%	6.2%	1.2%	0.5%	
1881년 이후 S&P 500	10.5%	8.0%	6.1%	1.9%	2.7%	-0.3%
모든 국가	11.7%	8.7%	7.2%	5.7%	4.1%	0.5%

참고: 위 차트는 1881년 1월~2015년 5월(S&P 500)과 1979년 12월~2015년 5월(기타 MSCI 국가)의 기간에 대한 이후 10~15년간 CAPE와 실질 수익률 평균 사이의 관계를 보여준다. 모든 수익률 데이터에는 인플레이션 조정이 적용되었으며, 연간 환산한 배당수익을 포함하여 국내 통화로 표시했다. 회귀함수는 '모든 국가'에 적용된다. 아래 표는 국가별 CAPE에 따른 이후 10~15년간의 평균 수익률(중간값)을 나타낸다.
출처: S&P 500: 실러, 기타 국가: MSCI, 산출: 스타캐피털.

예를 들어, 독일에서는 CAPE 밸류에이션이 10 미만의 매력적인 수치를 기록한 이후의 10~15년간 실질 평균(중간값) 수익증가율이 연간 10.2%였다. 반면, 시장이 비싼 시기, 즉 CAPE가 30이 넘었던 시기에는 추후 수익률이 0.7%에 불과했다. 다른 주식 시장과의 연관성이 낮은 일본 주식 시장은 2가지 측면에서 두드러지는데, CAPE가 평균 이상(50을 훨씬 넘어서는 시기도 있었다)이면서 추후 수익률이 극단적으로 낮다. 일본의 사례는 CAPE와 장기 추후 수익률 간의 연관성이 세계적으로 적용된다는 점을 뒷받침한다. 이런 점이 미래에도 유효하다고 가정하면, 현재의 CAPE 값을 사용하여 향후 10~15년간 발생 가능한 수익률을 대략 추산할 수 있다.

CAPE 방식의 문제점

CAPE 방식은 주식 시장 수익이 10년 평균에 반비례한다는 가정을 바탕으로 한다는 점에 유의해야 한다. 구조적 전환이 일어날 수 있는 소규모 시장, 또는 수익 성장이 과거와는 상당히 다른 경로로 진행되는 시장에 대해서는 이런 가정을 할 수 없다. MSCI 그리스가 좋은 예인데, 현재로서는 CAPE가 2 미만으로 매우 낮은 상황이다. 지난 10년간 MSCI 그리스에 포함된 종목 수의 경우, 적게는 2013년 2개에서 많게는 2006년 20개에 이르는 변동폭을 보였다. 이런 변동으로 인해 몇 가지 문제가 제기될 수 있다. 이렇게 차이가 큰 기업들로 구성된 연도별 총 기업이익이 현재 지수에 포함된 10개 기업의 수익력을 제대로 반영하는가? 또한, 10년 평균이 지금은 제 기능을 하지 못하는 금융업계의 높은 이익에 크게 좌우되었던 상황에서, 10년 평균으로의 회귀가 얼마나 현실성이 있는가?

보다 포괄적이고 구조적으로 안정적인 MSCI 그리스 IMI_{Investable} Market Index는 CAPE 밸류에이션이 몇 배 더 높은데, 이와 비교해보면 CAPE 방식에 의구심이 생길 수 있다(그림 5).

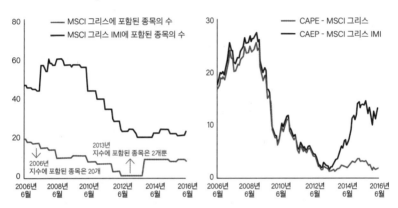

그림 5
구조적 전환으로 인한 CAPE의 설명력 약화 가능성

참고: 왼쪽의 차트는 2006년 6월 이후 MSCI 그리스에 포함된 종목의 수를 나타낸다. 오른쪽의 차트는 MSCI 그리스와 MSCI 그리스 IMI의 CAPE를 나타낸다. 보다 안정적인 지표인 IMI는 구성 종목의 수가 항상 20개 이상이다.
출처: MSCI, 스타캐피털.

PB가 수익률 예측을 개선한다

위의 관점을 고려하여, CAPE를 비롯하여 장기적인 수익률 예측에 사용되는 다른 핵심 지표도 살펴보는 것이 바람직할 듯하다. PB가 적합한데, 주당 순자산은 이익이나 현금흐름보다 변동성이 낮고, 10년 단위의 조정이 필요하지 않기 때문이다. PB를 사용하면 이전 10년간 시장 구조가 유사하다는 (문제가 없지는 않은) 가정 역시 불필요해진다. PB는 CAPE처럼 수익에만 초점을 맞추는 것이 아니라,

순자산가치 요소를 제시할 수 있다는 점에서 좋은 선택이다.

우리가 알아낸 결과는 이 연구를 이론적으로만 뒷받침하지는 않는다. 경험적으로도 PB는 CAPE 예측치와 비슷한 정확도로 1979년 이후의 수익률을 예측한다(그림 6).

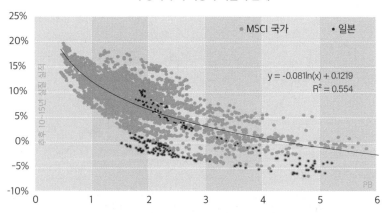

그림 6
PB와 장기 주식 시장 수익률의 관계

PB와 이후 10~15년간 실질 수익률 간의 관계						
국가	PB<1	1-1.5	1.5-2	2-2.5	2.5-3	>= 3
호주	12.2%	8.6%	7.3%	5.1%	4.9%	
캐나다	8.1%	8.0%	8.1%	5.8%	2.9%	
덴마크	9.5%	10.9%	7.9%	10.6%	7.8%	5.9%
프랑스	13.7%	9.8%	7.9%	8.6%	0.8%	0.1%
독일		10.2%	9.0%	6.9%	7.0%	0.7%
홍콩	10.6%	7.7%	6.2%	5.1%	4.3%	2.7%
일본			0.9%	-0.4%	2.8%	-4.4%
네덜란드	15.2%	11.0%	7.0%	4.7%	1.0%	-1.2%
노르웨이	11.7%	8.2%	7.4%	5.6%	3.3%	2.1%
싱가포르	8.7%	6.7%	3.9%	2.7%	1.4%	
스페인	12.2%	11.3%	10.4%	5.1%	1.7%	0.8%
스웨덴	17.0%	16.5%	13.9%	12.3%	11.1%	4.9%
스위스	11.0%	12.8%	11.1%	8.8%	6.7%	1.3%
영국	12.9%	11.7%	7.8%	6.2%	4.6%	0.9%
미국	13.9%	11.7%	12.6%	8.6%	7.6%	0.7%
MSCI 국가	14.1%	9.9%	7.7%	6.3%	4.5%	0.6%

참고: 위 차트는 1979년 12월~2015년 5월까지 PB와 이후 10~15년의 수익률 사이의 관계를 보여준다. 모든 수익률 데이터에는 인플레이션 조정이 적용되었으며, 연간 환산한 배당수익을 포함하여 국내 통화로 표시했다. 회귀함수는 조사 대상이 되는 모든 'MSCI 국가'에 적용된다. 아래 표는 이후 10~15년간의 국가별 평균 수익률(중간값)을 나타낸다.

출처: S&P 500: 실러, 기타 국가: MSCI, 산출: 스타캐피털.

주식 차원에서 밸류의 대리 지표로 자주 사용되는 지표가 시장 차원에서도 향후 수익률과 상관관계를 보인다는 점은 논리적으로도 맞는 이야기다. PB가 실제로 CAPE만큼 사용되지 않는 유일한 이유는 아마도 자료가 없어서 경험적으로 검증될 수 없기 때문이 아닐까 한다(다른 지표에 관한 결과는 여기에서 볼 수 있다.(www.starcapital.de/files/publikationen/Research_2016-01_Predicting_Stock_Market_Returns_Shiller_CAPE_Keimling.pdf).

예측값과 장기 추후 수익률 간 관계의 정도를 측정하는 결정계수(R^2)의 확실도는 두 지표 모두에서 비슷하다. R^2이 대략 0.5이고 연관성이 −0.7에 조금 못 미친다는 것은 이들 지표와 장기 추후 수익률 간의 관계가 통계적으로 1973~2015년까지의 기간 중 DAX와 S&P 500의 연간 수익률 간의 관계와 비슷하다는 의미다(R^2 0.47 − 연관성 0.68).

한발 더 나아가 비교해보자면, 1871년부터 2016년에 이르는 기간 동안 S&P 500의 수익 증가와 이후 15년간 수익률의 연관성은 훨씬 더 낮다(R^2 0.16 − 연관성 0.40, 그림 7). 이는 이후 15년간의 장기적인 수익 성장률에 대한 정확한 추정치보다도 CAPE와 PB가 상당히 더 안정적인 장기 전망을 제시한다는 사실을 보여준다.

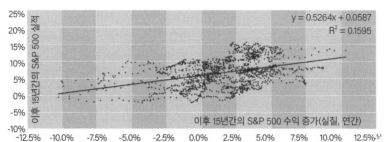

그림 7
장기 수익 증가와 주식 시장 수익률 간의 관계

참고: 이 차트는 1871년 1월~2016년 4월의 기간에 대한 이후 15년간의 S&P 500 실질 수익 증가와 실질 수익률을 제시한다.
출처: 실러, 스타캐피털

투자자가 기대할 수 있는 주식 시장 수익률의 수준은?

지난 135년간의 이러한 상관성이 유효하다고 가정하면, 현재의 CAPE와 PB값으로 글로벌 주식 시장에 대해 장기적인 예측을 할 수 있다. 예를 들어, 미국 증시의 현재 CAPE는 24.7, PB는 2.8이다. 과거에는 이러한 수준의 밸류에이션에 대한 이후 10~15년간의 수익률이 연간 평균 4.3%였다(그림 8). 지난 130년간의 경험에 비추어보아 이 정도의 성장률을 달성하기는 어렵기 때문에 미국 증시에 투자하여 장기적으로 높은 수익률을 얻으려는 사람들은 신중하게 생각해야 한다.

그러나 독일과 같은 일부 유럽 시장에서는 높은 수준의 수익률을 기대할 수 있다. 독일 증시의 경우, 현재 CAPE는 16.0, PB는 1.6이다. 과거에는 밸류에이션이 이와 비슷한 수준이었을 때 연간 장기 수익률 평균이 7.9%였다.

현재는 신흥국 시장에서 기대할 수 있는 장기 수익률이 훨씬 더 높다. 5년 넘게 실적이 부진했기 때문에 연간 8%가 넘는 장기 수익률이 가능해 보인다. 자세한 내용과 최신 내용은 내가 작성한 〈장기적인 주식 시장 전망Long-Term Stock Market Expectations〉에서 살펴볼 수 있다.(www. starcapital.de/research/CAPE_Stock_Market_Expectations)

그림 8
투자자가 기대할 수 있는 장기 수익률은?

국가	CAPE	PB	전망(%)
호주	15.4	1.8	7.4
벨기에	20.6	2.2	5.8
캐나다	18.4	1.8	6.9
덴마크	36.6	3.0	2.7
프랑스	15.5	1.4	8.3
독일	16.0	1.6	7.9
홍콩	14.4	1.2	9.1
이탈리아	10.1	1.0	11.2
일본	20.7	1.1	8.1
네덜란드	17.3	1.7	7.3
노르웨이	11.3	1.3	9.7
싱가포르	11.4	1.1	10.3
스페인	9.9	1.3	10.3
스웨덴	18.1	1.9	6.7
스위스	20.5	2.4	5.5
영국	13.2	1.8	8.1
미국	24.7	2.8	4.3
World AC	19.1	1.8	6.7
선진국	20.0	1.9	6.4
신흥국	13.6	1.6	8.4
선진 유럽	14.7	1.6	8.0

이 표는 2016년 6월 30일 현재 데이터스트림 마켓 지수Datastream Market Indexes의 밸류에이션과 이를 사용하여 추정한 동일가중 CAPE 와 PB 회귀함수를 바탕으로 이후 10~15년간의 실질 주식 시장 수익률을 전망한 수치이다. 국내 통화로 계산하였으며, 배당을 포함한다.

불확실성 요인은 무엇인가?

그러나 예측 실적은 보통 안정적인 상승 추세보다는 시나리오 분석을 해야 이해할 수 있는 큰 변동폭을 보인다. 그림 9는 S&P 500에서 오늘날과 비슷한 밸류에이션 수준이 나타난 시기를 선별하여, 그 이후 1~15년간 과거의 주식 시장 실적을 표시한 것이다.

그림 9
2031년경 S&P 500은 3,200포인트 이상으로 추정

참고: 이 차트는 명목 S&P 500을 나타낸다. 2016년 6월 현재 미국 시장의 CAPE는 24.7, PB는 2.8이다. 위의 그림은 (밸류에이션이 비슷한 수준이었을 때 전 세계적으로 나타난) 1~15년간의 추후 수익률 평균을 보여준다. 연한 회색으로 표시된 구간(p=50%)은 모든 대상 값의 50%를 반영하며, 짙은 회색 구간은 80%를 반영한다. 최악의 시나리오는 비슷한 값에 대한 가장 낮은 추후 수익률에 해당한다. S&P 500의 평균 실적 전망선은 CAPE와 PB를 바탕으로 산출한 평균 추후 수익률의 평균을 나타낸다. 모든 산출값은 물가상승률 1%와 배당금 재투자를 전제로 한 것이다.

역사적으로는 밸류에이션이 오늘날과 비슷한 수준이면 수익률이

1.9~6.4%였다. S&P 500에 환산하여 적용해보면, 배당금을 재투자하고 물가상승률을 보수적으로 잡아 1%라고 가정했을 때 2031년에는 3,200~6,100포인트 정도가 될 것으로 보인다. 그림 9에서 연한 회색으로 표시된 구간은 과거의 유사한 값을 바탕으로 추정한 S&P 500 전망치로, 개연성이 가장 높은 수치다. 해당 구간은 횡보하는 경향이 있는데, 이는 향후 15년간 실질 수익률이 이전처럼 7% 수준이 아닐 수도 있음을 시사한다.

차트에 표시된 시나리오 구간을 보면 발생 가능한 장기 수익률에 대한 결론을 도출할 수 있다. 그뿐만 아니라 중기 리스크 및 보상, 펀더멘털 추후 수익률 추정치의 한계에 대한 정보도 얻을 수 있다. 극단값, 즉 역사적으로 극단적인 시기의 상위 10% 및 하위 10%에 해당하는 값을 제외하면, S&P 500이 향후 3년간 1,500포인트로 떨어지거나 4,100포인트로 상승할 수 있다는 점이 분명해진다.

차트에서 '최악의 시나리오'를 보면 700포인트까지 조정될 가능성도 있는데, 이는 비슷한 수준의 밸류에이션에 대해 측정된 사상 최저 추후 수익률에 해당한다. 부정적인 극단값을 기준으로 한 이런 시나리오가 현실화할 가능성은 매우 적지만, 세계대전이나 1929년의 심각한 대공황 같은 극단적인 사건이 가격 전망에 미치는 영향에 대해 생각해볼 수 있다. 마찬가지로, 향후 3년 안에 S&P 500이 6,700포인트를 돌파할 가능성 역시 매우 낮다는 점은 굳이 지적할 필요가 없을 것이다(극단값이기도 한 이런 '최선의 시나리오'는 차트에 표시되어 있지 않다).

독일 주식 시장에 대한 시나리오 분석

독일 시장의 수익률 분포는 이보다 훨씬 더 낙관적이다. 과거에는 오늘날과 비슷한 수준에서 이후 15년간의 추후 수익률이 보통 5.4~9.5% 정도였다. 이는 DAX가 대략 24,000~43,000포인트인 수준에 해당한다.

그림 10
2031년경 독일 DAX는 24,000포인트 이상으로 추정

참고: 이 차트는 명목 DAX30 지수를 나타낸다. 2016년 6월 현재 독일 시장의 CAPE는 16.0, PB는 1.6이다. 위의 그림은 (밸류에이션이 비슷한 수준이었을 때 전 세계적으로 나타난) 1~15년간의 추후 수익률 평균을 보여준다. 연한 회색으로 표시된 구간(p=50%)은 모든 대상 값의 50%를 반영하며, 짙은 회색 구간은 80%를 반영한다. 최악의 시나리오는 비슷한 값에 대한 가장 낮은 추후 수익률에 해당한다. DAX의 평균 실적 전망선은 CAPE와 PB를 바탕으로 산출한 평균 추후 수익률의 평균을 나타낸다. 모든 산출값은 물가상승률 1%와 배당금 재투자를 전제로 한 것이다.

이 차트를 보면 향후 3년 안에 DAX는 8,900포인트까지 떨어지거나 18,800포인트까지 상승할 수 있다. 최악의 시나리오에 나타난 2031년 DAX 지수는 9,800인데, 이는 연간 수익률 +0.1%에 해당한다. 보다 개연성이 높은 수익률은 연간 5~9%이며, 현재의 국가 부채와 이미 마이너스인 금리를 고려했을 때 이러한 최악의 리스크가 국채와 같은 다른 투자 형태에 긍정적으로 작용할 가능성은 작다.

결론

주식 투자는 수익성이 가장 높은 장기 투자일 뿐만 아니라, 인플레이션과 유동성을 고려하면 가장 안전한 투자 형태이기도 하다. 지금처럼 유럽, 그리고 특히 신흥국 시장의 밸류에이션이 매력적인 시기에는 더욱 그러하다. 대다수의 사람들은 미국 주식에 높은 가중치를 부여하는 벤치마크를 추종한다. 하지만 그런 포지션을 취하지 않는 전략적인 투자자는 바로 그 덕분에 인플레이션을 뛰어넘는 연간 8% 정도의 장기 수익률을 기대할 수 있다. 지금으로서는 이와 비슷한 잠재력이 있는 자산군이 없는 상황이다.

참고문헌

John Campbell and Robert Shiller, "Stock Prices, Earnings, and Expected Dividends", *Journal of Finance*, 43(3), 1988, pp. 661-676.

John Campbell and Robert Shiller, "Valuation Ratios and the Long-Run Stock Market Outlook", *Journal of Portfolio Management*, 24(2), 1998, pp. 11-26.

John Campbell and Robert Shiller, "Valuation Ratios and the Long-Run Stock Market Outlook: An Update", *National Bureau of Economic Research Working Paper* 8221, 2001.

Elroy Dimson, Paul Marsh, Mike Staunton, Jonathan Wilmot, Paul McGinnie, "Credit Suisse Global Investment Returns Yearbook 2012", Credit Suisse Research Institute, 2012.

Benjamin Graham and David Dodd, *Security Analysis* (1st Edition), McGraw Hill, 1934.

Norbert Keimling, "Predicting Stock Market Returns Using the Shiller CAPE — An Improvement Towards Traditional Value Indicators?", StarCapital, 2016.

Philosophical Economics, "Forecasting Stock Market Returns on the Basis of Valuation: Theory, Evidence, and Illusion", 2014a.

Philosophical Economics, "Dilution, Index Evolution, and the Shiller CAPE: Anatomy of a Post-Crisis Value Trap", 2014b.

Robert Shiller, *Irrational Exuberance*, Princeton University Press, 2000.

Robert Shiller, Online Stock market data used in *Irrational Exuberance*, 2016.

Jeremy Siegel, *Stocks for the Long Run* (5th Edition), McGraw Hill, 2014.

저자 **노르베르트 카임링**

스타캐피털StarCapital AG의 자본 시장 리서치 부문을 이끌고 있다. 비즈니스 정보과학을 전공하고 쾰른의 AMB 제네랄리AMB Generali의 퀀트 리서치 부문에서 일했다. 2004년 이후 뮤추얼펀드를 기반으로 종합 자산운용 서비스를 제공하는 스타캐피털에 근무하고 있다.

10.

리스크 패리티와 리스크의 네 얼굴

애덤 버틀러_{Adam Butler}

"시장은 단기적으로 투표 기계다. 그러나 장기적으로는 저울이다"라는 벤자민 그레이엄의 말은 널리 알려져 있다. 그러나 꼭 들어맞는 말은 아니다. 단기적으로 시장은 투자자가 향후 시장 '무게'가 어떻게 될지 '투표'하는 기계라고 보는 편이 더 정확하다. 물론 벤자민 그레이엄의 '저울질'은 실제로 투자자가 자산에 어떠한 '가치를 부여하는지'를 의미한다.

이 글에서는 자산 수익률을 결정하는 복잡한 역학 관계를 간략하게 설명하고자 한다. 자산 수익률은 네 가지 리스크 원천의 영향을 받는다. 두 가지 리스크는 모든 자산에 동일하게 적용되기 때문에 분산될 수 없다. 나머지 두 가지 리스크는 자산별로 미치는 영향이 상이하다. 이러한 리스크의 변화에 일부 자산은 긍정적으로 반응하지만, 일부는 부정적으로 반응하기에 후자의 리스크는 분산이 가능하다. 즉, 분산투자를 잘 아는 투자자는 리스크 원천의 절반을 포트폴리오에서 제거하다시피 할 수 있다.

가격은 항상 투자자의 기대를 반영한다

리스크의 네 가지 원천을 살펴보기 전에 알아야 할 게 있다. 시장은 미래에 대한 투자자의 기대를 반영하여 끊임없이 가격을 조정한다. 투자자가 현재의 기대에 부합하지 않는 새로운 정보를 접했을 때만 가격이 유의미하게 변화한다. 그럼 투자자는 '충격'을 겪게 되고, 새로운 정보를 반영하여 자산의 가격이 상향 또는 하향 조정된다.

이 개념을 보다 구체적으로 이해할 수 있도록 투자자가 현재 특정 자산의 여건이 좋지 않다는 예상을 하고 있다고 가정해 보자. 이러한 부정적인 기대를 반영하여 투자자는 해당 자산의 가격을 낮추는 방식으로 행동할 것이다. 미래의 환경이 자산에 우호적이지 않으면 자산 가격은 변하지 않는다. 투자자가 이미 부정적인 미래 상황에 맞추어 자산 가격을 책정했기 때문이다. 새로운 정보가 있어서 투자자의 기대에 유의미한 변화가 있어야만 자산 가격이 상향 또는 하향 조정된다.

이 중요한 사항을 간략하게 설명하면, 자산 가격은 환경이 긍정 또는 부정적이라고 해서 변화하지 않는다. 자산 가격은 긍정적이든 부정적이든 환경에 대한 투자자의 현재 기대를 반영하며, 이에 충격을 줄 만한 새로운 정보가 있어야만 유의미하게 변화한다.

자산군

자산군은 가장 넓은 금융 자산 카테고리다. 이런 관점으로 투자를 생각하는 사람은 거의 없지만, 실제로는 시장에서 일어나는 중요한 일 대부분이 자산군 차원에서 발생하는 사건의 영향을 받는다.

자산군이라고 하면 글로벌 주식, 채권, 외환, 원자재, 인플레이션 보호 증권, 거래 부동산을 의미한다. 각 자산군 카테고리는 근본적인 작동 방식이 매우 달라서 특정 종류의 충격에 서로 다른 방향으로 반응한다. 즉, 어떤 충격이 발생했을 때 주식과 채권의 가격이 정반대 방향으로 조정될 수도 있다.

일부 경우에는 세계의 다른 지역에 속해 있는 주식과 증권이 누구라도 알 수 있는 펀더멘털의 이유로 인해 충격이 발생했을 때 상이한 반응을 보이기도 한다. 예를 들어, 수출을 주로 하는 지역이 있으면 수입을 주로 하는 지역이 있고, 원자재를 많이 생산하는 지역이 있으면 원자재가 거의 나지 않는 지역도 있다. 따라서 글로벌 주식과 채권을 지역 차원에서 분류하여 이러한 다양성을 알고 있으면 유용할 때가 있다. 아래 그림은 이와 관련한 주요 내용을 담고 있다.

산업 섹터나 신용등급 등에 따라 주식과 채권 시장을 구분하는 방법도 있다. 일부 투자 활동에는 이러한 분류가 유용할 수도 있지만, 이 맥락에서는 이렇다 할 차이가 없다. 근본적으로 지역 경제에 존재하는 모든 산업의 주식은 동일한 펀더멘털 충격이 있을 때 같은 방향으로 반응할 것이다. 따라서 섹터별로 자산군을 나누어서 생각하는 것은 다양성 측면에서 그리 큰 도움이 되지는 않는다.

그림 1. 여러 인플레이션 및 성장 환경에서 자산군의 행태

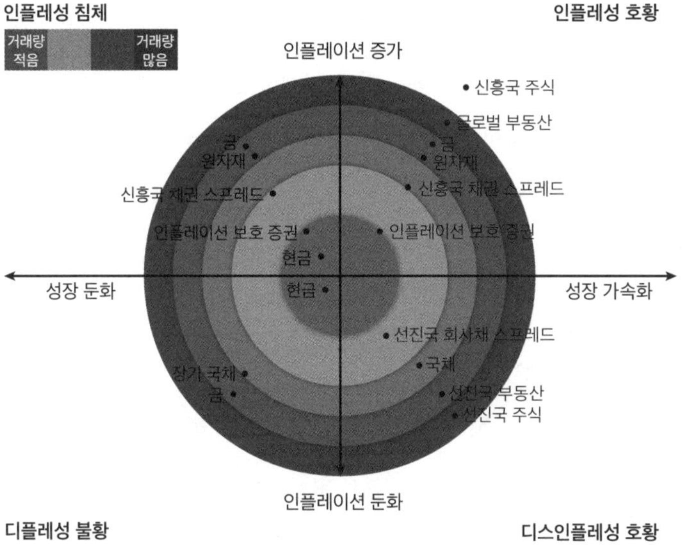

인플레성 침체

인플레성 호황

거래량 적음 / 거래량 많음

인플레이션 증가

- 신흥국 주식
- 글로벌 부동산
- 금
- 원자재
- 신흥국 채권 스프레드
- 인플레이션 보호 증권
- 현금

- 금
- 원자재
- 신흥국 채권 스프레드
- 인플레이션 보호 증권
- 현금

성장 둔화

성장 가속화

- 선진국 회사채 스프레드
- 국채
- 선진국 부동산
- 선진국 주식

- 장기국채
- 금

인플레이션 둔화

디플레성 불황

디스인플레성 호황

펀더멘털 가격 책정 모델

모든 조건이 같다면 투자자는 현금을 보유하여 즉각적인 소비가 가능한 상황을 더 선호한다. 투자자 대부분은 직접 현금을 보유하기보다는 은행 계좌에 예금을 예치해둔다. 대규모 투자자는 미국 단기국채의 형태로 현금을 보유한다. 따라서 현금은 실제로 수익률이 낮다. 단기국채는 만기가 되면 다른 금리로 롤오버된다. 국채의 수익률 곡선을 보면 미래의 각 시점에 현금수익률이 얼마나 될지 알 수 있으며, 이는 미래의 현금 금리에 대한 투자자의 기대치를 나타낸다.

안전하게 현금 투자를 하면 언제든지 정해진만큼 소비할 수 있는

데, 미래에 얼마를 쓸 수 있을지 알 수 없는데도 투자자가 위험을 감수하며 투자를 하는 이유는 무엇일까? 단기적으로 손실을 볼 가능성을 비롯하여 미래의 불확실한 소비라는 리스크를 받아들이면, 더 높은 수익을 내서 장기적으로 더 많은 소비를 할 수 있는 자금을 마련할 수 있기 때문이다. 그런데 앞으로 더 많은 소비를 할 기회를 얻기 위해 오늘 얼마만큼의 돈을 내야 하는지 투자자는 어떻게 결정할까?

아마도 금융에서 가장 근본적인 원칙은 현재의 자산 가치는 그 자산이 미래에 창출할 것으로 예상되는 현금흐름의 총합이라는 것이다. 대부분의 자산에서 이러한 현금흐름은 정기적으로 지급되는 배당금과 이자, 그리고 자산을 매각할 때(또는 만기 때) 받을 것으로 예상되는 현금, 이렇게 두 가지 형태로 배분된다.

현금을 보유하고 있던 투자자가 투자를 하도록 유도하려면, 단기 국채에 현금을 투자했을 때의 수익률보다 미래의 현금흐름이 더 크리라는 믿음이 있어야 한다. 투자에 따른 미래의 현금흐름을 수익률 곡선상의 예상 현금수익률과 비교하는 것이다. 이해를 돕는 차원에서 단순화하자면, 투자자는 현금수익률을 초과하는 미래 현금흐름의 총합으로 투자의 가격을 판단한다.

그림 1의 자산군은 사실상 3가지 펀더멘털 그룹으로 구분할 수 있다. 글로벌 주식 시장과 부동산 등 주식형 자산은 현금흐름이 엄청나게 가변적이다. 인플레이션 보호 증권과 같은 채권형 자산은 현금흐름이 일정하다. 세 번째 카테고리는 원자재와 금처럼 현금흐름

이 없는 자산이다. 각종 충격에 대한 반응은 각 자산의 현금흐름 특성에 따라 달라진다.

이런 간단한 개념을 염두에 두고, 위에서 언급한 4가지 리스크가 현금수익률 대비 미래의 현금흐름에 대한 투자자들의 기대에 '충격' 을 가해 투자 가격에 어떤 영향을 미치는지 살펴볼 것이다. 아래에 서 제시하는 틀은 특정 리스크로 인해 다른 리스크도 영향을 받는 복잡한 피드백 관계는 배제하고 있음을 밝혀둔다. 논의의 편의를 위 해 특정 자산군에 주로 영향을 미치는 리스크가 있다고 간주한다. 아래에서 설명하는 여러 요인이 자산 수익률 결정에 중요한 역할을 하나, 4종류의 리스크를 별개로 이해하는 편이 더 쉽다. 글의 말미 에서 리스크 간 상호작용을 좀 더 다루도록 하겠다.

분산 가능한 리스크 1: 성장 리스크

주식형 투자의 가격은 주로 미래 현금흐름의 '규모'와 '시기'에 대 한 투자자의 기대에 영향을 받는다. 주식에서 현금흐름은 기업의 수 익에서 생겨난다. 모든 조건이 같으면 매출 성장이 탄탄할 때 수익 성장도 견조하다. 기업의 수익 전반은 궁극적으로 경제 성장에 좌 우된다. 경제 성장이 기대치를 초과하면 수익도 기대보다 좋으며, 기 대 이상의 기업 현금흐름이 발생한다. 반대로 경제 성장이 부진하면 발생하는 현금흐름도 기대 이하다.

따라서 주가는 미래의 경제 성장 기대치에 매우 민감하게 반응한 다. 새로운 데이터가 나와 경제 성장 기대치가 높아지면, 현금흐름 기대치가 높아져 주가가 오른다. 반대로, 경제 데이터가 지지부진하면 현금흐름 기대치가 낮아져 주가가 떨어진다.

분산 가능한 리스크: 인플레이션 리스크

채권형 투자와 원자재나 금과 같은 실물자산의 가격은 인플레이션 기대치의 변동에 주로 영향을 받는다. 인플레이션은 미래의 소비 비용에 영향을 미친다. 인플레이션 수준이 높다고 예상되면 투자자는 중요한 재화와 서비스에 향후 더 많은 비용을 들여야 할 것이라고 예상한다. 즉, 소비 가격이 오르리라 보는 것이다. 인플레이션 수준이 낮을 것이라 예상하면 소비 가격이 상대적으로 안정적이리라는 기대가 생긴다. 마이너스 인플레이션, 즉 디플레이션이 예상되는 경우도 있는데, 이는 미래의 물가가 떨어지리라 예측하는 것이다.

금리는 현금을 소비할지 보유할지 결정하는 데 필요한 정보로, 인플레이션의 영향을 받는다. 미래의 물가가 훨씬 더 높아지리라 예상하면 지금 소비하는 것이 더 유리하다. 따라서 즉각적인 소비라는 합리적 욕구를 상쇄할 수 있도록 현금수익률이 더 높아져야 한다. 이렇게 높아진 현금수익률은 수익률 곡선의 각 미래 시점에 반영된다. 달리 말해 모든 조건이 같은 경우, 인플레이션이 높으면 금리가 높다. 이는 그 반대, 즉 인플레이션이 낮으리라는 기대는 보통 낮은 금리로 이어진다는 것도 성립한다는 뜻이다.

그러나 자산 가격이 투자자의 기대 때문에 변하지는 않는다는 점도 기억해야 한다. 가격은 항상 투자자의 기대와 일치한다. 자산 가격은 새로운 정보로 인해 투자자 기대가 예상치 못하게 변했기 때문에 바뀐다.

채권과 실물자산은 인플레이션 기대치와 반대 방향으로 움직인다고 본다. 채권 발행 시 금리는 발행 시점에 지배적인 금리로 고정된다. 이자 지급액은 미리 공시되며, 채권이 유통되는 동안 변하지 않는다. 채권 가격은 투자자가 같은 기간에 예상할 수 있는 현금수익률을 초과하는 미래 이자 지급액의 합일 뿐이다.

채권의 고정이자 지급액과 투자자가 그 기간에 예상하는 현금 수익이 정확히 일치하면 해당 채권은 액면가에 거래된다(몇 년 동안 현금을 묶어두거나 채권 만기가 도래하기 전에 더 낮은 값에 매도해야 하는 가능성을 수용하는 대가로 채권 투자자 역시 프리미엄 수익률을 요구한다는 사실은 일단 여기서는 논외로 한다). 인플레이션 상방 충격이 있어서 투자자가 미래 소비 비용이 커지리라 우려하는 상황이라고 가정해보자. 그러면 나중보다는 지금 소비해야 할 압박이 생기고, 현금 보유의 매력이 떨어진다. 따라서 현금을 계속 보유하도록 유도하려면 미래의 각 시점에서 요구되는 현금수익률이 더 높아져야 한다.

채권의 고정이자 지급액이 그 기간에 투자자가 예상할 수 있는 현금수익률을 밑도는 상황이라면, 투자자로서는 채권을 액면가에 매입할 유인이 없어질 것이다. 액면가보다 더 낮은 가격에 채권을 매입해야 현금을 보유했을 때보다 (매입가 대비) 예상 채권 수익률이 매력을 회복하게 된다.

이런 식으로 채권의 가격은 어느 방향으로든 인플레이션 충격으로 인한 직접적인 영향을 받는다. 인플레이션 상방 충격이 생기면 금리가 올라가며, 기존 채권의 고정이자 지급액의 매력이 떨어져 채권 가격이 내려간다. 인플레이션 하방 충격으로 미래 예상 금리가 떨어지면 채권의 고정이자 지급액의 매력이 상대적으로 올라가며, 이로 인해 채권 가격이 상승한다.

채권은 마이너스 인플레이션 충격에 긍정적으로 반응하지만, 예상치 못하게 높은 수준의 인플레이션이 발생하는 힘든 시기에는 가격이 떨어진다. 그렇다면 인플레이션 상방 충격을 상쇄할 수 있는 자산은 무엇일까?

원래의 특성상 인플레이션 보호 증권과 원자재, 금은 예상치 못하게 높은 수준의 인플레이션이 발생하는 시기에 견조한 수익률을 창출할 수 있다. 따라서 이들 자산은 인플레이션 상방 충격이 발생하는 경우 포트폴리오에서 채권 가격 하락을 상쇄하는 중요한 역할을 한다. 각 자산군이 언제, 어떤 이유로 좋은 실적을 내리라 예상되는지 이해하려면 인플레이션의 세 가지 근본 원인을 알아야 한다.

인플레이션은 수요 충격이나 공급 충격, 통화 충격으로 인해 발생할 수 있다. 수요 충격은 예상보다 소비 증가의 정도가 심하여 공급자가 수요를 따라잡지 못할 때 발생하며, 이로 인해 재화와 서비스 가격이 올라간다. 이러한 종류의 인플레이션은 범위가 넓고, 사람들의 일상적 소비 바스켓에 직접적인 영향을 미친다. 소비자 물가지수Consumer Price Index, CPI와 같은 물가 상승 지표를 사용하여 측정한다. 물가연동채권과 같은 인플레이션 보호 증권은 CPI의 변동을 반영하도록 이자 지급액을 주기적으로 조정하게 되어 있다. 투자자는 구매력을 유지할 방법을 찾기 때문에 이러한 특수 채권 유형은 수요로 인한 인플레이션 충격이 발생했을 때 가치를 발한다.

공급 주도 인플레이션 충격은 석유나 철광석처럼 경제의 근본적인 투입 요소의 공급에 예상치 못한 변동이 생겼을 때 발생한다. 예를 들면, 1970년대 2차례에 걸친 중동 사태, 즉 1973년의 욤키푸르 전쟁과 1979년의 이란 혁명 당시 석유 수출에 차질이 빚어져 주요 산업 국가에서 원유가 부족해지고 에너지 비용이 치솟았다. 한편, 2014~2015년의 유가 급락은 수압파쇄 기술이 사용되면서 미국에서 비전통 석유의 공급이 예상치 못하게 급증했기 때문이라고 볼수도 있겠다. 공급 주도 인플레이션 충격이 발생하는 시기에는 확실히 원자재의 실적이 좋다.

마지막으로 통화 인플레이션 충격은 각국 중앙은행이 환율 조정의 목적으로 정책을 시행하면서 발생한다. 어떤 국가의 환율이 다른 통화와 비교해 떨어지면 재화와 서비스 수입에 드는 비용은 늘어나지만, 수출 재화 및 서비스의 가격은 내려가게 된다. 중앙은행에서 경제력을 적정하게 반영한 수준보다 훨씬 더 낮게 환율을 조정하려고 하면, 투자자는 중앙은행의 손이 미치지 않는 자산을 매입하여 자신의 글로벌 구매력을 유지하려고 할 수 있다. 수천 년 동안 금은 이러한 자본 흐름의 덕을 톡톡히 본 자산이었고, 그에 따라 통화 주도 인플레이션 충격이 발생했을 때 금의 매력이 비교적 높아진다.

성장과 인플레이션의 상호작용

지금까지 성장 또는 인플레이션 기대치가 각각 예상치 못하게 변화할 때 자산 가격이 어떤 식으로 영향을 받는지 살펴보았다. 주식은 경제 성장에 특히 민감하게 반응하고, 채권과 원자재는 인플레이션 기대치에 민감한 자산으로 설정했다. 그러나 경제에서 독립적으로 일어나는 일은 거의 없다.

성장 기대치의 변화는 보통 인플레이션 기대치와 함께 발생한다. 예상치 못한 부정적 경제 데이터가 한꺼번에 나와서 투자자가 미래의 경제 성장 기대치를 낮추게 되는 상황을 생각해보자. 이는 분명히 기업 수익 기대치에도 영향을 미칠 것이고, 주식에도 영향을 미칠 것이라 예상할 수 있다.

그러나 성장 둔화가 독립적인 현상으로 발생하는 경우는 드물다. 예상보다 심한 성장 둔화는 재화와 서비스 수요가 기업에서 예상한 수준에 미치지 못한다는 뜻이다. 잉여 재고가 발생하여 소비를 유도하려면 가격을 낮춰야 할 수도 있다. 예상보다 낮은 가격은 마이너스 인플레이션 충격에 해당한다. 예상을 밑도는 수준의 인플레이션은 금리가 하향 조정된다는 의미이며, 이는 채권 가격에 호재로 작용한다.

반면, 석유나 식품과 같은 생필품 가격의 급등과 같이 경제의 주요 투입 요소에서 심한 공급 충격이 발생하면 그로 인해 성장이 둔화할 수 있다. 생필품 비용은 재량적 소비와 경쟁관계에 있기 때문에 주유소나 슈퍼마켓에서 지출하는 비용이 커지면 재량적 소비에 사용할 수 있는 돈이 줄어든다. 이 경우에는 기대보다 못한 경제 성장을 예상한 투자자가 주식 전망을 하향 조정하면서 석유, 식품과 같은 원자재 가격이 계속해서 올라갈 것이다.

이처럼 인플레이션과 성장 요인이 상호작용하면서 자산 가격이 변화한다. 투자자는 이런 작용에 대한 기대치를 끊임없이 조정하고, 그에 맞춰 자산 가격을 재설정하고 있다. 또한, 각 자산군은 여러 충격에 대해 예측 가능한 방식으로 반응한다. 그러나 아래에서도 이야기하겠지만, 자산 가격과 경제 충격의 상관관계를 잘 알고 있는 투자자는 부정적인 결과를 초래할 수 있는 리스크를 분산시킬 수 있다.

성장 및 인플레이션 리스크는 분산이 가능하다

앞의 그림은 각 자산이 다양한 경제 충격에 어떤 식으로 반응하는지 이론적으로 구분해놓은 것이다. 주식과 채권은 특정한 경제 환경에서만 좋은 실적을 낸다는 점이 보일 것이다. 좀 더 구체적으로는 주식과 채권으로 구성된 포트폴리오는 예상보다 성장이 견조할 때, 그리고 인플레이션에 대한 기대치의 변화가 양호하거나 완화되는 상황일 때 실적이 좋다.

안타깝게도 많은 투자자가 거의 이 두 가지 자산군으로만 포트폴리오를 구성한다. 글로벌 경제는 수십 년 동안 마이너스 성장 충격, 또는 어떤 방향으로든 대규모의 인플레이션 충격을 겪을 수 있는데, 이런 전통적인 포트폴리오는 불리한 여건에서 오랫동안 부진한 성과를 낼 수 있다.

다음의 차트와 표는 주식 60%와 중기국채 40%로 이루어진 '균형 잡힌' 미국 포트폴리오(차트에서 연한 회색선)의 전형이 지난 50년 간의 주요한 경제 환경에서 어떤 실적을 냈을지 가정한 것이다. 주식과 채권 모두 스태그플레이션 상황에서 지지부진했던 1970년 대를 눈여겨보기 바란다. 또한, 오랫동안 (일부 경우에는 몇 년간) 20~30%의 손실을 기록했던 1974, 1987, 2000, 2008년의 혹독한 하락장도 유심히 살펴보기 바란다. 이는 포트폴리오 분산투자가 제대로 이루어지지 않았음을 보여주는 신호들이다.

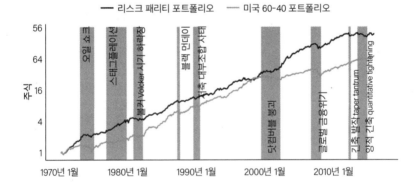

비슷한 변동성 수준에서 미국 60/40 포트폴리오와 글로벌 리스크 패리티 포트폴리오의 누적 성장 비교

	리스크 패리티 포트폴리오	미국 60-40 포트폴리오
복리 수익률	12.09%	9.73%
변동성	9.99%	9.99%
샤프 지수	0.71	0.49
최대 하락폭	-19.72%	-29.28%
플러스 롤링 기간	87.00%	82.00%
1달러 투자 시 수익	$218.54	$80.15

출처: 리졸브 에셋 매니지먼트. MSCI, CSI, 도이치방크, 블룸버그, S&P 다우 존스, 글로벌 파이낸셜 데이터의 자료. 시뮬레이션한 성과이며, 과거의 성과가 미래의 실적을 나타내지는 않는다. 시뮬레이션한 성과는 시뮬레이션 방법과 기초 시장자료의 개선에 따라 주기적으로 변동할 수 있다. 유의사항은 www.investresolve.com/us/general-information-regarding-hypothetical-performance-and-simulated-results에서 확인할 수 있다.

안타깝게도 주식과 채권으로 이루어진 전통적인 포트폴리오를 보유한 투자자는 분산투자에 대해 지나치게 협소하게 생각하고 있고, 그로 인해 불필요한 금융 리스크를 감수하고 있다. 게다가 이런 추가적인 리스크는 분산될 수 있기 때문에 초과수익률로 보상되지도 않는다.

진정한 의미에서 분산된 포트폴리오는 그림 1에서 언급된 자산군 전체를 보유하여 다양한 경제 환경에서 좋은 실적을 내는 포트폴리오다. 물론 자산의 성격에 따라 변동성이 큰 자산도 있고 훨씬 더 안정적인 자산도 있다. 모든 자산의 분산투자 특성을 극대화하려면 각 자산이 포트폴리오에 기여하는 변동성의 양이 같아야 한다. 이렇게 분산의 정도를 극대화한 포트폴리오를 '글로벌 리스크 패리티Global Risk Parity'라고 한다. 그림 2의 어두운 선은 미국의 균형 포트폴리오와 변동성이 동일하도록 조정한 글로벌 리스크 패리티의 실적 프로필을 나타낸다. 이러한 분산투자 방식이 더 높은 실적과 낮은 변동성, 상대적으로 적은 고점과 저점 간 손실(하락폭)을 바탕으로 1970년부터 거의 모든 시장환경에서 꾸준한 수익률을 낸다는 점을 잘 살펴보았으면 한다.

인플레이션과 성장 기대치의 변화는 확실히 주요 자산군 투자자에게 유의미한 리스크가 된다. 다행스럽게도 이러한 리스크 익스포저를 중립으로 만들 수 있는 포트폴리오 구축이 가능하다. 성장·인플레이션 기대치와 관련하여 긍정, 또는 부정적인 충격에 예측 가능한 여러 방식으로 반응하는 자산으로 포트폴리오를 확장하면, 분산투자를 통해 경제적 불확실성을 관리할 수 있다. 실제로 바로 이 개념이 글로벌 리스크 패리티 포트폴리오의 핵심이다.

분산 불가능한 리스크 1: 정책 리스크

경제 변수 기대치에 변동이 없더라도 투자자가 자산 가격을 재설정하는 것이 합리적인 경우가 있다. 즉, 성장이나 인플레이션 기대치에 변화가 없더라도 자산 가격은 재조정될 수 있다.

안전하게 현금을 보유하고 있던 합리적인 투자자가 현금보다는 주식이나 채권의 수익률이 더 높을 것으로 판단하여 위험 자산에 투자하기로 했다고 해보자. 투자자는 투자 기간에 걸쳐 특정 자산의 수익률이 현금수익률보다 상당히 높다고 예상되는 경우, 높은 프리미엄을 지불할 것이다.

단순화해서 보면 현금수익률을 설정하는 기관은 대체로 중앙은행이다. 중앙은행은 발표 자료를 통해 현재의 예상 현금수익률을 설정할 뿐만 아니라, 미래에 현금 금리를 어떻게 하려 하는지 전달할 수 있다. 인플레이션이 과열될 수 있다는 우려가 발생하는 등의 일부 경우에 중앙은행에서는 향후 몇 년간 현금 금리를 인상하겠다는 의도를 밝히기도 한다. 다른 이유로 현금 금리 인하 의도를 암시하기도 한다.

1,000달러에 거래되는 주식 시장 인덱스가 있다고 해보자. 시장에서는 이 가격에 향후 몇 년간 7%의 복리 수익을 낼 것으로 예상한다고 가정해 보겠다. 한편, 중앙은행에서는 당분간 현금 금리를 5% 미만으로 유지할 계획이라고 밝힌 상황이다. 그렇다면 현재의 시장가격인 1,000달러는 균형 상태에서 투자자가 현금수익률 대비 최소 2%의 프리미엄 수익률을 얻기 위해 주식 시장의 리스크를 감수할 준비가 되어 있다는 사실을 반영한다.

이제 중앙은행에서 향후 몇 년간 기준 현금 금리를 5%에서 7%로 인상하겠다는 신호를 보낸다고 해보자. 여기서 중요한 점은 시장에서 이러한 움직임을 예상하지 못했다는 것이다. 중앙은행이 이전의 발표에서 이러한 정책 변화의 가능성을 제대로 전달하지 못했기 때문일 수도 있고, 그 조치가 현재 지배적인 경제 여건의 유형에 중앙은행이 대처한 전통적인 방식과는 궤를 달리하기 때문일 수도 있다.

이유가 어찌 되었든 간에 주식 시장의 투자자는 이제 이전과는 굉장히 다른 경제 상황에 직면하게 된다. 위험을 감수하고 주식에 투자하여 7%의 수익률을 낼 수도 있겠지만, 중단기적으로 막대한 손실을 볼 가능성도 있다. 그 대신에 안전한 현금에 투자하면 사실상 손실 가능성 없이 7%의 수익률을 낼 수도 있게 되었다.

이전에는 투자자가 주식에 투자하여 현금수익률 대비 2%의 프리미엄을 받아들일 의향이 있음을 시사했다. 그런데 이제는 그 프리미엄이 0%가 되었다. 당연히 투자자는 시장 가격을 하향 조정하여 금리 충격 이전에 주식에 투자했을 때 기대했던 2%의 초과수익률을 얻고자 할 것이다. 이렇게 되면 시장 가격은 800달러, 아니면 500달러로 조정되어야 할 수도 있다.

이런 예시는 미래에 예상되는 현금 금리가 예상치 못하게 변동하면 자산군의 수익률을 좌우하는 주요한 요인이 될 수 있음을 잘 보여준다. 모든 자산은 이러한 유형의 충격에 동일하게 반응하기 때문에 위의 예시에서 언급한 시장은 주식, 채권, 리츠REITs 등 모든 시장에 해당할 수 있음을 유념해야 한다. 이 사실은 무척 중요한 결론으로 이어진다. 모든 위험 자산은 같은 충격에 동일하게 반응하므로 이러한 유형의 리스크는 분산시킬 수가 없다. 달리 말하면, 분산의 정도와 관계없이 모든 시장에 존재하는 모든 포트폴리오는 이 리스크의 영향을 받으며, 비용을 들이지 않고 이를 헤지할 수 있는 방법은 없다.

분산 불가능한 리스크 2: 심리 리스크

시장이란 특정 시점에 투자자가 느끼는 공포와 희망의 집단적인 표현일 뿐이라는 사실을 이해하는 것이 아주 중요하다. 투자자가 전체적으로 낙관적이고 희망에 차 있는 시기가 있고, 비관적이고 공포를 느끼는 시기도 있다. 경제적 불확실성을 두려워하는 투자자가 안전하게 현금을 보유하고 있다가 위험한 투자에 뛰어들려면 잠재적인 수익률이 더 커야 한다. 반면에 욕심이 많은 투자자는 조금의 초과수익률을 얻고자 높은 수준의 리스크를 감수하려 한다.

투자자가 느끼는 희망과 공포가 상당 부분 시장의 행태 자체에 영향을 받는다는 점 때문에 상황이 더 복잡해진다. 시장이 상승세를 타면 다른 투자자도 미래를 더 낙관적으로 본다고 인식한 투자자들 사이에서 낙관주의와 탐욕, 부러움의 정서가 확산된다. 수익률을 욕심내는 낙관적인 투자자는 현금에서 위험 자산으로 자본을 끌어와 더 높은 수익률을 추구한다. 그렇게 되면 시장의 상승세가 한층 더 심화하여 전체적인 자신감이 강화된다. 시장이 하락세를 보이면 투자자가 예상보다 리스크가 컸다고 생각하면서 비관주의와 공포의 정서가 생겨난다. 두려움에 찬 투자자는 현금 자산을 시장에 투자하기보다는 시장에서 자본을 빼내어 안전한 현금으로 보유하려고 한다. 이렇게 되면 가격이 하락하고 공포가 증폭되며, 그에 따라 매도가 늘어난다.

투자자의 리스크 성향이 유의미하게 변화하려면 성장과 인플레이션에 대한 기대치가 변해야 한다. 따라서 이러한 유형의 리스크를 별개로 생각하기는 어렵다. 또한, 경제 여건에 대한 투자자의 기대치가 근본적으로 변화하지 않은 상태에서 리스크 성향이 변한 경우, 시장은 보통 빠르게 정상화된다. 따라서 심리 리스크는 실재하는 것이고 효과적으로 분산할 수 없지만, 이 리스크의 실질적인 영향력은 상대적으로 작은 경우가 많다.

기대치 설정

위험 자산의 예상 수익률을 투자자가 받기로 정해져 있는 현금수
익률, 그리고 시장의 변동성을 감내하는 대가로 받을 프리미엄으로
나누어 생각해보면 도움이 된다. 앞에서 살펴보았듯이 이러한 변동
성은 3가지 근본적인 원인에서 기인하며, 아래 그림에 해당 내용이
제시되어 있다.

리스크의 구분

		다음에서의 예상치 못한 변동			
변동성	= 인플레이션	+ 성장	+ 정책	+ 심리

출처: 알렉스 샤히디Alex Shahidi, 《균형 잡힌 자산 배분Balanced Asset Allocation》(2014) 참조, 리졸브 에셋 매니지먼트.

이 모든 것이 투자자에게 시사하는 바는 무엇일까? 첫째, 분산
포트폴리오에 투자할 경우, 미래의 현금 금리 기대치가 예상치 못하
게 변하는 리스크를 감수한 보상을 기대할 수 있어야 한다. 이런 리
스크는 모든 자산에 '동일한' 영향력을 행사하여 분산될 수 없기 때
문이다. 실제로 이 리스크 원천에는 모든 투자자가 노출되어 있다.

둘째, 분산투자를 제대로 했을 때 쉽게 상쇄할 수 있는 리스크를
감수한 보상이 있으리라고 생각해서는 안 된다. 집중도가 높은 다
른 포트폴리오와 비교해보면, 미래에 대해 중립적인 견해를 가진 보

통의 투자자에게는 글로벌 리스크 패리티와 같은 분산 포트폴리오
가 주요 경제 리스크에 대한 익스포저도 더 적고, 리스크 조정 예상
수익률이 거의 항상 더 높다.

저자 **애덤 버틀러**

공인 재무분석사CFA이자 공인 대체투자 분석가CAIA로 리졸브 에셋 매니지먼트의 공동 창립자이자 최고투자책임자CIO이다. 리졸브는 캐나다와 미국, 전 세계에서 펀드와 계정을 운용하고 있다. 리졸브 애셋 매니지먼트에서는 퀀트 방법을 사용하여 시스터매틱 글로벌 매크로Systematic Global Macro와 글로벌 리스크 패리티 전략 등 멀티에셋 3 팩터 전략을 운용한다. 포트폴리오 매니저로 근무한 11년을 포함하여 투자 운용 부문에서 14년의 경력을 쌓았으며, 캐나다 리졸브 어댑티브 에셋 앨로케이션 펀드ReSolve Adaptive Asset Allocation Fund와 호라이즌스 글로벌 리스크 패리티 ETFHorizons Global Risk Parity ETF, 리졸브 온라인 어드바이저ReSolve Online Advisor의 서브 어드바이저이다. 《적응적 자산 배분: 호황과 불황에서 이익을 내는 다이내믹 글로벌 포트폴리오Adaptive Asset Allocation: Dynamic Global Portfolios to Profit in Good Times — And Bad》의 대표 저자이며, 투자에 관한 여러 편의 글과 백서를 작성했다.

11.

2017년 헤지펀드의 최대 과제

스탠 알트슐러 Stan Altshuller

하루에 10억 달러. 잭 보글은 이 속도로 운용 펀드에서 인덱스펀드로 자금이 흘러 들어간다고 했다. "월가도 그렇고, 뮤추얼펀드 매니저도 이런 현상을 싫어한다." 헤지펀드에서도 이런 추세를 체감하고 있을 것이고, 2008년 이후 처음으로 올해에는 자금이 유출될 것으로 보인다. 투명성과 유동성, 복잡성에 대한 투자자의 불만 때문이기도 하지만, 무엇보다도 수수료 때문이다. 그러나 내 생각에는 주로 이것 때문이 아닌가 한다.

알파는 리스크를 조정한 실적 지표다. 헤지펀드는 알파를 창출해야 하는데, 20년째 헤지펀드의 알파가 줄고 있다. 알파의 정의를 달리해도 여전히 결과는 좋지 않다. 이에 일부 투자자는 헤지펀드 대신 인덱스펀드나 유동성 있는 대안에 투자하고 있다.

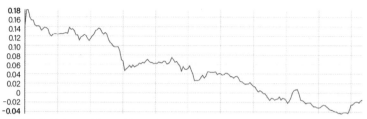

헤지펀드 알파

참고: S&P 500 대비 HFRI 에쿼티 헤지의 5년 롤링 알파(연간 환산)

알파가 왜 줄어들고 있을까? 이는 시장 때문이기도 하고, 매니저 때문이기도 하다.

시장

알파는 분산도가 높을수록, 상관성이 낮을수록, 시장에 변동성이 클수록 창출하기 쉽다. 최근에는 상황이 이렇지 않았다. 시장의 폭market breadth*이 클수록, 즉 시장의 이익을 여러 종목이 공유할수록 알파 창출이 쉬워진다. 요즘에는 기술이 소비자 트렌드에 영향을 미치기 때문에 아마존이나 우버와 같은 기업의 점유력이 빨리 커지게 되었다. 2015년에는 S&P 1500의 종목 중 불과 28개 종목이 전체 지수 수익의 절반을 차지했으며, 49개 종목이 손실의 절반을 차지했다. 성공한 기업에는 시장 폭이 작고, 그렇지 못한 기업에는 크다. 다른 연도의 시장 폭은 다음과 같았다.

* 특정 지수나 증권거래소에서 약세를 보이는 다른 종목과 비교하여 상대적으로 우세를 보이는 종목의 수를 분석하는 지표로, 시장이 보이는 특정 움직임에 얼마나 많은 종목이 관여하고 있는지를 나타낸다.

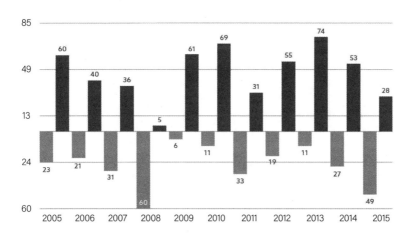

S&P 1500에서 전체 수익(진한 회색) /
손실(연한 회색)의 50% 비중을 차지하는 종목의 수

시장 폭이 작다는 것은 다량의 자산을 대상으로 알파를 창출하는 거래가 발생할 기회가 줄었음을 의미한다(시장 폭에 대해서는 〈시장 폭, 사상 최저치에 육박Market Breadth Nearing Record Lows〉에서 좀 더 자세히 다루었다). 이러한 추세에 더해 헤지펀드 자산이 급증하면서 펀드매니저는 알파를 창출하기 위해 같은 종목에 더 많은 자금을 투입해야 하는 상황에 놓이게 되었다.

펀드매니저

펀드매니저 역시 어느 정도는 책임이 있다. 우리는 매니저 2명의 포트폴리오에서 똑같이 중첩되는 비중, 즉 오버랩이 증가했다는 점을 밝혀냈다. 다음은 규모 기준 상위 50개(비퀀트non-quant) 헤지펀드 매니저의 오버랩 값을 산출하여 기간별 평균을 낸 것이다.

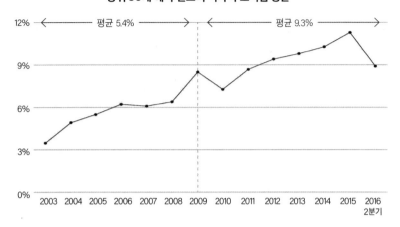

상위 50개 헤지 펀드의 역사적 오버랩 평균

12% ← 평균 5.4% → ← 평균 9.3% →

위의 차트를 보면, 2003년에 임의로 매니저 2명을 선별했을 때 이들의 포트폴리오 중 동일한 부분은 3%에 불과했다. 지금은 그 수치가 10%에 가깝다.

동일 종목에 대한 투자가 그 자체로 실적에 문제가 되지는 않는다. 다만, 그러한 종목에 쏠림 현상이 일어나면 문제가 된다. 특정 종목의 쏠림 정도는 종목에 투자한 매니저의 수와 이들이 차지하는 거래량의 비율에 따라 결정된다. 쏠림이 가장 심한 종목은 2015년 이후 시장보다 23%p 부진한 실적을 냈다. 우리가 2003년에 데이터를 추적하기 시작한 이후 가장 낮은 수준의 상대 실적이다.

요즘의 쏠림 정도는 사상 최고다. 동일 종목에 투자하는 매니저가 늘었고, 이들의 일 평균 거래량ADV이 차지하는 비중은 그 어느 때보다도 높은 수준이다. 쏠림 현상은 향후 실적에 영향을 미치는 최대 리스크 요인이 될 가능성이 크지만, 기존의 리스크 모델 중 이를 추적하는 모델은 거의 없는 실정이다.

대부분의 모델은 파마-프렌치Fama-French*등의 팩터에 중점을 둔다. 흥미롭기는 하지만, 이러한 모델로 최근의 알파 감소를 완전히 설명할 수는 없다. 쏠림과 유동성을 고려하면 훨씬 많은 내용을 이해할 수 있다.

변동성이 특히 심했던 2015년 7월부터 2016년 6월까지의 기간을 생각해보자. 우리는 총 2조 달러 이상의 자산을 운용하는 매니저 1,300명 이상이 공시한 개별 종목으로 이루어진 헤지펀드 유니버스HFU를 대상으로 기여도 분석을 실시했다.

아래는 해당 기간에 가장 큰 수익과 손실을 낸 기업의 목록이다. 제시된 숫자는 시장 및 섹터 추세로 설명되지 않는 이익과 손실(HFU에서 베이시스포인트bp로 표기)이다.

상위 10개 이익/손실 기업의 총 기여도

밸리언트	-117		25	아마존
윌리엄스	-28		12	페이스북
엘러간	-26		10	타임 워너
애플	-20		10	마이크로소프트
선에디슨	-20		8	에퀴닉스
세니에르 에너지	-19		8	구글
JD닷컴	-19		7	컨스털레이션 브랜드
커뮤니티헬스	-16		6	맥도날드
아이칸 엔터프라이지스	-15		6	배릭 골드
엔도	-14		6	차터 커뮤니케이션스
합계	**-293bps**		**+99bps**	

참고: 12개월 액티브 기여도 추적 결과 상위 이익/손실 기업(2015년 7월~2016년 6월)

- 노벨 경제학상 수상자인 유진 파마Eugene Fama와 케네스 프렌치Kenneth French는 자본자산 가격결정 모델Capital Asset Pricing Model, CAPM에 규모 리스크와 밸류 리스크 팩터를 더해 3 팩터 모델을 고안했다. 가치주와 소형주가 주기적으로 시장보다 더 높은 실적을 낸다는 점에 착안한 것으로, 매니저 실적을 평가하는 유용한 지표로 간주된다.

밸리언트와 선에디슨, 엘러간 등에 발생한 쏠림 현상의 영향을 고려하지 않고서는 이러한 마이너스 알파의 원인을 파악할 수 없다.

쏠림 현상을 어떻게 해결할 수 있는가?

고객 중에서도 우리처럼 쏠림 현상을 우려하여, 쏠림이 발생한 종목에 투자할 때는 반드시 보호책을 같이 매입하는 신중한 분이 있다. 고객이 의사결정을 더 쉽게 할 수 있도록 우리는 각 종목의 쏠림 점수를 산출하여 고객 포트폴리오에 가중 점수를 표시한다. 이 정보는 실적의 근거를 제시하며, 이를 바탕으로 고객은 가장 쏠림이 심한 상황을 피할 (또는 그로부터 보호받을) 수 있다.

저자 **스탠 알트슐러**

노버스Novus의 공동 창립자이자 최고연구책임자다. 노버스에서 리서치 및 콘텐츠 이니셔티브를 진두지휘하며, 상품 개발에도 관여하고 있다. 헤지펀드와 재단 및 기금, 연금 기관에 근무하는 투자 운용 전문가를 비롯하여, 기타 자산 소유자 등 5만여 명에 달하는 투자자가 알트슐러의 최신 리서치를 팔로우하고 있다. 알트슐러의 리서치는 노버스의 리서치 자료실(www.novus.com/research-library)에서 살펴볼 수 있다.

　2007년 노버스를 공동 창립하기 이전, 아이비 에셋 매니지먼트Ivy Asset Management의 포트폴리오 매니지먼트 그룹에 근무하면서 아이비의 모든 포트폴리오를 구축·모니터링·운용하는 팀에서 일했다. 전체 상품군에 걸쳐 핵심 요인과 리스크를 중심으로 멀티 매니저 포트폴리오를 분석하는 툴과 프로세스를 설계·적용했다. 아이비 이전에는 라이스터 왓슨 앤드 컴퍼니Lyster Watson & Co.에서 퀀트 분석과 매니저 스크리닝, 포트폴리오 모델링 업무를 담당했다. 브랜다이스대학교에서 수학과 경제학 학사학위를 받았다.

12.

채권 시장은 연준이 무엇을 해야 할지 알고 있다

톰 맥클레란 Tom McClellan

우리는 연준에서 어떤 조치를 취해야 할지 21년간 100% 정확하게 예측한 나무랄 데 없는 실적을 갖고 있다. 연방공개시장위원회FOMC에서는 마땅히 이루어져야 하는 조치 대신 엉뚱한 조치를 취하는 경우가 많다. 2016년 9월 21일의 FOMC 회의 발표를 보면, 연준에서는 제대로 된 조처를 할 수 있는 또 다른 기회를 날려버렸다.

FOMC에서 기준금리를 바꾸는 이유는 하나다. 바로 금리가 부적절하기 때문이다. 경제 데이터와 그리스 문자 수학 기호로 점철된 복잡한 모델만 들여다보면 적정 금리를 결정하기가 정말 어렵다. 그런데 채권 시장을 살펴보면 결정이 훨씬 쉬워진다.

우리는 오랫동안 FOMC에서 기준금리를 설정하기보다는 2년 만기 국채 수익률을 바탕으로 기준금리를 설정해야 한다고 생각해왔다. 기준금리와 2년 만기 국채 수익률을 비교하는 첫 번째 차트를 보면, 둘 사이의 간극이 클수록 연준에서 더 큰 문제를 만들어내고 있음을 알 수 있다. 지나치게 옥죄어도, 지나치게 풀어져도 문제가 생길 수 있다. 지금은 지나치게 경기 부양에 치우쳐 있어서 저축하는 사람이 불이익을 당하고 있다.

두 번째 차트를 보면 이런 점이 더 분명하게 보인다. 통계적으로 가공하지 않은 2년 만기 국채 수익률과 기준금리 사이의 퍼센트포인트 스프레드가 제시되어 있다. 현재는 2년 만기 국채 수익률이 기준금리보다 높은 상태로, 스프레드가 플러스를 나타내고 있다.

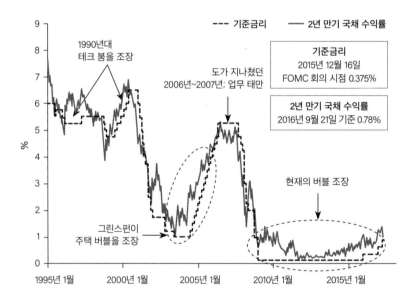

400000	— 뉴욕증권거래소 일간 AD 라인				5
300000	— 기준금리와 2년 만기 국채 수익률 스프레드				4
200000					3
100000	그린스펀이 주택 버블 조장				
0		2005년 6월: 버냉키가 그린스펀의 실책을 만회하기 시작			2
-100000					1
-200000					0
-300000					
-400000	인터넷 붐 제거				-1
-500000		시장을 너무 옥죄어 경기에 찬물			-2

2000년 3월 2003년 3월 2006년 3월 2009년 3월 2012년 3월 2015년 3월

출처: 2016 McClellan Financial Publications, www.mcoscillator.com

우리는 연준의 경기 부양 효과를 알아보고자 시장 유동성을 가장 잘 나타내는 지표인 뉴욕증권거래소의 AD 라인과 스프레드를 비교해보았다. 연준이 기준금리를 적정 수준보다 낮게 유지하여 경기 부양을 의도하면, 유동성이 과도하게 창출되어 AD 라인이 올라갔다. 그러나 2000~2001년이나 2006~2008년에는 연준이 지나치게 경기를 옥죄어 AD 라인과 경제 전반에 걸쳐 힘든 상황이 펼쳐지기도 했다.

두 차트에서 연준이 기준금리를 2년 만기 국채 수익률에 매우 근접한 수준으로 '딱 맞게' 설정했던 기간이 한 번 있었는데, 바로 2011~2013년이었다. 그러나 이 시기의 금리 정책이 적절해 보이는 것은 양적 완화로 인해 2년 만기 국채 수익률이 적정 수준을 한참

밀돌아 얼떨결에 이루어진 것이다. 진짜 문제가 무엇인지, 그리고 금리 정책이 어때야 하는지 제대로 된 성찰이 이루어지지는 않았다.

현재 연준은 양적 완화 조치를 끝낸 것으로 보이고, 2년 만기 국채 수익률은 오르고 있다. FOMC에서 이에 맞추어 기준금리를 2년 만기 국채 수익률을 기준으로 적정한 수준에 근접하게 조정하고 나면, 연준에서 2년 만기 국채 수익률이 움직이는 대로 추가 조정해야 한다.

이런 정책을 채택하면 문제가 두 가지 정도 있다. 여러 연준 관료가 자부심을 잃게 된다는 것, 그리고 이들이 1년에 8번 워싱턴 DC에 가서 중요한 FOMC 회의에 참석하는 데 드는 비용을 우리가 내지 않게 되리라는 것. 그런 지출의 감소와 연준 관료의 자부심 상실은 연준이 더는 경제와 시장에 골칫거리가 되지 않도록 하는 것에 비하면 적은 비용이다.

나는 이들이 그런 비용을 치렀으면 한다.

저자 **톰 맥클레란**

웨스트포인트의 미국육군사관학교를 졸업했으며, 항공우주공학을 전공했다. 졸업 이후에는 11년간 육군 헬리콥터 조종사로 복무했다. 군 복무 기간에 자체적으로 시장 기술 분석을 연구했고, 부모님이 향후 시장 전환점 예측의 기준으로 삼았던 지표를 확장하여 활용할 수 있는 방법을 찾아냈다. 금융 시장에서 가격의 움직임을 엔지니어의 관점에서 살펴보는데, 다른 애널리스트처럼 '통념'에 따라 사건을 해석하기보다는, 진정으로 데이터가 나타내는 바에 더 중점을 둔다.

1993년 제대하고 아버지인 셔먼Sherman과 함께 이런 분석을 하는 새로운 커리어를 시작했다. 톰과 셔먼은 이후 2년간 분석 기법을 다듬고 기초 작업을 진행했다.

1995년 4월 이들은 주식과 채권, 금 시장을 다루는 8쪽짜리 격주 뉴스레터인 〈맥클레란 시장 보고서McClellan Market Report〉를 발간했다. 톰과 셔먼은 자체적으로 개발한 지표를 활용하여 시장 구조에 대한 견해를 제시하고, 미래의 추세 방향과 전환점 타이밍을 예측한다. 1998년 2월에 일간판이 추가되어, 지표에 대한 일간 업데이트와 주식·채권·금의 시장 포지션 표지를 개인 투자자와 전문 펀드매니저 등 구독자들에게 제공한다. 격주 및 일간 뉴스레터의 편집자이며, 워싱턴주 레이크우드에서 뉴스레터 사업을 운영하고 있다.

13.

금리 이슈

자레드 딜리안_{Jared Dillian}

지난 35년간, 그리고 최근까지도 금리는 대체로 쭉 하락세였다. 이게 사실이다. 1994년처럼 중간에 다른 방향으로 흐른 적이 몇 번 있기는 하지만, 그런 경우는 많지 않았다.

10년물 수익률

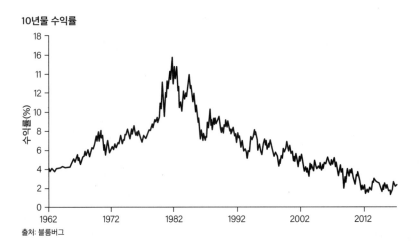

출처: 블룸버그

금리가 이렇게 높았던 데는 한 가지 분명한 이유가 있었다. 바로 인플레이션이다.

인플레이션은 주로 다음과 같은 이유로 발생했다.

1) 에너지 가격

적어도 사람들의 인식은 그렇다. 하지만 사정을 잘 아는 사람은 에너지 가격이 아니라 다음의 요인 때문에 인플레이션이 발생했음을 알고 있다.

2) 규제

규제는 완전히 통제 밖이었다. 가장 눈에 띄는 사례로 항공사를 들 수 있는데, 정부가 항공 시스템 전반에 걸쳐 요금을 정했다. 시장에서 자유롭게 결정되는 가격보다 정부가 정한 요금이 더 비쌌다는 점은 놀랍지 않으리라 생각한다.

1970년대에는 전반적으로 인플레이션이 심했고, 결국 통제할 수 없게 되어 비상 조치가 필요해졌다.

G. 윌리엄 밀러의 후임으로 취임한 폴 볼커가 금리를 대폭 인상한 결과, 레이건 대통령의 임기 초반부터 엄청난 경기 침체가 발생했다.

그러나 인플레이션 심리를 뒤집는 데는 성공했다.

전부 볼커의 공으로 인정되기는 하지만, 레이건에게도 그만큼의 공을 인정해주어야 한다. 규제를 완화하(고 무역을 하)면 자본주의의 디플레 효과가 자리잡을 수 있기 때문이다.

항공사의 예를 다시 들자면, 지난 30년간 요금이 실질적으로 7,080% 떨어졌다(고 추정된다).

그리고 바로 이 점이 레이건과 볼커가 한 일에서 눈여겨봐야 하는 부분이다. 인플레이션 억제 효과가 단기가 아니라 매우 장기적으로 지속되었다. 레이건과 볼커는 지금까지도 계속되고 있는 매우 강력한 디플레 요인을 작동시켰다. 너무 강력한 나머지 권력이 있는 자리에서 헛소리를 일삼는 사람들이 '좋은 것이 지나치면 나쁜 것 아닌가' 의아해하기 시작했다(당연히 그렇지 않다).

독자 여러분을 위해 한 번만 더 반복하자면, 자본주의는 곧 디플레이션, 자본주의가 아닌 것은 인플레이션이라고 보면 된다.

내가 왜 인플레이션에 대해 이렇게까지 격앙된 반응을 보이는지 의아할 수도 있겠다. 그건 내가 자본주의를 많이 보지 못했기 때문이다. TV에서도 말이다.

****

지금까지는 모두 과거의 이야기이다. 현재 이야기를 해보자.

중앙은행에서는 인플레이션이 더 많이 필요하다고 생각하고, 지난 8년간 인플레이션을 유발하려고 했으나 성공적이지 못했다. 아마 지금까지 그러고 있을 수도 있겠다.

은행 초과준비금 차트를 본 분이 많을테니 여기서 다시 제시하지는 않겠다(거기다가 몇 년 전 연준에서 초과준비금을 늘렸다). 트럼프가

'동물적 본능animal spirits*'을 촉발한 상황에서 어떤 일이 일어나리라고 생각하는가?

내 생각에는 화폐 유통속도가 빨라지고, 은행에서는 IOER 금리**가 0.25%인 것은 신경 쓰지 않고 초과준비금을 대출하기 시작하여 인플레이션이 증가할 것이다. 의심의 여지가 없는 일이다. 여기에다가 트럼프가 무역 전쟁을 시작하면 인플레이션은 더 심해진다.

채권 시장으로 돌아가 보자. 금리가 오르는 이유는 3가지다.

1) 재정 적자 발생으로 인한 채권 공급의 증가

2) 실질 금리 상승(대출가능 자금에 대한 공급과 수요)

3) 명목 금리 상승(인플레이션)

이 모든 일을 촉발시키는 한 가지 요인이 바로 트럼프다.

지금까지 지난 10년간 금리가 높았다는 이야기를 내내 했는데, 그 촉매제가 무엇인지 궁금할 수도 있겠다. 채권 시장의 상승세를 끝내게 될 촉매제가 무엇인지는 해볼 법한 질문이다. 그리고 그 답은 바로 대선이다.

그렇다면 디플레이션은 어디에 있는가? 불과 6개월 전만 해도 디플레이션 이야기를 끝도 없이 들었다. 영원히, 끝없이 디플레이션이 지속되리라는 이야기가 많았다.

그런데 상황이 이렇게 빨리 바뀌기도 한다.

---

* 케인즈가 주창한 개념으로, 합리적인 계산을 통해 산출된 결과는 아니지만, 아무런 행동도 하지 않는 것보다는 어떤 조치든 취하고 싶어 하는 충동을 의미한다. 케인즈는 동물적 본능으로 경제적인 결정을 내리게 된다고 설명했다.

** 지급준비금을 초과하여 예치하는 자금에 대해 연준에서 지급하는 금리.

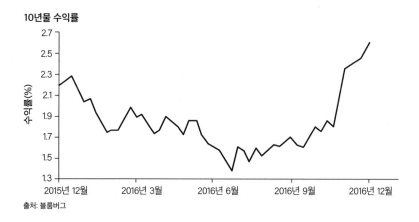

10년물 수익률

출처: 블룸버그

(반복하자면) 금리가 오르는 데는 3가지 이유가 있다.

1) 공급

2) 실질 금리

3) 인플레이션

금리가 얼마나 오랫동안 오를 것인가? 볼커와 레이건이 낮춘 금리가 수십 년간 유지된 것을 보면, 트럼프와 버냉키/옐런이 올린 금리가 수십 년을 갈 수도 있다. 연준에서 보유하고 있던 수조 달러의 초과준비금이 풀리면 어떻게 될지 생각해보라.

나는 연준에서 IOER을 올릴 수도 있다고 생각하지만 그럴 가능성은 작고, 또 올리더라도 그렇게 많이 올리지는 않을 것으로 본다.

****

트럼프가 무역에서 어디까지 갈까 하는 부분이 흥미로운 관전 포인트다. 무역에서 정말 극단적인 조치를 취하면 물가상승을 체감할 수 있다. 1~2% 정도가 아니라, 훨씬 더 높은 수준의 물가상승이 발생할 것이다.

높아진 물가를 소비자가 감내할까? 소비자에게 선택지가 있을까?

트럼프가 인플레이션 심리를 뒤집는 데 성공해서 사람들이 TV 같은 물건의 가격이 오를 것이라 예상하게 되면 어떻게 될까?

속도를 늦출 수는 없을 것이다. 연준에서는 기준금리를 두어 번 올리기만 하면 짜잔 하고 인플레이션이 끝나리라 생각하지만, 그렇지 않다. 한 번 탄력이 붙으면 멈출 수 없다.

채권 시장이 하락장일 때 할 수 있는 일이 여러 가지 있다.

가장 쉬운 방법은 채권 공매다.

말도 안 되는 인버스 ETF에 대해 자세히 언급할 생각은 없다. 다른 것보다 확실히 더 괜찮은 ETF가 있기는 하지만, 그 어떤 ETF도 공짜는 아니다.

채권 이외에 채권 하락장을 헤쳐나갈 수 있는 더 좋은 방법이 있을까? 세계 최대 채권운용사를 공매하는 방법은 어떨까? 블랙록이 사상 최고치 경신. 이게 말이 된다고 보는가? 전혀 말이 안 된다.

나는 말이 안 되는 차트를 보고 공매하지 않는다. 떨어지는 주식만 공매한다.

하지만 생각해보면, 블랙록의 펀드가 99 백분위수에 속한다고 해도 중요하지 않다. 1년간 8% 하락하면 자산은 다른 곳을 찾아가게 되어 있다. 간단한 이치다.

이는《데일리 더트냅The Daily Dirtnap》역사상 최고의 공매 아이디어다. 그렇다고 해서 아직 실행할 단계는 아니다. 차트에서 하락의 징후가 보이기 전까지는 실행하면 안 된다. 지금으로서는 하락의 반대 징후를 보이고 있다. 사상 최고치를 향해 가고 있기 때문이다.

블랙록으로서는 다행이겠다.

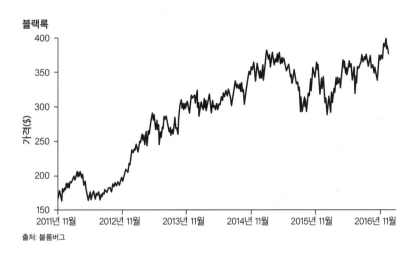

블랙록

출처: 블룸버그

저자 **자레드 딜리안**

2008년부터 꾸준하게 발행되고 있는 투자전문가 대상 일간 시장 뉴스레터인 《데일리 더트냅》의 편집장이다. 1996년 미국 해안경비 사관학교를 졸업하고 수학과 컴퓨터공학 학사학위를 취득했다. 샌 프란시스코대학교에서는 2001년 금융 전공으로 경영학 석사 학위를 받았다. 1999년부터 2000년까지 퍼시픽 옵션 거래소에서 소규모 장내 시장 조성 회사에서 근무했으며, 2001년부터 2008년까지 리먼 브라더스에서 인덱스 차익거래와 ETF 거래를 전문으로 하는 트레이더로 일했다. 《비즈니스 위크》가 2011년 일반경영 부문 1위 도서로 선정한 《거리의 괴짜: 리먼 브라더스의 돈과 광기Street Freak: Money and Madness At Lehman Brothers》와 2016년 출간된 《세상의 모든 악All The Evil Of This World》의 저자다. 또한, 코스탈캐롤라이나대학교 경영대학원의 강의전담 부교수이며, 《포브스》와 《몰딘 이코노믹스Mauldin Economics》에 정기적으로 기고하고 있다. MSNBC, 블룸버그 TV, BNN, 《뉴욕타임스》, 《비즈니스 인사이더》등의 매체를 비롯하여, 수십 개의 지방 및 신디케이트 라디오 프로그램에 출연했다.

14.

인도

라울 팔_{Raoul Pal}

이 글을 읽고 나면 깜짝 놀랄 것이다. 나도 이 글을 쓰면서 알게 된 내용으로 인한 충격에서 아직도 벗어나지 못했다.

기업에서 엄청난 기술적 발전을 이루어 투자자의 관심을 받으면, 그 기업의 향후 성장과 수익에 대한 기대가 반영되어 주가가 몇 곱절씩 뛰게 된다.

국가 전체가 경제 구조를 쇄신하거나 성장 경로를 전환하는 경우가 있다. 가장 최근의 사례로는 중국의 경제 자유화와 막대한 인프라 투자를 꼽을 수 있다. 덕분에 중국은 지난 20년간 엄청나게 강력한 성장 동력을 마련할 수 있었다. 다만, 국가 차원에서 막대한 기술 인프라 발전을 이루어서 나머지 국가와의 격차를 현격히 벌리는 일은 무척 드물다. 그래서인지 바로 그런 일이 인도에서 막 벌어졌는데, 아무도 알아채지 못했다.

두말할 나위 없이 인도는 현시대 그 어느 나라보다도 막대한 기술적 발전을 이루었다. 인도의 기술적 발전은 실리콘밸리보다도 엄청났다. 세계 최초로 핀테크를 두 세대 가까이 건너뛰다시피 하여 국가적인 디지털 인프라를 구축해 영국의 철도와 미국의 주간州間 고속도로에 비견할 만한 중요한 것을 갖추게 되었다.

인도는 이제 세계에서 가장 매력적인 투자처다. '아다르Aadhaar'와 아주 야심찬 계획을 매끄럽게 실행해 이룬 결과다. 내가 놀란 지점은 이런 흐름을 알아챈 사람이 거의 없다는 것이다. 솔직히 지난달에 이 글을 쓰면서 나도 처음 알게 된 사실이기도 하다. 나는 인도야말로 신흥국에서 세계 최대 규모의 변화를 일군 사례라고 생각한다.

1단계: 아다르법

2009년 이전의 인도는 개도국으로서 큰 문제를 안고 있었다. 국민 중 거의 절반이 어떠한 형태의 신분증도 없었다. 인도에서 흔히 그렇듯 병원이 아닌 곳이나 정부 서비스가 미치지 않는 곳에서 태어난 사람에게는 출생증명서가 발급되지 않는다. 출생증명서가 없으면 현대 사회의 기본적인 인프라, 즉 은행 계좌나 운전면허, 보험, 대출 등을 이용할 수 없다. 공식 부문 바깥에서 생활해야 하며, 다른 이들이 누리는 기회를 누리지 못한다. 빈곤이 고착될 확률이 굉장히 높아지며, 정부의 세수가 줄어들면서 성장이 발목 잡힌다.

보통의 경우라면 인도 같은 나라에서는 출생신고를 대대적으로 독려하거나 공식 문서를 발급하는 (그러면서 안타깝게도 그 대가로 뇌물을 받는) 관료를 각지에 보내 이 문제를 해결한다. 그랬다면 비용은 많이 들면서 효율은 떨어지는 엉망진창의 과정이 되었을 것이다. 잘해봐야 부분적으로만 효과가 있었을 수도 있다.

그러나 2009년 인도는 그 당시 전 세계 그 어느 곳에서도 시도한 적 없는 일을 해냈다. 이 문제에 대한 기술 솔루션으로 '아다르'라는 프로젝트를 시작해, 지문과 홍채 스캔으로 승인되는 12자리 디지털 신분증 기반의 생체정보 데이터베이스를 구축했다.

아다르는 전 세계에서 실시된 IT 프로젝트 중 가장 규모가 크고 성공적인 프로젝트가 되었으며, 2016년 현재 (인도 인구의 95%인) 11억 명이 디지털 신분증을 갖게 되었다. 인도가 세계 인구의 17.2%를 차지한다는 점을 상기한다면, 아다르를 통해 인도가 이루어낸 일이 어느 정도로 규모가 큰 일인지 알 수 있을 것이다!

그러나 이 생체정보 데이터베이스는 그저 첫 단계였을 따름이다.

세계 인구에서 인도 인구의 비중(%)

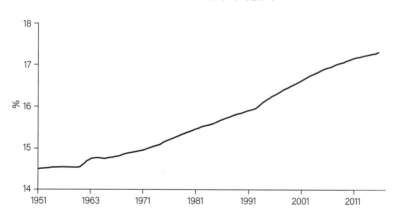

2단계: 은행권 편입

많은 수의 인구를 공식 시스템에 등록시키고 난 후에는 이들을 은행권에 편입해야 했다. 인도 정부에서는 현금을 보유하되 대출은 제공하지 않는 결제 전문은행 11개의 설립을 허가했다. 계좌 개설을 독려하고자 무료 생명보험을 제공하고, 사회 복지수당과 은행 계좌를 연계했다. 3년 만에 은행 계좌 신설 건수가 2억 7,000만 건을 넘어섰으며, 100억 달러가 예금으로 쏟아져 들어왔다.

아다르법에 따라 신원을 등록한 사람들은 아다르 번호만으로 은행 계좌를 개설할 수 있게 되었다.

3단계: 모바일 인프라 확대

아다르 카드는 즉각적인 휴대전화 개통이라는 또 다른 중요한 효용이 있다. 지난달에 이 내용을 자세히 다뤘는데, 아다르 도입 이후 휴대전화 보급률이 몇 년 사이에 40%에서 79%로 급증했다.

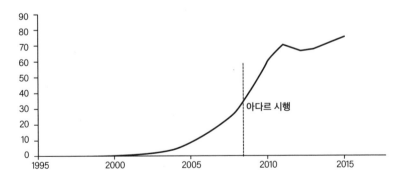

인도의 100명당 휴대전화 가입자 수(국제전기통신연합ITU)

휴대전화 보급률 증가 이후의 단계는 모든 것을 바꾸어 놓을 스마트폰의 급증이다. 현재 인도의 스마트폰 보급률은 28%에 불과하지만, 증가율이 연간 70%에 육박한다.

2016년 7월에는 아다르를 발급하는 인도 신분증발급위원회Unique Identification Authority of India, UIDAI에서 구글과 마이크로소프트, 삼성, 인도의 스마트폰 업체 마이크로맥스 등의 임원을 소집하여 아다르 준수 기기 개발을 논의하는 회의를 진행했다.

퀄컴은 아다르 구동 기기가 더 많이 출시될 수 있도록 정부 당국과 밀접히 협력하고 있으며, (가장 큰 안드로이드 제조업체 등) 고객과 소통하여 보안 카메라, 홍채인식 파트너 등 필수 기능을 탑재하려는 노력을 진행하고 있다. 애플의 CEO인 팀 쿡은 최근 애플의 최우선 순위로 인도를 꼽기도 했다.

마이크로소프트 역시 연결 상태가 불안정한 2G 상태에서 작동하면서 아다르 데이터베이스와도 통합된 스카이프의 라이트 버전을 출시하여, 화상통화가 인증 통화로도 사용될 수 있도록 했다.

아다르를 준수하는 스마트한 휴대전화의 보급률이 늘어나면서 정말 놀랄 만한 일이 벌어질 수 있는 조건이 갖추어졌다.

4단계 : UPI — 새로운 거래 시스템

이게 다가 아니다. 2016년 12월 인도는 통합 결제 인터페이스Unified Payments Interface, UPI를 활용하는 디지털 결제 플랫폼인 BHIMBharat Interface for Money을 개시했다. 이는 UPI에 연동되지 않는

은행 계좌를 결제 시스템으로 끌어오는 또 다른 혁신이었다. 이제 UPI 계좌에서 비非 UPI 계좌로 결제가 이루어질 수 있고, QR 코드를 사용하여 즉시 결제를 하거나, 사용자가 계좌 잔액을 확인할 수 있게 되었다.

휴대전화 전자지갑의 폭증을 예상하고 전 세계가 이에 적응하는 (그리고 이미 전자지갑의 폭증 현상은 진행 중인) 상황에서, 그다음 단계가 현실화하고 있다. 바로 이 지점에서 엄청난 발전이 일어나고 있다.

이제는 휴대전화 없이도 지문과 아다르 번호만 있으면 결제가 가능해졌다. 정말이지 이는 역사상 금융 시스템에 생긴 변화 중 가장 큰 변화다.

더 놀라운 점은 이 시스템이 2G 네트워크에서 작동하여 인도의 가장 외진 지역까지 아우른다는 것이다! 노동력의 60%가 종사하고 GDP 기여도가 17%인 인도의 농업 경제는 대대적인 변화를 겪게 될 것이다. 농가에서는 이제 은행 계좌와 신용을 비롯하여, 작물 보험도 활용할 수 있게 되었다.

그렇지만 아직도 이게 다가 아니다. 인도는 여기에서 한발 더 나아갔다.

5단계: 인디아 스택 ― 디지털 라이프

2016년 인도는 '인디아 스택India Stack'이라는 또 다른 혁신을 도입했다. 인디아 스택은 주소나 은행 거래 내역서, 의료 기록, 고용 기록, 세금 신고 등의 개인 정보를 저장하고 공유할 수 있는 보안 및 연결 시스템으로, 문서의 디지털 서명도 가능하다. 아다르 생체정보의 승인을 통해 접속과 공유가 이루어진다. 기본적으로 공식적인 생활 전체에 대한 보안 드랍박스라고 할 수 있으며, 비대면 본인확인Electronic Know Your Customer, eKYC이 이루어진다.

인디아 스택 API를 활용하면 지문이나 망막 스캔 한 번으로 은행 계좌·휴대전화 계정·증권 계좌 개설, 뮤추얼펀드 매입, 인도 전역의 병·의원 의료 기록 공유를 할 수 있다. 즉각적인 대출과 보험, 특히 생명보험을 일반 국민에게 보급할 기회도 창출한다. 이 모든 데이터 역시 인디아 스택에 저장되어 공공요금 납부 또는 생명보험 보장 등의 증거로 사용될 수 있다.

인디아 스택은 새로운 디지털 경제가 매끄럽게 작동할 수 있도록 하는 프레임워크다.

정부와 기업, 스타트업, 개발업체가 자체적인 디지털 인프라를 활용하여 인도의 고질적인 문제를 해결하려는 일련의 API로, 비대면·페이퍼리스·캐시리스 서비스 구현을 지향한다.

- 비대면Presence-less: 망막 스캔과 지문을 활용하여 인도 전역에서 모든 서비스를 이용.
- 캐시리스Cashless: 인도의 모든 은행 계좌와 전자지갑에 접속할 수 있는 단일 인터페이스.
- 페이퍼리스Paperless: 전자 기록을 클라우드로 사용할 수 있어 엄청

난 양의 종이 수거 및 저장의 필요성을 제거.

- 동의 레이어Consent layer: 이용자의 요구에 따라 문서에 대한 보안 접속을 제공.

실시간으로 운영되는 인디아 스택을 통해 보통 수일이 걸리는 대출, 은행 계좌 또는 휴대전화 개설과 같은 거래를 이제 즉각적으로 할 수 있게 되었다.

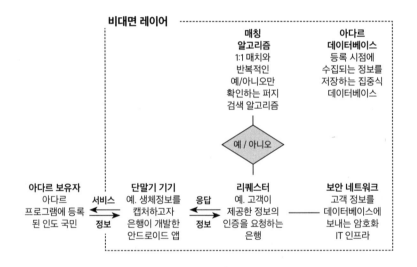

보다시피 스마트폰이 이러한 시스템 접속에 핵심적인 역할을 하게 될 것이다. 빠르고 안전하고 안정적이다. 이것이 미래다.

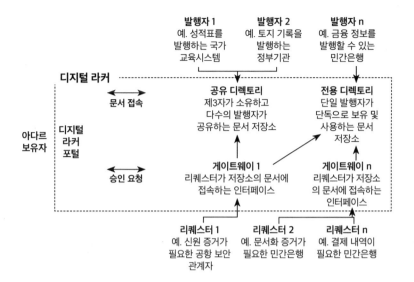

발행자 1
예. 성적표를
발행하는 국가
교육시스템

발행자 2
예. 토지 기록을
발행하는
정부기관

발행자 n
예. 금융 정보를
발행할 수 있는
민간은행

디지털 라커

아다르
보유자

디지털
라커
포털

← 문서 접속 →

← 승인 요청 →

공유 디렉토리
제3자가 소유하고
다수의 발행자가
공유하는 문서 저장소

전용 디렉토리
단일 발행자가
단독으로 보유 및
사용하는 문서
저장소

게이트웨이 1
리퀘스터가 저장소의 문서에
접속하는 인터페이스

게이트웨이 n
리퀘스터가 저장소
의 문서에 접속하는
인터페이스

리퀘스터 1
예. 신원 증거가
필요한 공항 보안
관계자

리퀘스터 2
예. 문서화 증거가
필요한 민간은행

리퀘스터 n
예. 결제 내역이
필요한 민간은행

이런 혁신적인 디지털 인프라를 통해 머지않아 비트코인보다 수십억 건은 더 많은 거래량을 처리할 수 있게 될 것이다. 비트코인 킬러가 되거나, 잘하면 블록체인 기술을 어떻게 실생활에 적용할 수 있는지 그 틀을 보여줄 수도 있다. 다른 나라나 민간 부문에서 이 인프라의 블록체인 버전을 채택할지, 아니면 완전히 폐기하고 인도의 집중식 버전을 따를지는 아직 알 수 없지만 말이다.

인디아 스택은 세계에서 가장 큰 규모의 오픈 API이며, 이를 중심으로 엄청난 핀테크 기회가 구축될 것이다. 인도는 이미 세계 3위의 핀테크 중심지이며, 몇 년 안에 1위로 올라설 예정이다. 이미 API용 앱을 개발하고자 해커톤* 대회도 조직하고 있다.

• '해킹hacking'과 '마라톤marathon'의 합성어로, 소프트웨어 개발 분야의 다양한 전문가들이 모여 제한된 시간 동안 결과물을 만들어내는 행사.

인도는 이미 실리콘밸리를 크게 앞질렀다.

6단계: 현금 사용 금지

화룡점정은 예전에도 내가 자세히 다룬 적이 있는 현금 사용 금지였다. 인도 사례의 마지막 부분이 바로 현금 사용 금지다. 전 국민을 새로운 디지털 경제에 편입시킴과 동시에 일상적인 부패 감소, 은행 부문의 자본구성 재편, 정부 세수 증가 등 엄청나게 유용한 부차적 효과를 거두어, 인도의 열악한 인프라 재건에 일조하는 조치다.

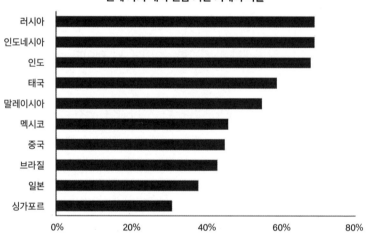

전체 가치 대비 현금 기반 거래의 비율

인도는 현금 사회였지만, 시간이 지나고 나면 향후 5년간 전체 거래 중 현금이 차지하는 비중은 40%를 밑돌 것이다. 향후 10년 안에는 아예 현금이 없어질지도 모르겠다.

현금 사용 금지를 통해 인도는 디지털화를 실현하고 있으며, 전세계 국가 중 이에 근접한 나라는 없다.

7단계: 투자 기회

인도 경제를 잘 안다고 생각하는 사람은 인도를 열악한 인프라, 만연한 부패와 관료주의, 시대에 뒤떨어진 제도가 있지만 중산층이 급성장하고 있는 나라 정도로만 인식하고 있다. 이런 내러티브는 15년째 그대로다.

하지만 그런 단계는 이미 지났고, 이를 아무도 알아차리지 못했을 뿐이다. 투자계나 실리콘밸리에서도 인도에서 무슨 일이 일어났는지, 또 얼마나 큰 투자 기회가 창출되었는지 아는 사람은 극히 드물다.

인도는 앞으로 엄청난 기술 발전과 GDP 추세율 상승, 세수 증가를 겪을 것이다. 세수를 바탕으로 항만과 도로, 철도, 의료 등 인프라에 필요한 자금을 조달할 것이고, 기술을 통해 농업 생산성, 온라인 서비스와 제조업 생산성을 끌어올리게 될 것이다.

통신, 은행, 보험, 온라인 유통이 크게 성장하고, 기술 부문도 그럴 것이다. 인도의 모든 것이 달라질 것이다.

외국인 직접투자는 이미 급증하고 있고, 투자 기회를 이용하려는 IT 대기업 등이 인도로 쏟아져 들어오면서 앞으로도 FDI가 크게 늘어날 것이다.

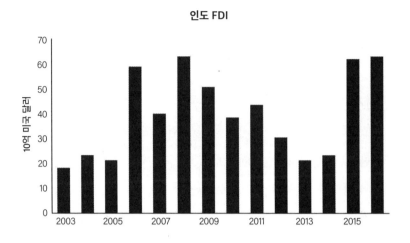

인도 FDI

나는 통신 섹터(바르티Bharti•)에 롱 포지션이다.

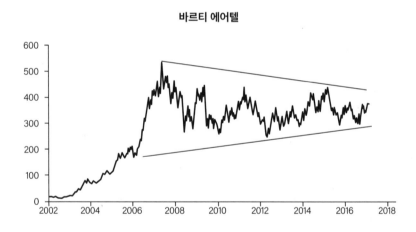

바르티 에어텔

니프티 뱅크 지수Nifty Banks Index에도 롱 포지션이다.

• 인도의 글로벌 통신기업.

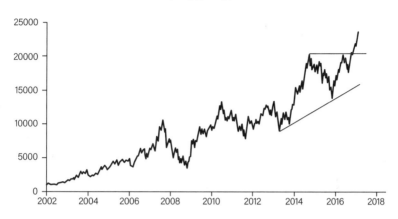

니프티 뱅크 지수

나는 인도가 전 세계에 발전적인 기회를 제시하리라 생각한다.

미국 달러화 표시 센섹스SENSEX 차트를 보면 내가 하려는 이야기를 압축적으로 전달할 수 있을 것 같다. 향후 10년간 급등할 것으로 예상된다.

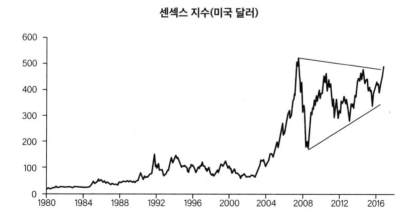

센섹스 지수(미국 달러)

정말이지 인도는 놀라운 나라다.

나는 트위터에서 비非 인도인 중 인디아 스택과 아다르를 알고 있는 사람이 얼마나 되는지 알아보기로 했다. 내 트위터의 팔로워 수가 2만 4,000명인데, 금융 시장에 깊이 관여하고 있는 팔로워도 많다. 즉, 내 트위터 팔로워는 괜찮은 데이터 샘플이다.

설문조사를 시작한 지 12시간 만에 900여 명이 답을 보내왔다. 투자업계의 90% 정도는 역사상 가장 큰 성취를 이룬 IT 프로젝트에 대해서 아무것도 모르고 있고, 한 번도 들어본 적이 없는 듯했다.

이건 정보 우위다.

저자 **라울 팔**

2005년 1월부터 《글로벌 매크로 인베스터Global Macro Investor》를 출간해 전 세계 매크로 투자업계의 헤지펀드, 패밀리 오피스, 연기금, 국부펀드 등을 대상으로 독창적이면서 쉬운 양질의 리서치 자료를 제공하고 있다. 36세였던 2004년에 고객 자금 운용 분야에서 은퇴해 현재 카리브해의 인구 150명인 케이맨 제도의 작은 섬인 리틀케이맨에 살고 있다.

트레이더 대상 기술분석 연수로 경력을 시작해 26년간 헤지펀드 자문 및 글로벌 매크로 헤지펀드 운용 경력을 쌓았다. 세계 최대의 헤지펀드 그룹 중 하나인 런던 소재 GLG 파트너스에서 GLG 글로벌 매크로 펀드를 공동으로 운용했다. GLG에서 골드만 삭스로 이직한 이후, 유럽 주식 및 주식 파생상품 분야에서 헤지펀드 판매 사업을 공동 관리했다. 금융 분야 전 세계 최초 온디맨드 TV 채널인 리얼 비전 텔레비전Real Vision Television과 온라인 금융 뉴스레터 출간업체인 리얼 비전 퍼블리케이션스Real Vision Publications, 어드벤처 인 파이낸스Adventures in Finance 팟캐스트를 운영하는 디지털 미디어 기업 리얼 비전 그룹Real Vision Group의 CEO이자 공동 창립자다. 리얼 비전 TV에서 인터뷰를 주관하고 있으며, CNBC에 정기적으로 출연한다. 《뉴욕타임스》, 《월스트리트 저널》, 《파이낸셜 타임스》, 《블룸버그》, 《야후 파이낸스》 등에 인터뷰 기사가 실렸다.

15.

무섭게 부상하는 아그노톨로지

배리 리트홀츠Barry Ritholtz

나는 에볼라(이제는 지카), 고용 보고서, 연준 금리 변동, 정부 셧다운, 피크 주당순이익 등 숨 가쁘게 터지는 뉴스를 떨쳐내는 데 많은 시간을 쓴다. 나중에 돌이켜 보면, 천지가 개벽하는 듯한 뉴스는 별볼 일 없는 가십이나 사람들의 두려움을 조장하는 소문인 경우가 많았다. 영국의 유럽연합 탈퇴와 같이 실제로 시장을 움직이는, 그러나 예측이 어려웠던 진짜 뉴스는 상대적으로 드물다.

그러나 점차 강화되는 우려스러운 추세가 있다. 바로 아그노톨로지agnotology의 부상이다. 아그노톨로지는 세계적으로 사용되고 있기 때문에 알아두면 좋을 용어다. 스탠퍼드대학교의 로버트 N. 프록터Robert N. Proctor 교수가 고안한 용어로, "사회적으로 중요한 문제에 대해 혼란을 조장하고 진실을 억압하려는 특수 이익집단이 문화적으로 구축한 무지"를 의미한다. 사람들에게 부정확하거나 잘못된 데이터를 알려서 복잡한 과학적 문제에 의심의 싹을 틔우는 데 아주 유용하다.

조금 후에 살펴보겠지만, 브렉시트 표결에서 문화적으로 구축한 무지는 중요한 역할을 했다.

아그노톨로지의 가장 유명한 사례로는 담배업계에서 오랫동안 흡연이 암을 유발한다는 증거가 '아직 나오지 않았다'고 주장한 것을 들 수 있겠다. 담배업계와 임원들은 흡연의 위험성은 아직 답이 나오지 않은 문제라는 입장이었다. 물론 이는 새빨간 거짓말이었고, 담배업계에서는 흡연이 암과 폐기종, 심폐 질환을 초래한다는 과학적 근거를 확보하고 있었다. 프록터 교수가 이야기했듯이, "담배업계가 스스로를 담배와 의혹이라는 두 가지 제품을 제조하는 업계로 여긴 것은 유명한 사실이다."

의혹이 있기는 했지만, 피할 수 없는 진실이 알려지기 전까지 수십 년 동안 담배 매출이 지속되었고, 오랫동안 각 주와 연방정부 차원의 광범위한 규제 감독을 피할 수 있었다. 그러나 진실은 밝혀지는 법인지라 미국의 담배 매출은 결국 급락했으나, 흡연으로 인해 병을 얻거나 목숨을 잃은 많은 사람을 구하기에는 너무 늦어버렸다.

현재의 아그노톨로지 움직임도 이와 비슷하게 원하는 효과를 얻고 있는 듯하다. 다양한 공공 정책 문제와 관련해서 허위 발표와 선동적인 언사, 출처가 의심스러운 데이터를 가지고 의심을 부추겨 잠깐이라도 눈에 띄게 여론을 호도하는 사례들이 있기 때문이다.

다음의 각 공공 정책 이슈를 지지하는 사람들은 문화적으로 구축한 무지의 기법을 활용하여 여론을 좌우하고, 정부 정책의 방향을 조종하며 규제 감독을 바꾸기도 한다. 몇 가지 예를 들자면 다음과 같다.

- 이라크에는 대량 살상 무기가 있다.
- 유전자 조작 작물은 위험하다.
- 지구온난화는 과학적 사기극이다.
- 백신은 자폐를 유발한다.
- 감세로 인한 비용은 자동으로 충당된다.
- 금융위기의 원인은 빈곤층이다.

물론 이러한 주장은 모두 잘못된 것이고, 사실적인 근거가 전혀 없다. 그런데도 이를 믿는 사람들이 있다. 브렉시트 문제도 같은 맥락으로 볼 수 있다. 대서양의 반대편에 있는 미국에서 보았을 때, 조금만 자세히 들여다보아도 사실이 아님을 알 수 있는 주장이 줄줄이 쏟아져나오는 모습은 경이롭기까지 했다.

그중에서도 영국 독립당의 수장으로 가장 소리 높여 브렉시트를 옹호한 나이젤 파라지Nigel Farage의 주장이 가장 눈에 띄었다. 유럽연합을 탈퇴하면 매주 EU로 들어가는 3억 5,000만 파운드(4억 6,000만 달러)를 절감하여, 재정적인 어려움을 겪고 있는 영국의 국민건강보험에 사용할 수 있다는 것이다. 파라지는 거의 즉각적으로 이러한 주장을 번복해야 했으며, 이민에 대해 공포심을 조장하는 주장을 했다가 해당 발언도 철회했던 전적이 있다.

브렉시트 표결 이후에 나온 조사를 보면, 사람들이 영국의 유럽 연합 탈퇴가 무슨 의미인지 제대로 이해하지 못한 채 투표에 임했음을 알 수 있다. 일부 유권자는 항의의 의미로 던진 표가 실제로 영향력을 발휘하리라고 생각하지 않았다. 무엇 때문에 하는 투표인지, 또는 EU가 실제로 어떤 것인지 제대로 이해하지 못한 유권자도 있었다. 브렉시트가 결정된 이후 이를 후회하는 사람들이 늘고 있는 듯하다. 그러면서 영국의 타블로이드 신문이 많은 비난을 받았다. EU 탈퇴를 주장하는 측에서 제시한 잘못된 이야기와 담론이 횡행했고, 그 내용이 지나치게 터무니없을 때가 많아서 유럽집행위원회에서는 계속해서 정정 발표를 하고 블로그를 통해 반박 자료를 내야 했다.

민주주의는 사상의 자유시장이라는 개념에 뿌리를 두고 있다. 연방 대법원 대법관이었던 올리버 웬델 홈즈Oliver Wendell Holmes는 '시장의 경쟁' 속에서 '사상이 자유롭게 거래'된다고 설명했다. 유권자가 투표소로 향할 즈음에는 세부적인 사항을 곰곰이 생각해보고, 자세한 내용이 모두에게 알려져 중요한 현안이 무엇인지 어느 정도 알게 된다는 것이다.

하지만 아닐 수도 있다. 정책 토론의 근본적인 가정은, 민주 사회에서 토론의 진정한 목적은 실체적인 진실에 다가서는 것이며, 이를 위해 원칙에 입각한 논쟁을 한다는 것이다. 그렇지만 점점 더 많은 사례를 통해 알게 되었듯이, 정책 토론의 목적은 어떤 비용을 치러

서든 단기적인 승리를 쟁취하는 것이 되어버렸다.

　조너선 스위프트는 "거짓이 날아가고 나면 진실은 절뚝이며 그 뒤를 따라간다"고 했다. 거짓과 페이스북 가짜 뉴스가 마우스 클릭 한 번에 전 세계를 도는 요즘에야말로 이 말의 진정한 의미를 실감한다.

　과장도 문제지만, 평행우주를 창조하는 건 차원이 다른 문제다.

BloombergView.com에 최초 게재.
Bloomberg View copyright © 2016 Bloomberg LP
www.bloomberg.com/view/articles/2016-06-27/culturally-constructed-ignorance-wins-the-day

저자 배리 리트홀츠

리트홀츠 웰스 매니지먼트Ritholtz Wealth Management, RWM의 공동 창립자이자 최고투자책임자다. 2013년 출범한 금융기획 및 자산운용 회사인 RWM은 5억 달러가 넘는 자산을 운용하고 있다. RWM에서는 저비용 온라인 전용 투자 사이트인 '리프트오프LiftOff'를 비롯하여 투자자에게 다양한 서비스를 제공한다.

여러 금융 주제에 대해 빈번하게 의견을 제시하는 평론가로 미국에서 '가장 영향력 있는 15대 경제 기자'로 선정되었으며, 금융 미디어에서 가장 위험한 인물 25인 명단에 이름을 올리기도 했다.《블룸버그 뷰》에 매일,《워싱턴 포스트》의 '개인금융 및 투자' 섹션에 월 2회 칼럼을 기고하고 있다.《블룸버그 라디오》의 인기 팟캐스트〈마스터 인 비즈니스〉를 제작 및 진행하고 있다.

논평과 기고 이외에 매월 수백만 건의 페이지 뷰를 올리는 유명 금융 웹블로그〈더 빅 픽처The Big Picture〉를 운영한다. 2008~2009년에 저술한《구제금융 국가Bailout Nation》가 2009년 와일리에서 출간되었으며, 2010년 개정판이 페이퍼백으로 출간됐다.

뉴욕에 소재한 예시바대학교의 벤자민 N. 카르도조 로스쿨에서 석사 과정을 밟았다. 리젠트 장학금을 받아 학사 과정을 이수한 스토니브룩대학교에서는 수학과 물리학을 공부하였으며, 정치학 학사 학위를 취득했다.

16.

저항이 심해져도 상승장은 계속된다

켄 피셔 Ken Fisher

브렉시트를 예상한 사람이 왜 그렇게 적었을까? 그리고 그러한 사실이 다른 국가에는 어떤 의미가 있는 것일까?

간단하다. 언론과 전문가, 정치인, 예측 시장에서는 지나치게 런던과 도시 지역에 초점을 맞춘 나머지 지방 유권자를 과소평가했다. 스코틀랜드를 제외하고 대체로 대도시에서는 잔류, 잉글랜드 지역의 소도시에서는 탈퇴로 표가 갈렸고, 소도시가 승리했다.

미국의 경우를 생각해보면, 도널드 트럼프가 승리할 가능성도 과소평가되고 있다. 이전 대선에서 각 주가 어떤 식으로 투표했는지 추적한 자료를 기준으로, 도시 위주의 하향식 방법으로 정치 분석이 이루어진다. 21개 주와 워싱턴 DC에서는 이전의 대선에서 5번 중 최소 4번 민주당을 지지했고, '블루 스테이트'라는 이름이 붙었다. 24개의 '레드 스테이트'는 공화당을 지지했으며, 5개 주는 경합 주로 남았다. 언론에서는 블루 스테이트에서 선거인단 필요 표수보다 13표 부족한 257표를 확보했다고 보고, 힐러리 클린턴이 큰 우위를 점하고 있다고 추정하고 있다.

그럴 수도 있다. 하지만 아래에서부터 바라보면 상황은 반대인데, 그런 관점으로 현실을 파악하고 있는 사람은 없는 듯하다. 아래에서 위를 바라보면 공화당이 대부분의 주 정부를 장악하고 있다. 소위 블루 스테이트라고 하는 미시간주의 경우에는 주 상·하원과 주 정부관료가 모두 공화당 소속이다. 다른 블루 스테이트도 마찬가지 상황으로, 아래에서부터 보면 '레드'로 변화했다. 민주당이 주 의회를 장악하고 있는 주는 11개 주에 불과하다. 공화당은 31개 주 의회에서 우위를 점하고 있으며, 8개 주에서는 양당이 비등한 세력을 이루고 있다.

아래에서부터 공화당이 우위를 점하고 있는 상황은 상대적으로 최근의 일이며, 지방을 중심으로 하는 추세라서 간과되는 측면이 있다. 1978년 민주당에서는 31개 주의 의회를 장악했고, 소득이 낮은 33개 주 중 20개 주에서 득표했다. 현재는 33개 주 중 2개 주만 확보하고 있다. 지방에서는 민주당 대신 공화당이 가난한 이들의 당으로 자리 잡았다.

도시에서는 상대적으로 빈곤층의 민주당 지지율이 압도적이다. 주 의회의 경우와 마찬가지로 이번에 아래에서부터 유권자가 권리를 행사하면, 기존의 하향식 분석과는 거의 반대로 트럼프 후보가 필요 표수보다 39표 많은 선거인단 309표를 확보할 것이다. 이런 일이 일어날지는 알 수 없다. 다만, 도시 위주로 정치를 분석하는 사람들의 예측보다 트럼프 후보의 전망이 긍정적이다. 많은 사람이 예상치 못했던 브렉시트와 비슷한 상황으로 볼 수 있겠다. 소외되었던 빈곤층의 저항이다.

내 추정으로는 트럼프 후보가 일반 투표에서 몇 퍼센트 차이로 지더라도 대통령으로 당선될 것 같다. 그게 어떻게 가능할지 살펴보자. 트럼프 후보는 인구의 12.2%를 차지하는 캘리포니아에서는 20% 이상의 차이로 크게 지겠지만, 8.5%로 인구 2위인 공화당 지지 주 텍사스에서는 훨씬 더 적은 표 차로 승리할 것이다.

그러면 선거인단 투표에서 예상치 못한 결과가 나오지 않는다고 가정했을 때 클린턴 후보가 크게 불리해진다. 코네티컷과 일리노이, 뉴욕, 오리건에서 크게 진다고 해도 전통적으로 공화당을 지지하는 조지아와 인디애나, 노스캐롤라이나, 테네시에서 약간의 차이로 이기면 비슷한 흐름이 나타난다. 이런 상황에서 전국적인 일반 투표에서 2~3% 뒤지게 되면, 나머지 선거인단의 대부분을 확보한 트럼프 후보가 대통령에 당선된다.

다시 한번 이야기하지만 어떤 일이 일어날지 내가 알지는 못한다. 그러나 예상치 못한 일이 일어날 가능성은 크다. 유럽 대륙 전역에 걸쳐 이와 비슷하지만 사람들은 잘 모르는 현상이 서서히 진행되고 있다. 덴마크에서는 지방의 지지를 주로 받는 인민당이 있고, 이탈리아의 오성운동은 주로 소도시와 지방에 지지자가 많다. 프랑스의 국민전선도 기반이 대체로 파리가 아닌 지역이고, 오스트리아에서는 2차 투표까지 치른 노르베르트 회퍼Norbert Höfer* 대통령 후보를 지지하는 사람들이 많다.

리스크를 예상하려면 두 가지 방법으로 추세를 살펴야 한다. 첫째는 지역 경제 지표다. 전국 차원의 데이터보다 업데이트 속도는 느리지만, 추세는 파악할 수 있다. 영국에서는 2014년 웨일스와 중부 지방, 북서부와 남부에서 대대적인 경기 둔화가 있었고, 이들 지역은 모두 EU 탈퇴의 입장을 강력하게 고수했다. 소득 수준이 더 낮고 성장 속도가 둔화한 지역이 어디인지 살펴보면 어느 지역의 유권자가 소외감을 느끼고 불안감에 더 취약한지 알아내는 데 도움이 된다.

둘째, 지자체 선거의 1차 투표를 특히 잘 살펴보아야 한다. 프랑스의 국민전선은 2015년 말 상향식 경선으로 치러지는 지방선거의 1차 투표에서 가장 많은 표를 얻었으나, 2차 투표에서는 하향식으로 작용하는 요인으로 인해 패배했다.

장기적으로, 이를테면 향후 10년간 이러한 일이 투자자에게는 어떤 함의가 있을까? 10년은 어떤 일이든 일어날 수 있는 시간이다. 영국이 더 이상 존재하지 않게 될 수도 있고, 세상에 종말이 올 수도 있다. 아니면 평화와 번영의 황금기를 구가하게 될 수도 있다. 어차피 알 수 없다면 굳이 이렇게 신경 쓸 필요가 있을까?

앞으로 10년간 평균 이하의 상황이 벌어지리라는 점을 알고 있

---

* 2016년 대선에서 오스트리아의 극우 정당 후보였으며, 1차 투표에서 과반을 득표하지 못하여 2차 투표까지 진출했으나 패배했다. 우파 포퓰리즘의 득세로 인용되는 사례 중 하나다.

다고 해도 지금으로서는 별 소용이 없다. 알고 있어도 취할 수 있는 행동이 없기 때문이다. 향후 몇 년 동안 주식 실적이 좋다면 주식을 보유하고 싶어질 것이다. 2000년대는 증시의 등락이 없었던 시기라고들 하지만, 실상은 그렇지 않았다. 2000년대에는 순수익 수준이 엄청 낮고 변동성이 아주 높았지만, 등락이 없지는 않았다. 2000년대 초반과 후반에 대규모 하락장이 있었고, 그 사이에 5년간 상승장이 유지되었다. 아무리 전반적인 '적중률'이 높다고 해도 장기적인 예측을 통해 시장의 경로를 알 수는 없다. 그런데 중요한 것은 바로 그러한 시장의 경로다.

그렇다면 마찬가지로 10년 실적은 적중하더라도 초반 5년의 예측이 실제 시장 경로와 상이할 경우, 아무도 10년 예측에 신경 쓰지 않을 것이다. 첫 5년간의 결과에 휩쓸려 최신 편향에 따라 기대치를 재조정할 것이다. 아주 좋거나 혹은 힘든 5년을 보내고도 기존의 10년 예측을 고수하기란 감정적으로 무척 어려운 일이다. 사람은 그런 식으로 행동하지 않기 때문에 향후 3~30개월 단위로 생각해야 한다. 시장에서 관심을 두는 기간도 그 정도고, 우리가 감당할 수 있는 기간도 그 정도다.

마지막으로, 시장에서는 이미 투자자에게 브렉시트로 인해 초조해할 필요가 없다는 신호를 보냈다. 트럼프 후보에 대해서도 크게 신경 쓸 필요가 없다. 주식을 사라. 여전히 상승장이니 말이다.

저자 **켄 피셔**

전 세계의 대규모 기관과 고액자산가를 대상으로 자산운용 서비스를 제공하는 800억 달러 규모의 피셔 인베스트먼츠Fisher Investments의 창업자이자 회장 겸 공동 최고투자책임자다. 2,200여 명의 직원을 보유한 피셔 인베스트먼츠는 워싱턴주와 캘리포니아주, 영국, 독일, 두바이, 호주, 일본에 지부를 두고 있으며, 추가적인 글로벌 확장을 진행 중이다.

피셔가 기고한 유명한 칼럼인 〈포트폴리오 전략Portfolio Strategy〉은 1984년부터 2017년까지 《포브스》에 연재되었으며, 피셔는 《포브스》 역사상 최장 연속 칼럼 기고가로 이름을 올렸다. 영국의 《파이낸셜 타임스》와 독일의 《포커스 머니Focus Money》에도 계속해서 정기적으로 칼럼을 기고하고 있다. 11권의 책을 저술했으며, 그중 4권은 뉴욕타임스 베스트셀러로 선정되었다.

전 세계적으로 출간물과 인터뷰, 기고를 통해 피셔의 생각을 만나볼 수 있으며, 2010년에는 《인베스트먼트 어드바이저Investment Advisor》에서 지난 30년간 가장 영향력 있는 30명을 꼽은 '30-30 리스트Thirty for Thirty'에 선정되기도 했다. 1970년대에 피셔가 제시한 이론을 통해 '주가매출액비율Price-to-Sales Ratio'이라는 투자 지표가 처음 도입되었으며, 현대 금융 교육과정에서 핵심 요소로 다룬다.

제3부

가격 책정과 밸류에이션

크리스 메레디스 Chris Meredith

애스워드 다모다란 Aswath Damodaran

벤 칼슨 Ben Carlson

데이브 나디그 Dave Nadig

조쉬 브라운 Josh Brown

17.

주가순자산비율의 함정

크리스 메레디스Chris Meredith

'밸류'는 투자 방식의 하나로 널리 받아들여지고 있다. 그리고 역사적으로 봤을 때 저렴한 밸류에이션으로 구성한 포트폴리오는 비싼 포트폴리오보다 실적이 좋았다. 그러나 밸류는 여러 형태를 취하며, 저렴한 정도를 측정할 때 어떤 팩터를 선택하는지에 따라 장기적인 성공 여부가 달라질 수 있다. 특히 수익이나 EBITDA와 같은 일부 밸류 영업 지표의 경우는 더 전통적인 주가순자산비율PB 팩터보다 실적이 좋다. PB의 효용이 제한적인 이유로는 주로 자사주 매입 증가로 인해 주주 거래가 늘어났다는 점을 꼽을 수 있다.

밸류에이션 팩터는 간단하다는 장점이 있지만, 문제도 있다. 주가매출액비율price-to-sales, PS은 매출과 비교하여 측정하기 때문에 조작하기 어렵다는 장점이 있지만, 마진을 고려하지는 않는다. 주가수익비율은 기업의 경제적 산출 추정과 비교한 측정치이지만, 매니

저가 조작할 수 있는 추정 비용도 포함하는 개념이다. EBITDA/
EV EBITDA-to-enterprise-value 는 운영 비용 구조를 포함한다는 장점이 있
지만, 채권 보유자와 정부에 대한 지급액은 반영하지 못한다. 문제
가 없지는 않지만, 실제로 이러한 팩터는 효용성이 있다. 그림 1은
1964년부터 2015년까지 미국 대형주 유니버스에서 2가지 팩터의
5분위 스프레드를 나타낸다.[1]

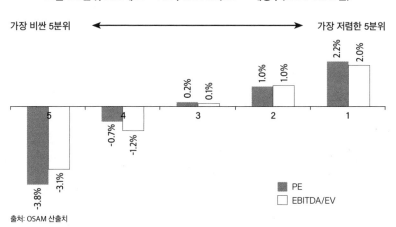

그림 1: 5분위 스프레드 — PE와 EBITDA/EV — 대형주(1964~2015년)

가장 비싼 5분위   ←——————————→   가장 저렴한 5분위

출처: OSAM 산출치

PB는 아마도 투자업계에서 가장 널리 사용되는 밸류에이션 팩
터일 것이다. 미국 시장에 대한 최고의 스타일 지수 제공업체인 러
셀Russell은 PB를 주요 지표로 사용하여 밸류와 성장 카테고리로 종
목을 분류한다. PB에 더해 2년 성장 예측치와 5개년 주당 매출액의
역사적 성장률을 같이 활용하는데, PB가 주요 요인으로서 50%의
비중을 차지한다.

러셀이 PB를 채택한 것은 오랫동안 학술 연구에 관여해왔기 때문일 가능성이 크다. PB의 분수령이 된 연구는 시장과 규모, PB로 구성된 3팩터 모델을 정립한 파마-프렌치의 1992년 〈기대수익률의 단면The Cross-Section of Expected Stock Returns〉이다.

그러나 PB를 자세히 보면 몇 가지 문제가 분명하게 드러난다. 첫째, 종합 PB 스프레드는 다른 영업 지표에 비해 두드러지지 않는다. PB의 최고 및 최저 5분위 스프레드(그림 2 참조)는 2.8%에 불과하다. 반면, PE와의 스프레드는 5.1%, EBITDA/EV와의 스프레드는 6.0%이다.

그림 2: 5분위 스프레드 — PB

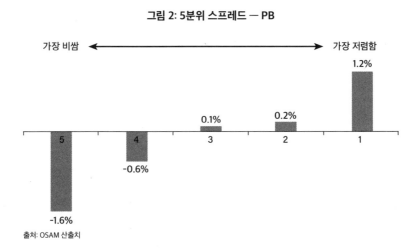

출처: OSAM 산출치

둘째, 시가총액을 기준으로 PB의 효용을 분석해보면 PB는 대형주에 대해 가장 효과가 떨어진다. 표 1은 동일한 미국 대형주 유니버스의 PB 5분위 스프레드를 나타내지만, 시가총액을 기준으로 하위 3분의 1과 상위 3분의 1을 구분하고 있다. 시가총액이 커지면 PB의 효용은 떨어지는데, 상위 3분의 1 종목 내의 5분위 스프레드가 1.2%에 불과한 것을 볼 수 있다. 러셀에서는 시가총액을 기준으로 벤치마크에 가중치를 부여하고 있고, 그중 3분의 2 정도가 (3개 대형주 그룹 중 PB 스프레드가 가장 낮은) 상위 3분의 1에 속한다는 점을 고려하면 이는 특히 주목할 만한 부분이다.

표 1: 시가총액 기준 구분에 따른 미국 대형주 PB의 초과수익률

시가총액	가장 비싼					가장 저렴한
	5	4	3	2	1	스프레드
상위 3분의 1	-1.5%	-0.9%	-0.8%	0.6%	-0.3%	1.2%
중위 3분의 1	-2.3%	-1.1%	0.0%	0.4%	0.9%	3.1%
하위 3분의 1	-0.9%	-0.3%	0.7%	-0.5%	2.0%	2.9%

출처: OSAM 산출치

마지막으로, 특히 21세기 들어 PB의 효용이 떨어지고 있다. 그림 3은 20년 롤링 5분위 스프레드(가장 저렴한 20%로 이루어진 포트폴리오와 가장 비싼 20%로 이루어진 포트폴리오 사이의 차)를 나타낸다. PB를 EBITDA/EV, PE와 비교한 것으로, 2000년 이전에는 이 세 가지 지표가 매우 비슷한 움직임을 보였음을 알 수 있다. 이들 지표는 1990년대 후반 닷컴 버블로 인해 상황이 역전되기 전까지는 실적이 좋았다. 닷컴 버블 당시에는 가장 비싼 종목들이 좋은 실적을 냈다. 그러나 닷컴 버블이 끝난 이후 PB는 다른 밸류에이션 팩터와 다른 움직임을 보이기 시작하여, 지난 20년간 종목 선정의 측면에서 이렇다 할 효용이 없는 수준으로 떨어졌다.

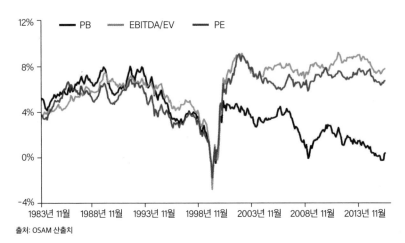

그림 3: 20년 롤링 5분위 스프레드 — 대형주

출처: OSAM 산출치

표면적으로는 가격과 장부가치를 비교하는 것이 일견 타당해 보인다. 주식의 장부가치는 보통주 주주들이 청산 시 받게 되는 총액(총자산의 회계적 가치와 총부채 및 우선주 간의 차)이다. PB 팩터는 얼마나 낮은 가격에 기업을 인수할 수 있을지 빠르게 가늠할 수 있는 지표로 본다. PB는 주식의 시장가치 또는 장부가치 변동을 기준으로 움직이는데, 여기에는 몇 가지 가정이 따라온다. '순수잉여 회계clean surplus accounting'는 주식이 초과배당 수익(또는 손실)으로 인해서만 증가(또는 감소)한다고 가정하지만 실제로는 또 다른 요인, 즉 주주와의 거래도 주식에 영향을 미친다.

기업의 자사주 매입이 시장에 미치는 효과는 간단하다. 가격은 그대로인데 발행 주식 수가 감소하므로 시가총액은 줄어든다. 재무 보고의 관점에서 보면, 자사주 매입은 다른 회사의 주식을 매입한 경우와는 달리 자산을 생성하지 않는다. 오히려 주식 가치는 해당 주식을 매입하는 데 사용된 금액만큼 줄어든다.

가상의 사례를 들어, 시가총액이 2억 달러, 주식의 장부가치가 1억 달러, 수익이 1,000만 달러인 회사가 있다고 해보자. 이 회사의 PE는 20, PB는 2다.

$$\frac{P}{E} = \frac{200}{10} = 20 \qquad \frac{P}{B} = \frac{200}{100} = 2$$

이 회사가 공격적으로 자사주를 매입해서 5,000만 달러 치의 자사주를 매입한다고 하면, 상당히 다른 결과가 나온다. 수익은 그대로지만 시가총액이 감소하면서 PE가 15로 줄어든다. 그러나 PB는 분자와 분모가 모두 줄어들면서 실제로 3으로 늘어난다.

$$\frac{P}{E} = \frac{200\text{-}50}{10} = \frac{150}{10} = 15 \qquad \frac{P}{B} = \frac{200\text{-}50}{100\text{-}50} = \frac{150}{50} = 3$$

현실의 사례로 2006년 CBS에서 분사한 비아콤Viacom은 자사주를 공격적으로 매입하여, 지난 10년간 200억 달러에 달하는 비용을 지출했다. 2015년에만 비아콤에서는 대략 14억 달러 치의 자사주를 매입했다. 비아콤의 이익잉여금은 매년 15억 달러 정도 발생했지만, 같은 기간에 보통주는 80억 달러에서 40억 달러로 감소했다.[2]

그림 4: 역사적 재무 지표 — 비아콤

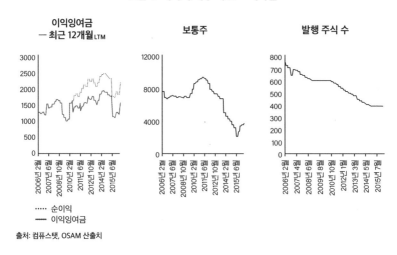

이익잉여금
— 최근 12개월LTM

보통주

발행 주식 수

..... 순이익
— 이익잉여금

출처: 컴퓨스탯, OSAM 산출치

그림 5: 역사적 밸류에이션 팩터 — 비아콤

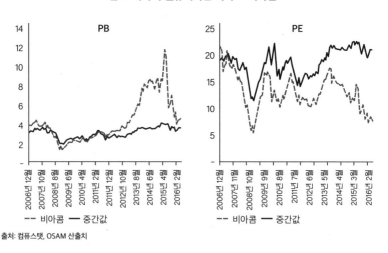

PB

PE

-- 비아콤 — 중간값

-- 비아콤 — 중간값

출처: 컴퓨스탯, OSAM 산출치

이로 인해 밸류에이션 팩터가 어떻게 왜곡되는지 알 수 있다. 비
아콤은 다른 대형주의 PE 중간값 대비 상당한 디스카운트에 거래

되고 있으며, 동시에 주식의 장부가치 측면에서는 상당한 프리미엄에 거래되는 것처럼 보인다.

주식을 발행하는 경우에는 반대의 효과가 발생한다. 투자자가 늘어나 수익과 현금흐름이 희석되어도 회사의 장부가치는 실제로 늘어난다. 주식 발행이든 감소든 주식의 장부가치를 통해 회사의 모든 거래 흐름이 발생한다.

표 2는 시가총액이 평균 이상인 회사의 밸류에이션 팩터 중간값을 비교한 것이다. 지난 5년간 자사주 매입을 가장 많이 한 회사들(자사주 매입 기업), 그리고 주식을 가장 많이 발행한 회사들(희석 기업)을 대형주의 중간값과 비교했다. 상위 25개 자사주 매입 기업이 중간값 집단보다 영업 밸류에이션 지표(예. 매출액, 수익, EBITDA, 잉여현금흐름)가 더 좋았고, 상위 25개 희석 기업의 실적은 상대적으로 좋지 않았다. 눈에 띄는 예외가 PB였다. 자사주 매입 기업의 평균 PB는 4.5로 3.8을 기록한 중간값 집단보다 20% 가까이 더 높았던 반면, PB가 2.7에 불과한 희석 기업은 거의 30%에 달하는 할인으로 인해 밸류에이션이 낮았다.[3]

표 2: 주식 활동에 따른 대형주 밸류에이션 팩터

	상위 25개 자사주 매입 기업	미국 평균 이상의 대형주	상위 25개 희석 기업
주가매출액비율$_{PS}$	1.4	2.3	5.2
백분위*	30	50	84
주가수익비율$_{PE}$	16.8	22.5	286.3
백분위*	29	50	88

EBITDA/EV(%)	4.0	2.8	2.0
백분위*	32	50	64
기업가치 잉여현금 흐름 이익률(%)	26.9	15.7	6.2
백분위*	37	50	84
주가순자산비율PB	4.5	3.8	2.7
백분위*	58	50	34
R1000V에 포함된 기업의 비중	44.0%	57.8%	56.0%

출처: 컴퓨스탯, OSAM 산출치 * 숫자가 작을수록 더 좋은 점수.

이러한 왜곡이 발생하기 때문에 PB를 쓰면 가치 투자로 종목을 잘못 분류할 수도 있고, 매출액이나 EBITDA, 수익 등 영업 지표에서 저렴해 보이는 종목이 성장주로 분류될 수도 있다. 반대로 주식을 많이 발행해 주식의 장부가치를 부풀린 기업이 성장주로 분류될 수도 있다. 이는 유념해둘 만한 내용이다. 퀀트 매니저가 흔히 이런 '벤치마크'를 출발점으로 삼아 유니버스를 구축하기 때문이다. 러셀 1000Ⓡ 밸류를 기준으로 하면, PB상으로는 저렴해 보이지만 다른 중요한 밸류에이션 지표로는 별로 저렴하지 않은 기업 위주로 편향된 구성을 하게 될 수도 있다.

지난 50년간 기업의 주식 거래량은 점진적으로 늘었다. 특히 대기업의 자사주 매입 활동이 늘었다. 발행 주식 수의 5년 후행 변동을 기준으로 분류하면, 5% 이상 주식을 병합한 기업, 5% 이상 주식을 발행한 기업, 또는 상대적으로 이렇다 할 활동이 없었던 기업으로 구분할 수 있다. 1982년 미국은 기업의 자사주 매입에 대한 규제를 완화했고, 그에 따라 주식 활동이 상당히 늘었다. 이로 인해 시장 전반에 변화가 일어나, 주식 활동을 하지 않는 기업의 비중이 1960년대의 대략 60%에서 28% 정도로 줄어들었다. 주식 활동은 주로 기업의 주식병합 형태로 이루어졌다.[4]

그림 6: 5년 롤링 주식 활동 기준 대형주 분류

■ 자사주 매입 왕성 기업　　■ 주식 활동이 거의 없는 기업　　■ 주식 발행 왕성 기업

출처: OSAM 산출치

　그럼 이런 질문을 할 수도 있다. 주주 거래가 완만하게 늘면 PB가 점차 밸류에이션 팩터로서의 효용을 잃게 되는 건 아닌가? 분석에서 중요한 첫 번째 규칙은 상관관계와 인과관계를 혼동해서는 안 된다는 것이다. 그렇기는 하지만 PB의 효용이 떨어진 20년의 롤링 기간은 주주 거래 활동이 증가한 시기와 꽤 잘 맞아떨어진다. 또한, PB는 주식의 장부가치에 영향을 미치는 금액 규모가 가장 큰 대형

주에서 가장 효용이 떨어진다. 5년의 후행 기간에 상대적으로 주주 거래가 적었던 대형주의 PB와, 발행이든 자사주 매입이든 주주 거래가 있었던 대형주를 살펴보면 가장 흥미로운 분석이 이루어지지 않을까 생각한다. 규제 완화가 있었던 1982년부터 지금에 이르기까지 주주 거래가 활발한 기업과 그렇지 않은 기업에 대해서는 밸류에이션 지표의 효용 수준이 서로 다르다. 주식 발행이나 자사주 매입 활동이 있는 기업 위주로 투자를 하는 경우, PB가 저렴해 보이는 기업에 투자했을 때의 상대적인 장점은 없었고, 높은 밸류에이션과 낮은 밸류에이션 간의 차이도 거의 없었다. 그러나 주식 활동이 상대적으로 적은 기업에 국한해서 보면, PB 팩터를 기준으로 상위 20%와 하위 20% 간의 스프레드가 6.4%로 나온다. EBITDA/EV 등 다른 밸류에이션 지표를 사용해도 기업의 주식 발행 또는 자사주 매입 활동과 관계없이 비슷한 효과가 나타난다.

표 3: 10년 단위 대형주의 주식 활동

기간	자사주 매입 왕성 기업	주식 활동이 거의 없는 기업	주식 발행 왕성 기업
1967-69	2.1%	59.6%	38.3%
1970년대	2.6%	52.4%	45.0%
1980년대	12.3%	37.8%	49.9%
1990년대	17.9%	38.3%	43.7%
2000년대	24.5%	31.2%	44.3%
2010년대	41.7%	27.8%	30.5%

출처: OSAM 산출치

PB 수익률이 장기적으로 떨어지기는 했지만, PB가 다시 효과적인 투자 팩터가 될 수도 있다. PB는 2016년 견조한 출발을 보였으며, 특히 소형주에서 다른 밸류에이션 팩터보다 좋은 실적을 내고 있다. 그러나 PB에는 구조적인 문제가 있으며, 투자자는 PB를 활용하기 전에 자사주 매입으로 인해 왜곡된 결과가 내재해 있을 수도 있다는 점을 인지해야 한다.

그림 7: 주식 활동에 따른 팩터 5분위(1983~2015년)

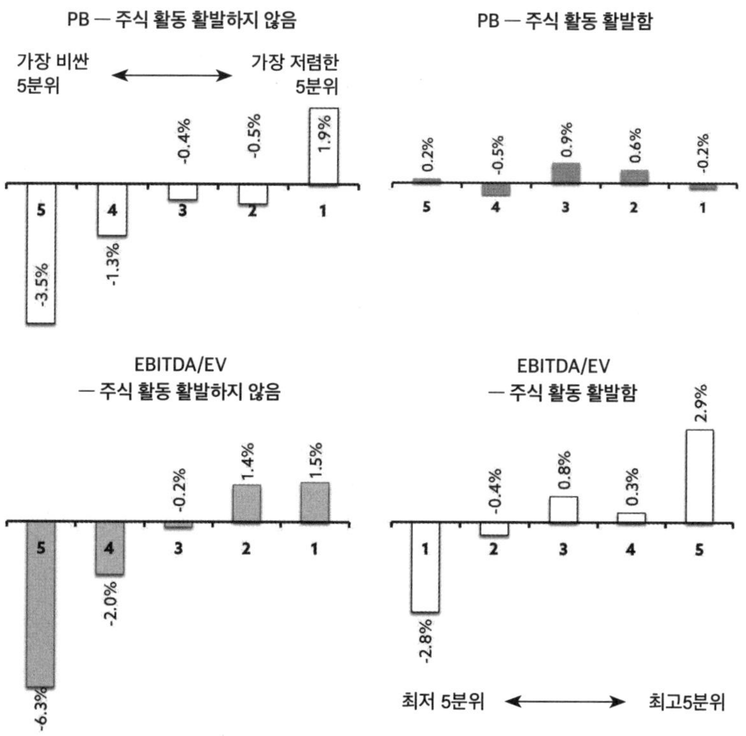

출처: 컴퓨스탯, OSAM 산출치

미주

1 5분위 포트폴리오는 대형주 유니버스(컴퓨스탯Compustat의 종목 중 시가총액이 평균 이상인 종목들)에서 구성되며, 보유 기간을 1년으로 상정하여 매달 리밸런싱된다.

2 비아콤 데이터의 출처로 컴퓨스탯을 사용했다.

3 R1000V 구성기업의 출처로 컴퓨스탯을 사용했다(2016년 5월 31일 기준).

4 자사주 매입의 출처로 컴퓨스탯을 사용한 대형주 유니버스. PE(이익수익률)의 경우, 최고 5분위와 최저 5분위 간의 스프레드가 5.1%이며, EBITDA/EV는 스프레드가 6.0%이다.

저자 **크리스 메레디스**

오쇼너시 에셋 매니지먼트O'Shaughnessy Asset Management, OSAM의 리서치 본부장이자 시니어 포트폴리오 매니저다. 투자전략 리서치, 포트폴리오 운용, 회사의 트레이딩 활동 등 투자 관련 활동 관리를 담당하고 있다. 포트폴리오 운용 본부장과 트레이딩 본부장으로 재직하고 있으며, 일 단위의 투자 결정을 관리한다. 〈주가순자산비율의 함정Price-to-Book's Growing Blind Spot〉과 〈사모 펀드의 대안, 마이크로 캡슐Microcap as an Alternative to Private Equity〉 등의 백서를 작성했으며, 블로그 〈노이즈를 넘어서Cutting Through Noise〉 (www.cuttingthroughnoise.com)를 운영하고 있다. 또한, 코넬대학교 존슨경영대학원의 금융학 객원 강사로 응용 포트폴리오 운용 공동 강의를 진행하고 있으며, 학생들이 운영하는 카유가 펀드Cayuga Fund도 공동으로 관리하고 있다.

OSAM으로 이직하기 전에는 BSAM의 시스터매틱 에퀴티Systematic Equity 팀에서 시니어 리서치 애널리스트로 근무했다. 오라클에서 이사로 재직했으며, 코넬대학교 존슨대학원 재학 전에는 8년간 기술 전문직에 종사했다. 콜게이트대학교에서 영문학 학사학위, 코넬대학교에서 MBA 학위, 컬럼비아대학교에서 금융수학 석사학위를 취득한 공인 재무분석사다.

18.

슈퍼맨과 주식

망토(CAPE)가 아니라 크립토나이트(현금흐름)야!

애스워드 다모다란_{Aswath Damodaran}

불과 일주일쯤 전, 나는 도쿄에서 뉴욕으로 13시간 비행을 했다. 이 상하게 보일 수도 있겠지만, 나는 두 가지 이유로 장거리 비행을 좋아한다. 첫째, 장거리 비행을 하면 문 두드리는 소리나 이메일, 전화 같은 방해 거리 없이 통으로 일할 수 있는 시간이 생긴다. 비행 초반에 다음 학기 강의안을 준비하고, 책 원고를 검토, 편집했다. 둘째, 일을 하고 남는 시간에는 비행 중이 아니라면 볼 시간도, 인내심도 없는 영화를 몰아서 볼 수 있다. 그러나 이번 비행에서는 〈배트맨 대 슈퍼맨: 저스티스의 시작〉을 보는 실수를 저지르고 말았다. 너무 별로인 영화라서 끝까지 보려면 다른 생각을 해야 했다. '딴생각하기'는 내가 죄책감이나 거리낌 없이 자주 하는 일이기는 하다. 나는 슈퍼맨이 꼭 슈트를 입어야 하는지, 더 중요하게는 하늘을 나는 데 망토_{cape}가 필요한지 곰곰이 생각해보았다. 따지고 보면 슈퍼맨의 힘은 옷이 아니라 (크립톤에서 태어났다는) 출신에서 나오는 것이고, 망토는 공기 역학적 측면에서 보강이 아니라 방해가 되는 듯하다. 슈퍼맨의 망토에 골몰하다가 로버트 실러가 고안한 주가수익비율PE의 한 형태인 CAPE, 그리고 지난 10년간 CAPE를 근거로 주식이 떨어질 것이라고 경고한 수많은 글로 생각이 옮겨갔다. 그러다가 슈퍼맨을 무력하게 만드는 크립토나이트라는 물질과 주식 시장에서 이와 비슷한 존재가 무엇일지 생각하기 시작했다. 앞에서도 이야기했지만 나는 이런저런 생각을 많이 하는 사람이라, 슈퍼맨이나 주식을 좋아하지 않는다면 미리 경고를 받은 셈 쳐주기 바란다.

주식 시장의 CAPE

사상 최고치를 경신해나가는 주식 시장은 초능력을 발휘해서 더 높은 곳으로 솟아오르는 슈퍼맨 같기도 하다.

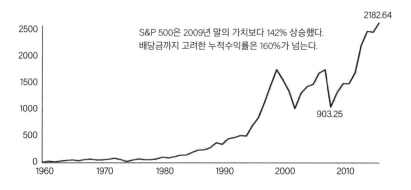

S&P 500: 새인가, 비행기인가, 슈퍼맨인가. 주식이로군!!!!

S&P 500은 2009년 말의 가치보다 142% 상승했다.
배당금까지 고려한 누적수익률은 160%가 넘는다.

주식이 과열되고 있어 곧 떨어지리라고 경고하는 사람이 많다. 지난 몇 년의 상승세를 감안하면 이 우려는 일부 당연한 측면이 있지만, 주식이 현재 버블 상태이며 주식에 투자할 합리적인 이유가 전혀 없다는 생각에 사로잡힌 사람도 있다. 2년 전 작성한 포스트에서 나는 이런 사람을 '버블러bubbler'로 명명하면서 종말론적 버블러, 반사적 버블러, 음모론적 버블러, 독선적 버블러, 합리적 버블러로 구분했다. 마지막 집단(합리적 버블러)은 대체로 분별 있는 사람으로, 시장 지표와 사랑에 빠져 적당한 거리를 두지 못하는 이들이다.

합리적 버블러가 주로 사용하는 무기는 경기조정 주가수익비율, 즉 CAPE다. 노벨상 수상자이자 닷컴 버블과 주택 버블을 예측한 로버트 실러가 고안하고 널리 알린 개념이다. 간단하게 설명하자면, 기존의 PE에 두 가지를 조정한 것이다. 첫째, 가장 최근 연도의 수익이 아니라, 이전 10개년의 평균 수익을 산출한다. 둘째, 인플레이션의 영향을 반영할 수 있도록 예전의 수익에 인플레이션을 적용한다. 주식 전망을 부정적으로 평가하는 CAPE의 논리는 간단하며, 실러의 연대별 버전을 그래프로 보면 잘 알 수 있다.

실러 CAPE: 1881~2016년

	평균	25 백분위수	중간값	75 백분위수
1881-2016	16.69	11.75	16.06	20.32
1916-2016	16.80	11.01	15.87	21.27
1966-2016	19.77	13.50	19.87	24.89
1996-2016	26.98	22.92	25.82	28.18
2006-2016	23.10	20.98	23.47	25.92

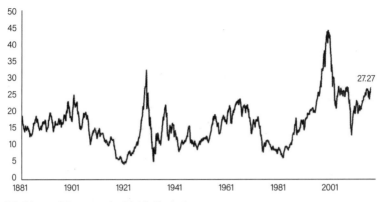

출처: 실러 CAPE 자료(www.econ.yale.edu/~shiller/data.htm)

현재의 CAPE인 27.27은 역사적 평균인 16.06를 훨씬 웃돌기 때문에 평균회귀의 측면에서 보면 CAPE를 근거로 한 주장이 그럴듯하게 들린다. 하지만 그렇지 않다! 보다시피 CAPE의 논리 자체에도 빈틈이 있는데, 평균을 낼 때 기준으로 하는 시기에 따라 결과가 달라질 수 있다. 역사 전반과 비교해보면 오늘날의 CAPE가 높아 보이지만, 지난 20년과 비교하면 CAPE의 논리는 훨씬 빈약해진다. 통념과 달리 평균회귀는 어떻게 보느냐에 따라 얼마든지 달라질 수 있는 개념이다.

CAPE의 취약점

금융학에서 존재감 있는 인물인 로버트 실러는 투자자 행동의 결과를 고찰해야 한다고 촉구하면서 '비이성적 과열irrational exuberance'의 결과를 연대별로 기록했다. 칼 케이스Karl Case와 로버트 실러가 개발한 부동산 지수는 현재 널리 사용되고 있으며, 부동산 투자에 원칙과 책임성을 도입하는 계기가 되었다. 실러가 흔쾌히 공유하고 있는 주식의 역사적 데이터 시리즈는 매우 유용한 자료이기도 하다. 이쯤에서 내가 '그러나'를 쓸 것이라고 예상했다면, 바로 맞혔다. 나는 실러가 만들어낸 모든 개념 중에서 CAPE가 가장 설득력이 떨어질 뿐만 아니라, 투자자를 잘못된 방향으로 이끄는 경우가 많다는 측면에서 가장 위험할 수도 있다고 생각한다. 나는 독자 여러 분 중 CAPE를 지지하는 분의 분노를 살 각오를 했다. 여기에서는 2년 전 내가 작성한 포스트를 업데이트한 내용을 바탕으로 CAPE 를 지나치게 신뢰하지 말아야 한다는 이야기를 하고자 한다.

1. 그다지 유용하지 않다

CAPE가 기존의 PE에서 상당히 발전했다는 생각은 두 가지 조정을 했다는 사실에서 비롯된다. 우선 CAPE는 가장 최근의 수익을 지난 10년의 평균 수익으로 대체했다. 또한, 과거의 수익에 인플레이션을 적용하여 현재의 수익과 비교할 수 있도록 했다. 얼핏 보면 두 가지 조정 내용이 합리적인 것 같지만, 시장 전반의 맥락에서 봤을 때 이런 조정을 했다고 해서 이렇다 할 차이가 생기는지는 잘 모르겠다. 아래의 그래프에서는 지난 10년의 평균 수익을 사용한 후행 PE와 조정 PE, 1969년부터 2016년까지 (최근 12개월) S&P 500의 CAPE를 표시했다. 같은 그래프에 더 광범위한 미국 주식을 기준으로 하는 실러의 CAPE도 표시했다.

첫째, (수익이 최고점에 달하는) 호황기나 (수익이 폭락하는) 경제 위기 이후에는 (나와 실러의) CAPE 모두가 PE와는 다른 수치를 나타 낸다. 둘째, 더 중요한 점은 그림에 제시된 상관성 매트릭스에 나타 나 있듯이, 이 네 지표가 함께 움직이는 경우가 많다는 것이다. 조정 PE와 CAPE 사이의 상관성은 거의 1에 가까운데, 이는 미국과 같은 시장에서는 인플레이션 조정이 거의 영향을 미치지 않는다는 의미 다. 미조정 PE와 실러 PE 사이의 상관성도 0.86으로, 그러한 조정 을 한다 해도 별다른 차이가 생기지 않는다는 점에 유념해야 한다.

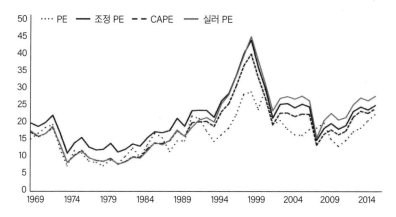

S&P 500의 PE 비율과 실러 PE: 1969~2016년

PE 비율 지표 간 상관성

변수	PE	조정 PE	CAPE	실러 PE
PE	1.0000			
조정 PE	0.8746	1.0000		
CAPE	0.8871	0.9939	1.0000	
실러 PE	0.8642	0.9677	0.9860	1.0000

2. 예측력이 없다

그렇다면 CAPE를 밸류에이션 지표로 사용하여 주식을 판단하는 경우, PE나 조정 PE만 사용했을 때보다 더 나은 판단이 나오는가 하는 질문을 할 수 있다. 이 문제를 검증하고자 후행 PE, CAPE, 배당수익률의 역수, 이익수익률, 현재 실러 PE 대 채권 PE의 비율, 1년 후 주식수익률 및 5년 후 주식수익률 사이의 상관성을 살펴봤다.

	PE	실러 PE	장기채권 PE	가격/배당	이익수익률	1년 후 주식수익률	5년 후 주식수익률
PE	1.0000						
실러 PE	0.8545	1.0000					
장기채권 PE		0.5093	1.0000				
가격/배당	0.7829	0.9327	0.4522	1.0000			
이익수익률	-0.9182	-0.7814	-0.2877	-0.6802	1.0000		
1년 후 주식수익률	-0.3185	-0.2711	-0.1759	-0.2751	0.2946	1.0000	
5년 후 주식수익률	-0.4884	-0.5539	-0.3387	-0.5544	0.4480	0.4955	1.0000

실러 CAPE를 주식 밸류에이션 지표로 사용하는 사람에게 좋은 소식과 나쁜 소식이 모두 있다. 좋은 소식은 현재 실러 CAPE가 높으면 향후 주식이 떨어질 가능성이 크다는 근본적인 전제에 근거가 있는 듯하다는 점이다. 나쁜 소식은 두 가지인데, 첫째는 연관성이 분명하지 않아 예측력, 특히 1년 수익률 예측력이 낮다는 것이다. 둘째, 1년 수익률 예측의 경우에는 CAPE보다 후행 PE가 더 정확하

다. CAPE가 후행 PE보다 5년 수익률 예측에 더 적합한 지표이기는 하나, 배당수익률 지표와 별 차이가 없다. 표에 넣지는 않았지만, 나는 (EV 대비 EBITDA 등) 어떤 멀티플을 사용하든 시장 타이밍 전략만큼 좋은 (또는 관점에 따라 좋지 못한) 결과를 낼 것으로 생각한다.

후속 연구 차원에서 실러 CAPE와 실제 주식수익률을 사용하여 1927년부터 2016년까지 시장 타이밍 전략의 성과를 간단하게 테스트해 보았다. 우선, 매년 초에 최근 50년간 실러 CAPE의 중간값을 산출하여 중간값보다 25% 높은 수준을 가격 고평가 기준으로 상정했다(이 기준은 바꾸어도 된다). 실제 CAPE가 그 기준보다 높으면 그 다음 해에는 모든 자금을 채권으로 돌리고, CAPE가 기준보다 낮으면 모든 자금을 주식에 투자한다고 가정했다(이 비율도 조정이 가능하다). CAPE를 기준으로 시장 타이밍 전략을 사용했을 때와 그렇지 않았을 때를 가정하여, 1927년에 100달러를 투자했다면 2016년 8월에 얼마가 되어 있을지 산출했다.

CAPE 고평가 기준점	주식 투자 비중			
	0%	25%	50%	75%
10%	$21,371	$49,125	$101,448	$189,332
25%	$59,992	$101,656	$160,083	$234,694
50%	$137,943	$179,065	$224,536	$272,432

참고: 시장 타이밍 전략을 사용하지 않는 경우, 매년 모든 자금을 주식에 투자한다. 그렇게 가정하고 1927년에 100달러를 투자했다면 2016년 8월을 기준으로 그 가치는 32만 173달러가 된다.

CAPE를 많이 신뢰할수록, 즉 더 낮은 기준치를 사용하여 주식 비중에 대한 조정을 더 많이 할수록 포트폴리오의 최종 가치가 더 많은 타격을 받는다는 점을 유의해서 보자. 요점은 흠잡을 데 없는 자격을 갖춘 사람이 만든 가격 책정 지표를 사용한다고 하더라도 시장 타이밍 전략으로는 성과를 내기가 어렵다는 것이다.

3. 투자는 상대적이지, 절대적이지 않다

여러 단점이 있음에도 CAPE를 주식 시장 밸류에이션 지표로 사용한다고 해보자. CAPE의 역사적 평균이 16 정도인데, 현재 27.27이면 지나치게 높은 것인가? 답이 명확하다고 생각할 수도 있겠지만, 그러기 전에 주식 시장이 아니라면 어디에 투자할지 생각해보자. 주식을 사지 않기로 했다면 즉각적인 대안은 채권 투자다. 채권 시장을 움직이는 기준금리는 무위험 (또는 무위험에 가까운) 투자의 수익률이다. 미국 장기 국채를 미국 무위험 금리의 표지로 사용하여, 다음의 공식에 따라 채권 PE를 작성했다.

$$채권 \ PE = 1 / 장기 \ 국채 \ 금리$$

따라서 2016년 8월 22일에 수익률 1.54%인 장기 국채에 투자한다면, 사실상 수익의 64.94배(1/0.0154)에 해당하는 금액을 내는 것이다. 다음은 1960년부터 2016년까지의 장기 국채 PE와 실러의 CAPE 지표를 제시한 그래프다.

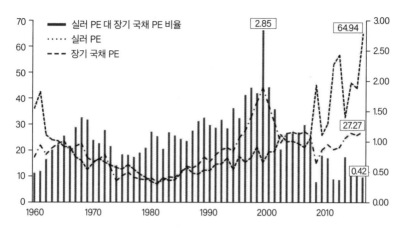

실러 PE와 장기 국채 PE 비교

(그래프 범례)
- 실러 PE 대 장기 국채 PE 비율
- 실러 PE
- 장기 국채 PE

그래프 표시 값: 2.85, 64.94, 27.27, 0.42

실러 PE, 장기 국채 PE, 실러 PE/장기 국채 PE

	실러 PE	장기 국채 PE	실러 PE/ 장기 국채 PE
1969-2016	19.79	20.69	1.10
1986-2016	24.31	25.50	1.17
1996-2016	27.28	31.02	1.11
2006-2016	23.45	40.53	0.66
2009-2016	23.15	41.35	0.60

주식 시장의 상대적 가격 수준을 파악하는 지표로 사용할 수 있도록 주식 PE 대 장기 국채 PE의 비율도 산출했는데, 값이 작을수록 (장기 국채 대비) 주식이 저렴하고 값이 크면 주식이 더 비싸다는 의미다. 보다시피 지난 10년간 낮은 수준을 유지한 장기 국채 금리를 고려하면, 주식이 고평가된 게 아니라 오히려 저평가되었다는 쪽으로 분석이 급격히 기운다. 현재의 비율인 0.42는 제시된 기간의

역사적 평균을 한참 밑도는 수준이며, 닷컴 버블이 터지기 직전인 2000년의 1.91이나 2008년 위기 직전의 1.04보다도 훨씬 낮다.

4. 주식의 원동력은 현금흐름이지, 수익이 아니다

주식의 원동력은 수익이 아니라 현금흐름이라는 오래된 격언이 있는데, PE의 여러 변형된 형태들은 이를 확연히 무시한다. 현금흐름 대비 주식 가격이 어떤지 살펴볼 목적으로 기업에서 주주에게 (자사주 매입을 포함하여) 돌려준 총 현금의 멀티플을 산출하여, 아래의 그래프에서 실러의 CAPE와 비교했다.

S&P 500의 실러 PE 대비 가격/현금수익률

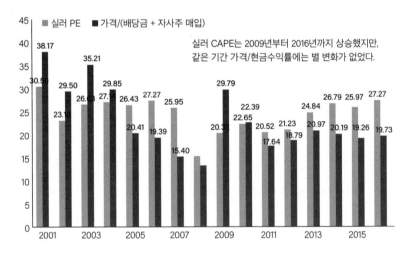

여기에서도 마찬가지로 괴리가 있는 듯하다. 시장의 CAPE는 주식이 급등했던 시기인 2009년 20.52에서 2016년 27.27로 올랐지만,

주가현금흐름비율price to CF ratio은 20 정도로 같은 기간 동안 안정적이었다. 이는 해당 기간에 미국 기업들이 주로 자사주 매입의 형태로 돌려준 현금의 증가분을 반영한 것이었다.

내가 주식이 저평가되어 있다고 주장하려는 것인지 궁금할 수도 있겠다. 만약 그렇다면 나는 CAPE를 사용해서 그 반대의 주장을 하는 사람들과 똑같은 잘못을 저지르고 있는 것일 테다. 나는 본래 시장 타이밍을 추구하지 않으며, 아무리 논리적 근거가 탄탄하다고 해도 단일한 가격 지표로는 시장의 복잡성을 파악할 수 없다고 생각한다. 시장 타이밍을 절대적으로 신봉하는 것은 오만이나 무지의 소산이다.

시장의 크립토나이트

이 지점에서 내가 주식에 낙관적인 것처럼 보일 수도 있겠지만, 그렇지는 않다. 주식 투자에는 원래 걱정이 따르기 때문이다. CAPE가 높다고 걱정하지는 않는다. 다만, 내가 가장 크게 우려하는 사항, 즉 시장의 동력과 활력을 빼앗아갈 수도 있는 크립토나이트는 다음과 같다.

1. 채권 대안(또는 중앙은행을 얼마나 두려워하고 있는가?): 채권 투자 수익이 낮아서 주식에 투자하는 경우, 채권 수익률이 개선되면 상황이 바뀔 수 있다. 중앙은행이 금리를 결정하는 강력한 기관이라고 생각해 연준의 움직임을 주시한다면, 악몽의 근원은 거

의 예외 없이 연방공개시장위원회FOMC 회의가 될 것이다. 연준에서 1.50%였던 금리를 덜컥 4%로 인상해 주식 투자의 근거를 뒤엎어버리지는 않을까 하는 생각을 하는 것이다. 전에 게시한 글에서 나는 연준을 오즈의 마법사로 묘사했고(《연준과 금리: 오즈에게서 얻는 교훈The Fed and Interest Rates: Lessons from Oz》), 저금리는 양적 완화의 결과라기보다는 낮은 수준의 인플레이션과 부진한 성장을 반영한다고 주장했다(《연준과 금리, 주가: 두려움 요인에 맞서 싸우기The Fed, Interest Rates and Stock Prices: Fighting the Fear Factor》). 나는 실질적인 금리 인상은 인플레이션이 증가하든 실질 성장이 급격히 증가하든 펀더멘털의 변화에 근거를 두어야 한다고 생각한다. 이러한 펀더멘털은 모두 수익에도 반영되어 수익 증대를 견인하며, 주식 시장에 반드시 부정적인 영향을 미친다고 볼 수는 없다. 실제로 나는 견조한 경제 성장을 바탕으로 장기 국채 금리가 3% 혹은 그 이상까지 오르고, 금리가 오르면서 주식 시장도 오르는 시나리오가 가능하다고 생각한다.

2. 주춤하는 수익: 2008년 위기 이후 오랜 기간에 걸쳐 수익이 개선되었고, 달러화 강세와 글로벌 경기 약세로 수익 수준과 성장이 제한되었던 건 사실이다. S&P 500의 수익은 2015년 11.08% 하락했고, 2016년 다시 하락세를 보이고 있다. 하락세가 가속화되면 주식이 위험해질 수 있다. 여러 위기가 있었음에도 놀라울 정도로 수익 하락이 완화된 형태로 나타나고 있으므로 갑작스러운 폭락을 걱정할 필요는 없다고 주장할 수도 있겠다. 하지만 어떤 관점을 취하고 있는지와는 별개로 현재는 서서히 조정이 이루어지고 있는 국

면이며, 투자자가 원한다면 주식 시장에서 발을 뺄 기회가 될 가능성이 크다.

3. 현금흐름의 지속가능성: 연초부터 지금까지 내가 계속해서 가장 크게 우려하는 사항은 현금흐름의 지속가능성이다. 대놓고 이야기하자면, 미국 기업들은 현재의 비율로 계속해서 현금을 환원할 수 없다. 아래의 표를 보면 이유를 알 수 있다.

연도	수익	배당금	배당금 + 자사주 매입	배당 성향	현금 배당 성향
2001	38.85	15.74	30.08	40.52%	77.43%
2002	46.04	16.08	29.83	34.93%	64.78%
2003	54.69	17.88	31.58	32.69%	57.74%
2004	67.68	19.407	40.60	28.67%	59.99%
2005	76.45	22.38	61.17	29.27%	80.01%
2006	87.72	25.05	73.16	28.56%	83.40%
2007	82.54	27.73	95.36	33.60%	115.53%
2008	49.51	28.05	67.52	56.66%	136.37%
2009	56.86	22.31	37.43	39.24%	65.82%
2010	83.77	23.12	55.53	27.60%	66.28%
2011	96.44	26.02	71.28	26.98%	73.91%
2012	96.82	30.44	75.90	31.44%	78.39%
2013	107.3	36.28	88.13	33.81%	82.13%
2014	113.01	39.44	101.98	34.90%	90.24%
2015	100.48	43.16	106.10	42.95%	105.59%
2016 (최근 12개월)	98.61	43.88	110.62	44.50%	112.18%

2015년 S&P 500 기업은 전체 수익의 105.59%를 현금흐름으로 주주 환원했다. 수익이 정체되는 경기 침체기에 놀라운 일은 아니지만, 수익이 좋은 해에는 매우 높은 수준이다. 2016년 1분기와 2분기에 기업들은 엄청난 속도로 자사주 매입을 지속했고, 환원한 현금의 비율이 112.18%로 증가했다. 이런 자사주 매입이 합리적인지는 다른 글에서 논의해야 할 사항이지만, 다음에 대해서는 논란의 여지가 없다. 수익이 눈에 띄는 증가세를 보이지 않으면 (그리고 수익이 증가하리라고 볼 만한 근거가 없다면) 기업들은 자사주 매입을 덜 하게 될 것이고(또는 그러지 않을 수 없을 것이고), 그러면 시장은 압박을 받게 된다(내가 추정하는 내재 주식 리스크 프리미엄 수치를 지켜보는 분들에게 이야기하자면, 현금흐름의 지속가능성에 대한 바로 이런 우려 때문에 현금흐름 배당 성향을 장기적으로 지속가능한 수준으로 조정하는 옵션을 추가하게 되었다).

그렇다면 이런 우려 사항이 내 포트폴리오에 어떤 식으로 반영되는가? 명시적인 영향은 없지만, 암묵적으로는 내 투자 선택에 분명히 영향을 미친다. 금리의 경우, 반응을 제외하면 할 수 있는 일이 많지 않지만, 인플레이션 요인으로 인해 금리가 인상되고 채권 시장 수익률이 높아질 때를 대비해 준비하고 있으려고 한다. 수익과 현금흐름에 대해서는 시장 차원에서 우려가 있을 수도 있겠으나, 나는 시장이 아니라 개별 기업을 보려고 한다. 기업에 대해서는 내 나름의 실사 과정을 거쳐 (배당이나 자사주 매입뿐만 아니라) 밸류에이션의 근거가 될 만한 영업현금흐름을 확보하고 있는지 확인할 수 있다.

이런 이야기가 내재 가치평가intrinsic valuation를 홍보하는 것처럼 들린다면 놀라우려나.

시장 타이밍이라는 신기루

시장 조정이 있을 것인가? 물론이다! 시장 조정이 발생하면 "그러게 내가 뭐랬나"라고 말하는 버블러들이 우후죽순 나올 텐데, 그런 모습을 보고 놀랄 필요가 없다. 시계가 12시에 멈춰 있으면 하루에 2번 몇 시인지 맞힐 수 있다. 나는 시장 타이밍 전략을 쓰는 사람들을 판단하려면 시장 조정이 발생했을 때 모든 것을 다 알고 있는 것처럼 지적하는 모습이 아니라, 이들의 전반적인 실적을 봐야 한다고 생각한다. 결국 이들 중 많은 수는 지난 5년 혹은 그 이상의 기간에 걸쳐 주식에 투자하지 말라고 권했던 사람들이고, 옆에서 지켜만 보다가 손실을 본 투자자가 그 손실을 만회하려면 큰 규모의 조정이 발생해야 한다. 이런 전문가 중 일부는 금융 매체에서 시장 타이밍의 귀재로 추앙받으면서 추종자를 거느리게 될 것이다. 내가 하는 말이 불길한 예언처럼 들리지 않았으면 하는 마음이 있지만, 역사를 살펴보면 이 정도는 알 수 있다. 이런 시장 타이밍의 귀재는 대부분 딱 한 번 제대로 맞힐 뿐이며, 그 한 번을 가지고 오만하게 다음 사이클에 대해 점점 더 극단적인 예측을 한다. 투자자의 한 명으로서, 나는 시장에 대해 예언하는 사람에게서 멀리 떨어져 돈을 아끼고 제정신을 유지하라고 권하고 싶다.

저자 애스워드 다모다란

뉴욕대학교 스턴경영대학원의 금융학 교수다. MBA 과정에서 기업 금융과 밸류에이션 과정을 강의하며, 이 두 가지 주제를 다루는 비정기적 단기 과정을 세계 곳곳에서 진행한다. UCLA에서 MBA와 박사학위를 취득했다. 밸류에이션과 포트폴리오 운용, 응용 기업 금융을 연구 주제로 다룬다. 《금융 및 정량 분석 저널Journal of Financial and Quantitative Analysis》, 《금융 저널Journal of Finance》, 《금융경제학 저널Journal of Financial Economics》, 《금융학 리뷰Review of Financial Studies》 등에 논문을 게재했다.

주식 밸류에이션에 대한 저서 4권(《다모다란 온 밸류에이션Damodaran on Valuation》, 《인베스트먼트 밸류에이션Investment Valuation》, 《밸류에이션의 어두운 단면The Dark Side of Valuation》, 《주식 가치평가를 위한 작은 책The Little Book of Valuation》) 과 기업 금융 관련 저서 2권(《기업 금융: 이론과 실제Corporate Finance: Theory and Practice》, 《응용 기업 금융: 사용 설명서Applied Corporate Finance: A User's Manual》) 의 저자다. 피터 번스타인Peter Bernstein과 함께 투자 운용 관련 저서 (《인베스트먼트 매니지먼트Investment Management》)도 저술했다. 포트폴리오 관리 관련 저서도 2권 있는데, 하나는 투자철학을 다루고 있으며(《투자철학Investment Philosophies》), 다른 하나는 《다모다란의 투자전략 바이블Investment Fables》이다. 2017년 1월에는 《내러티브 앤 넘버스Narratives and Numbers》를 출간했다.

19.

역대 최대 버블?

벤 칼슨Ben Carlson

장기적인 관점으로 길게 보고 행동할 때의 장점을 챙기는 사람은 이제 시장에 얼마 남아 있지 않다. 이런 이야기를 하면 꼭 누군가가 기다렸다는 듯이 일본의 사례를 들며 반대 의견을 제시한다.

일본은 25년 동안 경제와 시장 전반에 걸쳐 어려운 시기를 보내고 있고, 일본 사례에서 배워야 할 중요한 교훈이 있는 건 사실이다. 그러나 투자자 대부분이 잘못된 교훈을 얻는 듯하다.

시장의 역사를 다룬 책 중 내가 가장 좋아하는 책은 에드워드 챈슬러Edward Chancellor의 《금융투기의 역사Devil Take the Hindmost》다. 읽어본 책 중에서 금융투기의 역사에 대한 설명이 가장 잘 되어 있다. 1980년대부터 생겨난 일본의 부동산 및 주식 시장 버블을 다룬 부분에는 내가 가장 좋아하는 사례와 통계가 제시되어 있다.

- 1956년부터 1986년까지 소비자 물가는 2배 증가한 데 반해 토지 가격은 5,000% 상승했다.
- 1980년대에는 주가가 일본 기업의 이익보다 3배 빠르게 올랐다.
- 1990년 즈음 일본 부동산 시장의 총가치는 2,000조 엔, 즉 미국 전체의 부동산 가치보다 4배 더 높았다.
- 시장이 정점에 달했던 시기에는 일본 왕궁 부지의 가치가 캘리포니아나 캐나다 부동산의 전체 가치보다 더 높았다.
- 가입비가 100만 달러 이상인 골프 클럽이 20개 이상 있었다.
- 1989년 닛케이 지수의 PE 비율은 12개월 후행 수익의 60배였다.

그 이후 10년 동안 일본 주식 시장은 80%가량 빠졌다(현재의 지수는 당시의 고점에 한참 미치지 못하는 수준이다).

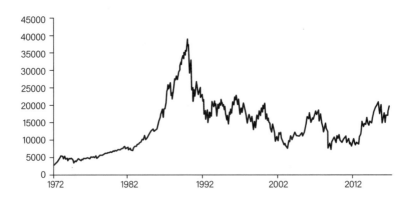

멥 파버도 미국의 닷컴 버블과 비교해 CAPE 밸류에이션 측면에서 일본 버블이 얼마나 심각했는지 잘 보여주는 차트를 제시했다.

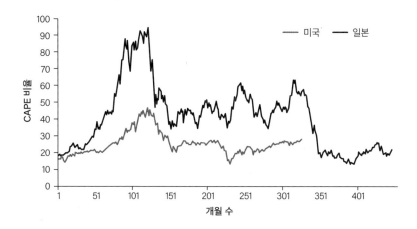

닷컴 버블도 심각했지만, 그 당시 최고 밸류에이션은 일본 시장 최고 밸류에이션 대비 절반이 채 되지 않는다. 일본 버블은 주식과 부동산 모두의 측면에서 실로 엄청난 규모였다.

수익률 측면에서도 1970년부터 2015년까지 시기별로 나누어서 보면 버블이 어느 정도였는지 파악할 수 있다.

	일본 대형주	일본 소형주	EAFE	EAFE ex-Japan
전체	8.96%	12.97%	9.45%	9.73%
1970-1989	22.43%	29.74%	16.26%	12.78%
1990-2015	-0.39%	1.56%	4.49%	7.44%

지수: MSCI Nomura, DFA Japan Small Caps, MSCI EAFE, MSCI EAFE ex-Japan

1970년 일본 대형주에 10만 달러를 투자했다고 하면, 1989년 570만 달러가 되었을 것이다. 일본 소형주에 10만 달러를 투자했다면 1,830만 달러가 되었을 것이다! 그러나 1990년부터 2015년의 기간에 똑같이 10만 달러를 대형주와 소형주에 투자했다면 각각 9만 400달러와 14만 9,000달러가 되었을 것이다.

EAFE*와 EAFE ex-Japan**의 수익률 차이를 보면 일본의 주가가 해외 선진국 주식 시장 실적에 어떤 영향을 미쳤는지 알 수 있다. 1970년대와 1980년대 일본에 투자하지 않았다면 굉장히 후회했을 것이고, 그 시기 이후에 일본을 포트폴리오에 추가했다면 마찬가지로 크게 후회하고 있을 것이다.

일본이 1990년 이후의 사례 중 분명 경각심을 가져야 하는 사례인 것은 맞다. 그러나 그 지경이 되기까지 시장이 얼마나 비정상적으로 돌아갔는지 생각해봐야 한다.

다음은 투자자가 일본의 버블이 꺼진 것을 보며 갖게 된 잘못된 생각의 예시다.

• 매수 후 보유 전략은 효과가 없다.

실상은 매수 후 보유 전략이 매번 효과가 있지는 않다는 것이다. 별다른 효용이 없는 기간도 분명 있다. 절대 실패하지 않는 전략이라면 모두가 그렇게 할 것이다. 항상 효과가 있는 전략이라면 너도나도 그 전략을 택하면서 결국에는 효과가 없어진다. 일본과 같은 극단적인 사례는 매수 후 보유 전략이 일정 시기에는 아주 효과가 있지만, 다른 시기에는 형편없을 수도 있다는 점을 보여준다. 그래도

---

*   Europe, Australia, Far East의 약자.
**   EAFE 지역 중 일본을 제외한 지역을 지칭한다.

전반적으로는 여전히 '효과가 있었던' 듯하다. 시기 설정이 아주 중요하다. 이 부분에 대해서는 양쪽 의견 모두 일리가 있다.

• 미국은 일본의 전철을 밟게 될 것이다.

미국 시장은 일본에서 있었던 과도한 투기 수준에 한참 못 미친다. 인구 구조와 미국 경제의 다양성, 양국 이민 정책의 차이 등 여러 측면에서 엄청난 차이가 있다는 점을 굳이 언급할 필요는 없을 듯하다.

다음은 일본의 사례에서 얻을 수 있는 제대로 된 교훈이다.

• 사람들이 시장을 극단적으로 몰아갈 수 있는 정도를 절대 과소 평가해서는 안 된다.

이는 양방향 모두에 해당하는 이야기다. 시계추는 앞뒤로 왔다 갔다 하지만, 사람들이 가능하리라 여기는 수준보다 항상 훨씬 많이 움직인다. 일본은 역대 최대의 버블 사례지만, 사람들은 이런 일이 다시는 없으리라고 생각하면서 잊어버리는 경향이 있다.

• 밸류에이션은 중요하다.

밸류에이션으로는 타이밍을 맞출 수 없다. 밸류에이션을 일본 시장에 적용했다면, 아마도 시장이 정점에 도달하기 10년이 되기도 전에 빠져나왔을 것이다. 지나고 나서 이야기하기는 쉽지만, 1980년대 후반의 부동산과 주식 시장 밸류에이션이 향후 정당화되리라 예측한 시나리오는 거의 없었다.

• 확신은 좋은 결정에 별 도움이 되지 않는다.

사람들은 일본이 금방 미국을 제치고 세계 1위의 경제 대국으로 올라설 것이라 믿어 의심치 않았다. 그렇다고 누가 이들을 비난할 수 있단 말인가? 그 반대의 상황을 예측한 사람은 거의 없었다.

• 모국 편향에서 벗어나야 한다.

일본에 살면서 모든 투자금으로 일본 주식을 보유하고 있다면 몇십 년에 걸쳐 투자 수익률이 부진했을 뿐만 아니라, 경제 성장 둔화도 겪었을 것이다.

• 단일 자산군에 모든 자금을 투자하면 안 된다.

1990년부터 2015년까지 일본 국채의 연간 수익률은 6.1% 이상으로, 같은 기간의 주식 시장 수익률을 훨씬 앞지른다.

• 늘 그렇지만 분산투자는 파국을 피할 수 있는 핵심 요소다.

분산투자의 요점은 일본과 같은 상황에 포트폴리오 전체를 투자하지 않아야 한다는 것이다. 1990년 이후 글로벌 주식 시장은 일본을 포함한다고 해도 실적이 좋았다.

저자 **벤 칼슨**

리트홀츠 웰스 매니지먼트Ritholtz Wealth Management의 기관 자산운용 부문 본부장이다. 커리어 내내 기관 포트폴리오 운용을 담당했다. 여러 재단과 기부기금, 연기금, 병원, 보험회사, 고액자산가를 대상으로 포트폴리오 전략을 개발하고 투자 계획을 제시하는 기관 투자 컨설팅 회사에서 경력을 시작했다. 이후에는 자선단체의 대규모 기부기금을 운용하는 투자사무소의 포트폴리오 운용팀에서 일했다.

《웰스 오브 커먼 센스A Wealth of Common Sense》와 《조직적 알파Organizational Alpha》의 저자다. 〈웰스 오브 커먼 센스〉 블로그를 운영하고 있으며, 《블룸버그》에도 칼럼을 기고한다.

20.

ETF는 실제로 얼마나 비유동적인가?

데이브 나디그Dave Nadig

'초월적 유동성transcendent liquidity'이라는 이상한 용어는 그만큼 이상한 ETF닷컴의 전前 CEO 매트 휴건Matt Hougan이 채권 ETF가 처한 이상한 상황, 보다 구체적으로는 하이일드 채권과 같은 시장의 일부 부문을 추종하는 상황을 설명하고자 만들어낸 말이다.

그러나 이 개념은 점차 규제당국, 그리고 칼 아이칸Carl Icahn과 같은 회의적 투자자의 관심을 끌고 있다. 간단히 이야기하자면, 아이셰어즈 아이박스 하이일드 회사채 ETFiShares iBoxx High Yield Corporate Bond ETF, HYG와 같은 대표 상품은 물처럼 거래되는 반면, 이들의 기초 보유 종목은 그렇지 않다는 것이다. 이는 실질적인 문제인가, 아니면 실체가 없는 우려일 뿐인가?

이 문제를 분석하려면 우선 정의에서부터 시작해야 한다. ETF의 유동성을 언급할 때 실제로는 거래용이성tradability과 공정성fairness이라는 서로 다른 두 가지 개념을 혼용하는 경우가 많다.

거래용이성은 꽤 단순한 개념으로, 시장에서 ETF의 가입과 해지가 얼마나 쉬운가 하는 것이다. 좁은 의미의 채권 ETF(여기에서는 회사채로 한정한다)라면, 투자자는 대부분 일간 달러 거래량 중간값이나 시간 가중평균 스프레드 등 꽤 명확한 지표에 관심을 둘 것이다. 이런 지표를 기준으로 보면 HYG와 같은 펀드는 그 어느 때보다도 거래가 용이한 것처럼 보인다.

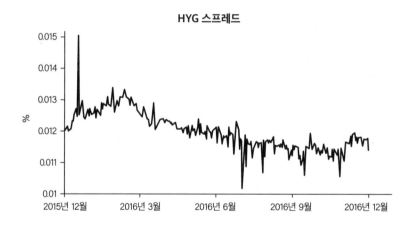

HYG 스프레드

밸류를 기준으로 보면, 지난 한 해 동안 실적이 좋지 않은 날 HYG의 평균 스프레드는 2bp 미만이었다. 80달러 근처에서 큰 차이를 보이지 않으며, 대부분 하루에 10억 달러 가까이 거래가 이루어진다. 이렇게 보면 세계에서 가장 유동성이 큰 증권이다. 미국 증권거래위원회와 일부 투자자는 바로 이 용이한 유동성을 우려한다.

하지만 이는 거래용이성의 문제지 공정성의 문제는 아니다. 공정성은 ETF 거래 특유의 개념이다. 애플을 매수하는 주문집행이 '공정'했는지를 다루는 개념은 아니다. 주문집행이 잘 이루어지지 않을 수도 있고, 가격이 내려갈 때 매도할 수도 있다. 하지만 애플 거래가 '공정'하게 잘 체결되었다는 데는 의심의 여지가 없다.

이는 애플 주식이 항상 우리가 내는 값만큼의 가치를 가지기 때문이다. 그것이 시장 기능의 본질이다. 즉, 매수자와 매도자의 집단 지성을 바탕으로 애플의 공정 가격이 결정된다. 물론 애플 주식을 거래할 때 오류가 있을 수 있고, 정말로 잘못된 거래를 파기하는 절차도 있다. 그러나 애플이 10% 떨어지면 애플의 주가가 좋지 않은 날이라고들 생각하고 넘어가는 경우가 대부분이다.

ETF에는 본래의 '공정' 가격이 있어서, 거래 시점의 ETF 순자산 가치를 기준으로 한다. 이를 일중 NAV intraday NAV 또는 iNAV라 한다. ETF가 애플과 마이크로소프트만 보유하고 있다면 공정 가격을 쉽게 계산할 수 있다. 거래소가 15초마다 가격을 공시하기 때문이다.

그러나 어떤 이유에서든(가치평가가 어렵다거나 시차로 인한 단절 문제가 생기거나 그저 알 수 없다거나) 기초증권이 유동적이지 않을 때는 '공정' 가격을 평가하기가 어렵거나 불가능해지기도 한다. ETF에 속한 종목이 모두 도쿄에 상장되어 있는데 뉴욕에서 정오에 주문집행을 한다고 하면, 해당 종목의 거래가 현재 이루어지지 않고 있어서 거래 시점에 ETF의 정확한 NAV가 반영되지 않을 수도 있다.

회사채 등의 경우, 시차보다는 시장 구조가 문제다. 회사채는 딜러를 통해 거래가 이루어지는 비상장 시장 종목이다. 이는 HYG와 같은 펀드의 iNAV는 펀드에서 (실제로 며칠씩이나) 보유하고 있는 각 채권의 마지막 거래가 아니라, 각 채권의 가치가 얼마나 될지 가격 결정 업체에서 추산하는 수치를 기준으로 한다는 뜻이다. 이로 인해 +/- 1%의 범위에서 프리미엄이나 디스카운트가 발생할 수 있다.

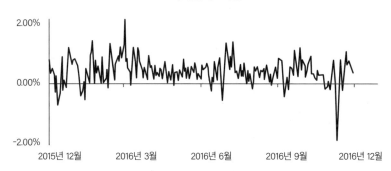

이를 SPDR S&P 500 ETF(SPY | A-98)에서 흔히 나타나는 bp 수치의 일부와 비교해보자.

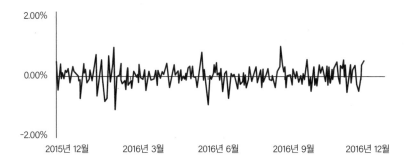

위 수치가 HYG 관점에서 시장이 꽤 잔잔했던 지난 한 해의 수치라는 점이 중요하다. 위기 시에는 HYG의 프리미엄이나 디스카운트가 10% 이상 갑작스레 뛰기도 한다. 이유는 간단하다. 이윤 동기다.

ETF가 기초증권과 같은 흐름으로만 거래되는 것은 지정 판매 회사에서 설정과 환매 과정을 통해 새로운 주식을 발행하거나 처분할 수 있기 때문이다. 프리미엄이 있으면 프리미엄 가격에 매도하고, 기초자산을 인도하여 신주를 설정할 수 있다. ETF가 디스카운트 상태인 경우에는 반대로도 할 수 있다. 저렴한 ETF 주식을 매수하여 발행자에게 기초증권 바스켓을 돌려주는 것이다. 각각의 경우에 지정 판매 회사는 저가에 매수하여 고가에 매도하게 된다.

그러나 기초시장이 주식 설정 또는 환매로 나타나는 물량을 감당할 수 없는 경우, 지정 판매 회사에서는 괴리가 커져서 플러스가 될 때까지 가격이 표류하도록 내버려 둔 이후에 이익을 낸다. 이익을 내려는 지정 판매 회사는 여러 곳이 있기 때문에 괴리가 커진 후 그 상태를 유지한다는 것은 통계로는 분명하게 알 수 없는 비용과 리스크가 있음을 시사한다.

회사채의 경우, 기초시장에서는 대규모의 설정 및 환매 움직임을 흡수할 수 없는 실정이라, ETF로 유입 또는 유출되는 자금의 흐름은 거의 항상 프리미엄이나 디스카운트로 이어진다. 2012년에 우리는 분석 대상이었던 정크본드에 대해 깔끔하게 의견을 바꾸었는데, 그 당시의 HYG를 살펴보자.

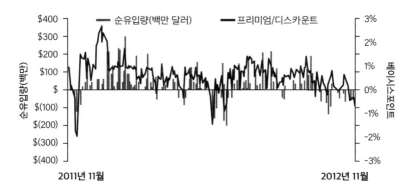

HYG: 프리미엄과 유입량 비교

순유입량(백만 달러) ━━ 프리미엄/디스카운트

순유입량(백만)

배스피스지수 프리미엄

$400 / $300 / $200 / $100 / $ / $(100) / $(200) / $(300) / $(400)

3% / 2% / 1% / 0% / -1% / -2% / -3%

2011년 11월   2012년 11월

  2011년 가을에는 모두가 환매를 원했고, 펀드가 2%까지 디스카
운트된 상태로 거래되었다. 그러다가 몇 달 후에는 모두가 매수를
원했고, 프리미엄이 2.5%까지 올라간 수준에서 꾸준하게 거래되었
다. 2012년 중반에 다시 사람들은 환매를 원했고, 그러다가 다시
1.5% 디스카운트로 돌아갔다.

  이 모든 프리미엄과 디스카운트가 발생하는 동안에도 HYG는 계
속해서 스프레드가 낮은 상태에서 거래되었다는 점이 중요하다. 유
동성은 엄청난 상태였다. 다만, '지나치게 높'거나 '지나치게 낮은' 가
격을 중심으로 거래가 이루어졌을 따름이다.

  이런 상관성은 두 가지로 볼 수 있다. ETF가 실제로 '적절'해서
가격 발견의 수단으로 기능하거나, NAV가 '적절'해서 ETF가 고평
가된 것일 수 있다. 어떤 설명이 맞는지 입증할 수는 없겠지만, 나는
시장의 편에 서는 쪽이다. '지나치게 높은' 가격에서 수십억 달러 규
모의 거래가 이루어진다면 그 수십억 달러가 시장이고, 이는 비유

동적인 시장에서 형성된 가격이라고 생각한다.

그렇다면 대체 회사채는 어느 정도로 비유동적인 것일까? 엄청나게 비유동적이다. 2015년 가을 2개월에 걸쳐 이루어진 HYG 거래의 달러 가치와 HYG가 보유하고 있는 모든 기초채권 거래의 달러 가치를 합쳐서 생각해보자.

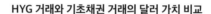

HYG 거래와 기초채권 거래의 달러 가치 비교

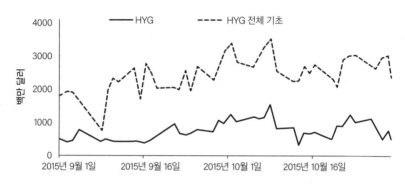

HYG가 전체 포트폴리오보다 꾸준하게 더 많이 거래되는 것은 아니지만, 기초채권보다 훨씬 더 접근이 용이한 유동성을 제공하는 것은 확실하다. 그리고 바로 이런 점 때문에 SEC와 회의주의자가 초조해한다. 화면상에 존재하는 유동성은 고갈될 수 있기 때문이다. 자세히 살펴보면, 기초채권의 평균 일간 달러 거래량은 340만 달러에 불과하다.

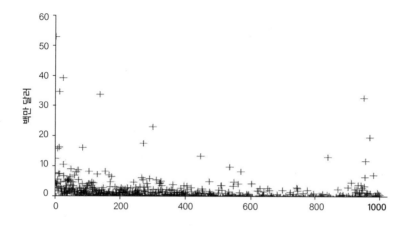

HYG 보유 종목: 평균 일간 달러 거래량

실제로 가장 규모가 큰 회사채 ETF의 경우, 투자 등급 또는 단기 영역 쪽을 살펴보아도 상황이 그리 더 좋아지지는 않는다. 가장 유동성이 좋은 ETF인 아이셰어즈 아이박스 투자등급 회사채 ETFiShares iBoxx $ Investment Grade Corporate Bond ETF, LQD는 평균적으로 기초채권의 하루 거래량이 470만 달러에 불과하며, 뱅가드 단기 회사채 ETFVanguard Short-Term Corporate Bond ETF, VCSH로 대표되는 단기채권은 유동성이 최악이다.

티커	가중평균 기초 일간 달러 거래량	가중평균 유동화 일수	운용 자산 (달러)	평균 일간 달러 거래량(달러)
HYG	$3,445,647	9.7	153억	7억 5,000만
JNK	$3,638,273	9.3	113억	4억 600만
CORP	$3,025,376	3.2	2억 5,000만	430만
LQD	$4,737,805	10	248억	3억 8,500만

VCSH	$2,471,173	16.3	107억	5,300만
IWM	$20,974,893	4.7	265억	42억

그에 반해 아이셰어즈 러셀 2000 ETFiShares Russell 2000 ETF, IWM와 같은 주식 ETF는 정말로 유동성이 없다고 생각할 수도 있겠으나, 기초 보유 종목은 세계 최대 기업들이 발행한 유동성이 가장 높은 채권보다 매일 10배 정도 더 거래량이 많다.

위의 표에는 유동화 일수 통계가 들어가 있다. SEC에서는 뮤추얼 펀드와 ETF에서 포트폴리오의 유동성을 관리해, 시장에 충격을 주지 않으면서 펀드의 85%를 7일 이내에 유동화할 수 있는 포지션으로 구성해야 한다고 제안했다(이는 특히 채권 펀드에 대한 흥미로운 시험이다. 결국 채권의 본질은 만기까지 이자를 받다가 자금을 돌려받는 것이니 말이다).

확실히 포지션이 큰 대규모 펀드가 소규모 펀드보다 더 영향을 받을 것이므로, VCSH와 같은 대규모 펀드를 상대적으로 비유동적인 보유 종목과 결합하면 이 테스트를 통과하기가 어려워질 듯하다.

펀드에서 매일같이 정말로 하루치 거래량 전부를 시장에 쏟아놓으면서도 가격에 영향을 미치지 않아야 한다고 이야기하는 사람은 없을 것이다. 오히려 거래 충격 모델에서는 포지션을 해지하는 데 훨씬 더 긴 기간이 필요하다고 볼 가능성이 크다. 따라서 VCSH 포지션을 해지하는 데 필요한 실질적인 평균 기간은 40~60일 정도가 된다(게다가 VCSH는 규모가 더 큰 뮤추얼펀드의 주식 자산군일 뿐이다).

그럼 모든 회사채 펀드가 폐지되어야 한다는 뜻인가? 그렇지는 않을 것이다. 나는 어떤 형태로든 법제화가 이루어지기 전에 SEC에서 해당 제안을 여러 차례 수정하리라 예상한다. 그러나 실질적인 문제, 즉 채권 시장의 왜곡된 측면에 초점을 맞출 가능성이 크다(그리고 규제에 따르고자 상당한 자산이 유동화되어야 한다면 문제가 더 심각해질 수 있다).

탭 그룹Tabb Group에 따르면 몇 달에 한 번이라도 실제 거래가 이루어지고 있는 회사채는 진작부터 전체의 3분의 1 정도일 뿐이며, 상장 회사채의 불과 11%가 실제 회사채 달러 거래량의 거의 60%를 차지한다고 한다.

딜러 시장은 무너졌고, 이제는 투자자가 동일한 일부 채권만 거래하는 상황이다. 이에 따라 가격 결정 업체에서 추정하는 비유동적인 부채의 실질 가치는 오차 범위가 점점 더 커지고 있다.

이게 바로 진짜 문제다. 그리고 SEC가 ETF의 '초월적 유동성'을 잡으려 한다고 해서 고칠 수 있는 종류의 문제가 아니다.

저자 **데이브 나디그**

ETF닷컴의 CEO다. 이전에는 ETF닷컴이 ETF 데이터 사업을 처분했을 때 팩트셋 리서치 시스템스FactSet Research Systems에서 상장지수펀드 본부장으로 취임하여 근무했다. 데이터 사업 매각 전에는 ETF닷컴의 최고투자책임자로 재직했으며, 2008년부터 ETF닷컴에서 일했다. 2016년 11월 CEO로 ETF닷컴에 복귀했다.

20년 이상 투자운용업계에 대한 리서치와 보고, 분석을 진행해왔으며, 최근에는 최고의 ETF 서적으로 꼽히는 《상장지수펀드 종합 가이드A Comprehensive Guide to Exchange-Traded Funds》를 CFA 인스티튜트CFA Institute에서 출간했다.

바클레이즈 글로벌 인베스터스Barclays Global Investors의 대표이사로서 최초의 ETF 상품 일부의 설계와 판매에 참여했다. 이후에 파트너인 돈 러스킨Don Luskin과 함께 획기적일 만큼 투명한 뮤추얼펀드 회사인 메타마켓닷컴MetaMarkets.com을 창립했으며, 이는 SEC에서 펀드 공시를 최우선 의제로 삼는 계기가 되었다. 1990년대 초 세룰리 어소시에이츠Cerulli Associates의 공동 창업자로서 수수료 중심의 금융 자문사와 인덱싱의 부상에 대한 최초의 리서치 일부를 담당했다. 여러 금융 매체에서 나디그의 인터뷰를 다루고 있으며, 금융 컨퍼런스에도 연사로서 주기적으로 참여하고 있다. 많은 팔로워를 보유한 ETF닷컴 블로그도 운영 중이다. 보스턴대학교에서 금융 분야 MBA를 취득했다.

21.

우리 모두 속으로는 기술적 분석을 한다

조쉬 브라운 Josh Brown

이 글은 꽤 논란의 대상이 되겠지만, 나는 할 말을 하려 한다.

우리 모두 속으로는 기술적 분석을 한다. 우리 모두 말이다. 그리고 패닉이나 시장 조정 기간에 이 뻔한 말은 훨씬 더 뻔해진다.

우선, 기술적 분석을 한다는 것은 무슨 의미인가? 내 나름대로 간단하게 정의를 내려보았는데, 독자 여러분의 마음에도 들 것이라 생각한다. 기술적 분석이라는 것은 다른 사람들처럼 가격과 행태의 '원인'에 골머리를 썩기보다는, 본론으로 바로 들어가 '실제' 가격과 행태를 연구하는 것이다.

원인에 대해 이야기하는 편이 훨씬 더 흥미롭고, 또 그런 이야기를 해야 여러 토크쇼에 출연할 수 있다. 가격, 즉 모든 투자자의 역사적 그리고 실시간 공포와 탐욕의 총합을 이야기한다는 것은 의견 제시가 아니라 실제로 어떤 일이 벌어지고 있는지 살펴보는 일이다.

또한, 무엇이 뉴스거리인지 결정하는 것은 가격이지, 그 반대가 아니다. 생각해보라.

야후의 보통주 가격이 마리사 메이어Marissa Mayer가 처음 합류했을 때보다 오늘 더 높다면 메이어는 루 거스너Lou Gerstner나 스티브 잡스의 재림으로 추앙받지, 매주 기술 분야 매체의 샌드백이 되어 사업 계획과 파티 주최 비용을 다룬 해부 기사의 대상이 되지는 않을 것이다.

S&P가 2015년 내내 부진하지 않고 랠리를 기록했다면, 우리는 유가 하락에 혼비백산하기는커녕 퍼레이드를 열어 축하했을 것이다.

특정 분기에 애플의 주식이 높은 가격에 거래되면, 세계에서 가장 퀄리티가 높고 자동차, TV, 가상현실과 사물인터넷IoT으로 진출할 엄청난 기회가 있는 주식이 된다. 특정 분기에 애플의 주가가 떨어지면 항해하기에는 너무 커서 낡아 썩어가는 범선이 되어버린다. 임시 선장은 방향을 돌릴 수 없고, 선원은 제때 혁신을 이루지 못해 배의 전복을 막을 수 없다는 이야기가 나온다.

어떤 소셜미디어 스타트업에서 전보다 더 많은 양의 자금을 조달하면, 부와 명예를 향해 나아가는 파괴적 혁신 기업이자 차세대 유망 기업이라고들 한다. 그 스타트업이 다운 라운드를 진행하면, 인재가 썰물처럼 빠져나가고 서버를 팔아치우는 일만 남아 있다며 이미 죽은 기업 취급을 받는다.

가격은 투자자에게 현실이다. 투자자는 가격에서 어떤 행동을 취해야 하는지 힌트를 얻고, 언론에서는 투자자의 행동을 보고 헤드라인을 뽑기 때문이다.

기술적 분석을 하는 사람은 가격에 지혜가 있다고 생각한다. 가격에는 '기억'이 있으며, 특정 가격에 매수하는 사람은 비슷한 가격대에서 다시 매수할 가능성이 어느 정도 있다고 생각한다. 변동사항이 없다면 이전의 유의미한 가격 수준에서 재매수(또는 추가 매수)하지 못한 것이 완전히 다르게 해석되기도 한다. 즉, 한때는 차트에서 '지지선'이었던 것이 '저항선'이 되는 것이다.

기술적 분석을 하는 사람은 어떤 방향으로든 추세가 지속된다고 생각한다. 시장에서 특정 움직임이 오랫동안 지속될수록 시장 참여자들이 '뉴스'에 서로 다른 속도로 반응하고, 더 과감하게 (또는 더 두려움에 떨면서) 행동하기 때문이다. 그래서 상승장이 끝나갈 때는 가장 위험한 증권의 매수를 점점 늘리는 경우가 많다. 상승세가 지속되면 리스크 성향이 증가하고 시장에 참여하려는 절박함이 더욱 커져서, 차츰차츰 추세가 가라앉는 양상으로 진행되지 않는 것이다.

또한, 이런 이유로 시장이 이전 고점에서 10% 떨어졌을 때보다 20% 떨어졌을 때 매도세가 훨씬 더 강해진다. '10%가 아니라 20%에서 셀다운하는 것이 어떻게 훨씬 더 급박한 상황일 수 있는가'라고 묻는 사람이 있을 수도 있겠다. 펀더멘털의 측면에서 보면 더 급박하지 않은 상황이 맞다. 그러나 투자자들은 펀더멘털에 대해서는 입에 발린 소리만 할 뿐이고, 가지고 있으면 바보 같아 보이는 종목을 조금이라도 적게 보유하는 데 관심이 더 많다. 가격이 더 내려가면 더 바보 같아 보이는 종목이 된다.

합리적 행동이 투자 시장을 지배한다고 생각한다면 이야기가 달라지겠으나, 그런 생각으로 이 글을 읽고 있다면 번지수를 잘못 찾은 것이다.

기술적 분석을 하는 사람들은 말이 안 될 정도로 상반되고 의도적으로 애매하게 작성된 전문가의 의견을 분석하기보다는, 가격에서 진리를 찾고자 한다. 이들은 먼지 쌓인 90일 전의 10-Q 보고서[*]나 매도측에서 내보내는 할인현금흐름discounted cash-flow 분석 중에서 사람들의 입에 오르내리는 추정치가 아니라, 오늘 벌어지고 있는 실질적인 매수와 매도 활동에서 의미를 찾는다.

그러나 무엇보다도 기술적 분석을 하는 사람들은 펀더멘털을 신봉하는 사람들에 비해 심리의 힘을 중시한다. 결국 심리는 실제로 밸류에이션, 즉 PE 비율이나 PEG 비율[**], PB 산출에서 P가 어떻게 될지를 보여주는 것이다. 실제 상황에서 중요한 유일한 요소는 수익(E)이나 이익증가(EG), 장부가치(B)가 아니라 바로 가격(P)이다. 버핏은 시간이 지나면 (즉, 시장이 투표 기계에서 저울로 변화하면서) 장부가치(B)가 중요해진다고 이야기할 것이다. 그러나 운용 중인 영구 자본과 매일 매시간 보험료가 꾸역꾸역 유입되는 창구를 보유한 버핏은 상황을 버틸 여력이 있다. 대부분의 시장 참여자는 그렇지 못하다.

'가격이 진리'라는 말을 하려는 것은 아니다.

---

[*] 가장 최근의 회계 분기 동안 기업에서 있었던 주요 재무 정보를 공시하는 보고서로, SEC에 보고 의무가 있는 기업에서 분기별로 제출한다.

[**] 주가이익증가비율PE to growth ratio.

가격은 항상 거짓말을 한다. 페이스북은 4년이 채 되지 않는 기간에 걸쳐 가치가 400억 달러였다가, 200억 달러였다가, 다시 2,000억 달러로 평가될 수 있다. 이들 가격 중 무엇이 진리인가? 그 어떤 것도 진리가 아니다. 하지만 이 모든 가격은 거짓말이 되기 전까지는 일시적으로 진리였다. 그러다가 시장의 불길 속에서 새로운 진리가 만들어진다. 해가 뜨고 지듯 가격은 변하고, 가격이 변하면서 진리 자체도 변한다.

모두가 이를 알고 있지만, 아직 받아들인 사람은 많지 않다. 그게 아니라면 매수자와 매도자가 거의 주도권을 잡는 상황에서, 우리 의견은 그 뒤를 바짝 따를 뿐이라고 인정하게 되면 직업적으로 타격을 받는 사람들이 있을 수도 있겠다.

바로 이런 식으로 최고투자전략가는 한 해 동안 주식 시장의 등락에 맞추어 연말 가격 목표를 올리거나 내린다. 견해를 제시한 후 가격이 만들어내는 현실에 자신의 견해를 맞춰 조정한다. 혹은 그렇게 하지 못하다가 결국 해고된다.

유가를 둘러싼 해설을 살펴보자. 80달러에서 70달러로 유가가 떨어지면 월가의 예언자들은 65달러도 가능하다고 이야기한다. 유가가 60달러로 떨어지면, 하방 목표가 40달러로 하향 조정된다. 지난 30일간 유가가 30달러대를 지나 20달러대로 향하자, 골드만삭스와 모건스탠리에서는 유가 목표치를 각각 30달러와 20달러로 낮춰 잡았다.

유가가 계속해서 떨어지면 10달러대도 가능하다는 이야기가 나올 것이다! 유가가 안정되고 더 높은 가격에서 거래되면 목표치도 상향 조정될 것이다. 이 지점에서 묻겠다. 그렇다면 어떤 것이 진리인가? 가격 그 자체인가, 아니면 왜 가격이 이런저런 수준이 되어야 하는지에 대한 해설인가?

자신의 견해를 조정할 때 애널리스트와 전략가는 펀더멘털상의 변화와 발생 가능한 이벤트, 현재의 중요한 뉴스 등의 측면에서 목표치를 이야기한다. 그러나 실제로 이들은 오늘 일어나고 있는 일을 바탕으로 안개처럼 뿌연 내일을 추정할 뿐이다. 추정을 달리 표현하자면, 추세의 지속 또는 역전을 추측하는 것이다. 추세는 기술적인 개념이므로, 이들은 펀더멘털의 옷을 입혀 기술적 분석을 하면서 이익, 수익, 현금흐름, 생산 능력, 수요, 시장 점유율 같은 고상한 금융 용어를 쓴다.

2014년 10월 시장에서 조정이 한창일 때 나는 펀더멘털을 신봉하는 사람은 불확실성이 닥치면 차트와 '수준'을 들여다보기 시작한다고 말한 적이 있다.

펀더멘털을 신봉하는 사람도 기술적 분석을 믿게 된다. 물론 일시적이겠지만. 대차대조표와 손익계산서를 분석하는 사람들이 뜻하지 않게 RSI 자료*를 언급하고 있다는 것도 미처 알지 못한 채 '초과매도'와 같은 용어를 쓰기 시작하는 모습을 보게 될 것이다. 시장이 상승

---

* 상대강도지수 Relative Strength Index 는 주식, 선물, 옵션 등을 거래할 때 사용하는 기술적 지표다.

세를 탈 때는 돈을 준다고 해도 RSI 자료에 관심을 두지 않을 사람들이 말이다. 참호에는 무신론자가 없고, 시장 조정 시기에는 순수한 펀더멘털 신봉자도 없는 법이다. 정말이다. 모두가 차트를 보고 있다. 브루스 버코위츠Bruce Berkowitz까지도.

매번 일어나는 일이지만 항상 재밌다. 그들은 '시장이 틀렸다'라거나, '가격이 잘못 책정된 주식이다'라고 하면서 부인할 것이다.

기술적 분석을 하는 사람은 한발 앞서 나간다. '시장은 틀리지 않았고, 바뀔 수 있는 집단적 생각이 현재 존재한다. 이런 변화가 언제 가까워질 가능성이 있는지는 가격을 보면 알게 된다.'

'왜'라는 질문, 그리고 기술적 분석을 하는 사람은 그 질문에 시간을 낭비하지 않는다는 점을 다시 짚어보자.

인류 공통의 인지적 약점 중에 '사후 확신 편향'이라는 것이 있다. 이제 막 발생한 사건이 그 전부터 발생할 것이 확실했다는 듯 그 원인을 주르륵 나열하는 것만큼 투자자들이 좋아하는 일도 없다. '나는 내내 그럴 줄 알았다! 중국, 그리스, 연준, 그 잡지 표지 기사, 오바마, 금리 인상이었다.'

사후 확증 편향은 인간이 가지고 있는 강력한 성향이다. 사후 확증 편향이 있었기 때문에 인류의 조상은 사바나에서 살아남을 수 있었다. 꿀이 가득 들어 있는 말벌집을 따거나 칼날 같은 이빨이 있는 호랑이와 교접하려다가 목숨을 잃는 일이 없도록 다음 세대에게 원인과 결과를 이야기로 전해준 것이다. 이런 능력이 없는 초기 인류는 유전자를 남기지 못했고, 벌에 쏘여 죽거나 호랑이에게 생식기를 물어뜯겼다.

반면, 우리의 조상은 최근의 사건을 설명하는 데 신경을 썼던 사람들이다. 이들은 살아남아 사후 확증 편향 성향을 우리에게까지 물려주었다. 벌침 세례와 호랑이 겁탈 미수 이후로 백만 년이 지나, 우리가 이런 전통을 계승하게 된 것이다.

그러나 사후 설명은 모두 지어낸 이야기다.

수많은 시장 참여자가 어느 월요일에는 이렇게 생각했다가 돌아오는 목요일에는 완전히 다르게 생각하는지 이유를 아는 사람은 아무도 없다. 펀더멘털 추종자는 들을 의향이 있는 사람들에게 자신의 설명과 추정을 공유할 것이다. 기술적 분석을 하는 사람은 이런 분석은 들어넘기고, 원인이 아니라 지금 일어나는 일에 집중할 것이다. 원인은 항상 시간이 지나 원인이 더는 중요하지 않을 때 훨씬 더 분명해진다. 우리는 1929년과 1987년의 증시 대폭락, 또는 10년 전의 금융위기가 왜 일어났는지에 대해서도 확실하게 합의된 원인을 찾지 못했다. 이론과 주장, 반쪽짜리 진실, 정치색이 짙은 논쟁만 있을 뿐이다.

그러나 가격은 개의치 않고 자기 할 일을 했다.

앞으로도 항상 그럴 것이다.

여러분이 가장 좋아하는 펀더멘털 추종자도 그에 맞추어 스스로의 생각을 조정하는 중이다.

저자 **조쉬 브라운**

뉴욕시에서 활동하는 금융 자문가이자, 리트홀츠 웰스 매니지먼트의 CEO다.

《무대 뒤의 월가Backstage Wall Street》와 《금융 전문가들의 충돌Clash of the Financial Pundits》의 저자이며, 금융기술 회사인 리스컬라이즈Riskalyze의 자문위원회와 CNBC의 금융 자문위원회에서 활동하고 있다.

2015년 《인베스트먼트 뉴스Investment News》의 '40세 미만 40대 금융 자문가40 Under 40' 목록에 선정되었다.

THE BEST INVESTMENT WRITING

제4부

투자의 행태적 측면

웨슬리 그레이 Wesley Gray

코리 호프스타인 Corey Hoffstein,

저스틴 시비어스 Justin Sibears

제이슨 수 Jason Hsu , 존 웨스트 John West

존 리즈 John Reese

래리 스웨드로 Larry Swedroe

컬렌 로쉬 Cullen Roche

22.

액티브 투자자가 되면 신도 해고감이다

웨슬리 그레이 Wesley Gray

경험적 가격결정 연구는 지루할 때가 있다. 끊임없이 똑같은 결론으로 계속 되돌아가니까. 밸류, 모멘텀, 추세 추종은 모두 흥미롭지만, 시장은 몹시도 경쟁적이다(효율적이지는 않은 것 같다). 그런데 가끔 리서치를 통해 정말이지 놀랍고 직관에 반하는 결과가 밝혀질 때가 있는데, 바로 그럴 때 진정으로 흥미진진해진다. 아래 내용은 우리가 '흥미진진하다'고 생각한 리서치다. (적어도 우리가 보기에는) 결과가 너무나 엄청나다.

요점은 완벽한 예지력이 있으면 높은 수익률을 올릴 수 있지만, 뼈아픈 하락도 감수해야 한다는 것이다. 달리 이야기하면, 천리안을 가지고 어떤 주식이 장기적으로 수익이 나고 손해를 볼지 사전에 정확하게 알고 있는 액티브 매니저(즉, 신)[1]라고 해도 다른 사람의 돈을 운용한다면 여러 차례 해고될 가능성이 높다.

질문: 신이 전능하다면, 절대로 해고되지 않을 만큼 좋은 장기 액티브 투자전략을 만들어낼 수 있을까?

답은 충격적이다. 신도 해고될 것이다.

이 말을 곱씹어보자.

'신' 연구의 설계

우리는 1927년 1월 1일부터 뉴욕증권거래소·나스닥·미국증권거래소 500대 기업 보통주 전체의 5년 '미리보기' 수익률을 산출했다. 편의상 60개월 수익률 자료가 온전하게 없는 기업은 제외했다.[2] 총수익률이 기준이며, 모든 수익률은 배당금을 포함한 합산 수익률이다. 그리고 나서 우리는 '선행' 5년 연평균 성장률CAGR을 기준으로 10분위 포트폴리오를 생성했다.

5년마다 1월 1일을 기준으로 포트폴리오의 명단을 리밸런싱했다. 첫 번째 포트폴리오의 기간은 1927년 1월 1일부터 1931년 12월 31일까지였다. 두 번째는 1932년 1월 1일부터 1936년 12월 31일까지로 설정했다. 이런 패턴이 5년마다 반복된다. 분명히 이야기해두자면, 이건 투자 가능한 포트폴리오가 아니다. 이 포트폴리오를 운용하려면 향후 5년간 500대 주식의 실적을 100% 확신해야 하기 때문이다.

대놓고 예측 편향을 저지르는 것이다.

1927년 1월 1일부터 2016년 12월 31일까지의 수익률을 분석 대상으로 했다. 전월 말의 시가총액을 사용하여 가중치를 부여한 당

월의 가치가중 수익률을 기준으로 포트폴리오를 구성했다. 모든 수익률은 거래비용과 세금, 수수료 차감 전의 수치다.

10분위 포트폴리오의 실적

우리는 5년마다 리밸런싱되는 10분위 포트폴리오를 우선 살펴보았다. 이들 포트폴리오는 완벽한 예지력이 있으면 무엇을 이룰 수 있는지 잘 보여준다. 10/10분위 포트폴리오는 향후 5년간 최고 실적 기업을, 1/10분위 포트폴리오는 향후 5년간 최저 실적 기업을 분류하여 가치가중한 포트폴리오다. 미리보기 10분위 포트폴리오 10종의 연평균 성장률은 아래의 차트에 제시되어 있다.

10분위 순위에 따른 CAGR (1927~2016년)

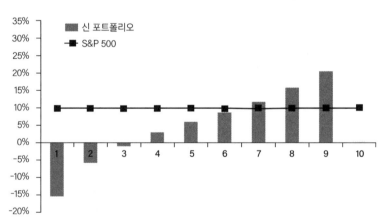

참고: 이 글에 제시된 모든 차트와 표의 결과는 가상의 실적으로 향후 실적의 지표가 되지 않으며, 특정 투자자가 실제로 달성한 수익률이 아니다. 이 글의 수익률을 실제로 달성하는 건 아예 불가능하다. 제시된 지수는 실제로 운용된 지수이며, 운용 또는 거래 수수료를 반영하지 않는다. 또한, 직접적인 투자가 가능한 지수가 아니다. 이 글에 제시된 결과 구성에 관한 추가적인 정보는 요청 시 제공한다. 비고: 해당 실적들은 2017년 6월 14일에 업데이트되었다.

예상했던 대로, 5년 실적이 가장 좋은 기업으로 구성된 포트폴리오의 5년 실적이 가장 좋았다. 이론적으로 신은 1년에 29%의 복리 수익률을 낼 수 있는데, 현실적으로는 공급 능력에 제약이 있어 시장 전체를 보유하게 될 것이다(내가 작성한 〈미션 임파서블: 영원히 시장 수익률보다 높은 수익률 내기Mission Impossible: Beating the Market Forever〉 참조).

신이 아주 좋은 실적을 내리라는 건 알고 있었지만, 좀 더 자세히 보면 재밌는 지점이 보인다.

요약 통계

5년 미리보기 포트폴리오의 실적 통계치 일부와 차트를 보자.

- 신_최고 = 상위 10분위 5년 위너 포트폴리오
- 신_최저 = 하위 10분위 5년 루저 포트폴리오
- SP 500 = S&P 500 총수익률 지수

우선, 원자료는 다음과 같다.

요약 통계	신_최고	신_최저	SP500
CAGR	29.37%	-15.32%	9.87%
표준편차	22.41%	29.13%	18.96%
샤프 지수(무위험수익률RF =단기국채)	1.12	-0.53	0.42
최대 하락폭	-75.94%	-99.99	-84.59%

CAGR 29%는 미리보기 포트폴리오로서 분명히 엄청난 수익률

이다. 이건 예상했던 바다.

신_최고 포트폴리오의 변동성은 시장보다 높다. 흥미롭다! 샤프 지수는 1보다 높지만, 1을 훌쩍 넘지는 않는다. 샤프 지수가 2를 넘는다고 내세우는 일부 헤지펀드에는 한참 못 미친다. 흥미롭다!

하락폭은 어떤가! 완벽한 예지력을 바탕으로 한 포트폴리오의 하락폭은 무려 76%다(1929년 8월~1932년 5월). 그러나 고통은 거기에서 끝나지 않는다. 다음은 해당 포트폴리오의 시기별 하락폭 차트다.

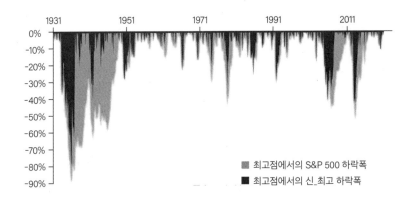

다음은 각 하락폭의 세부 내역이다.

하락폭 순위	하락폭	이전 최고점 일자	최저점 일자	회복점 일자	최고점~ 최저점 (일수)	최저점~ 회복점 (일수)	최고점~ 최고점 (일수)
1	-75.94%	1929/8/30	1932/5/31	1933/6/30	1005	395	1400
2	-40.75%	2008/5/31	2009/2/28	2010/3/31	273	396	669
3	-39.51%	2000/8/31	2001/9/30	2003/9/30	395	730	1125
4	-38.54%	1937/2/27	1938/3/31	1938/12/31	397	275	672
5	-30.81%	1973/12/31	1974/9/30	1975/4/30	273	212	485

6	-27.69%	1987/8/31	1987/11/30	1989/1/31	91	428	519
7	-26.94%	1946/5/31	1946/11/30	1948/4/30	183	517	700
8	-24.61%	1980/11/30	1981/9/30	1982/8/31	304	335	639
9	-21.53%	1962/2/28	1962/6/30	1963/1/31	122	215	337
10	-20.13%	1934/3/31	1934/7/31	1935/4/30	122	273	395

이를 보면 '완벽한' 롱 포트폴리오*라고 해도 롱온리 투자자에게 엄청난 고통을 안길 수 있음이 분명하다.

신이 운용하는 헤지펀드를 설정해보면 어떨까?

위의 분석에서 우리는 신의 롱 포트폴리오가 엄청난 하락폭과 높은 수준의 변동성을 겪는다는 점을 강조했다. 그런데 신의 완벽한 예지력을 활용하여 위너 종목에는 롱포지션을, 루저 종목에는 숏포지션을 취할 수도 있겠다. 확실하고 쉬운 방법이 아닌가?

한번 살펴보도록 하자.

• 신의 롱/숏 포트폴리오는 다음과 같이 구성했다.
• 롱 신_최고와 숏 신_최저 포트폴리오는 매월 리밸런싱된다.

다음의 포트폴리오를 검토했다.

• 신 L/S = 5년 10분위 위너는 롱포지션; 5년 10분위 루저는 숏포지션
• SP500 = S&P 500 총수익률 지수

• 　주식 가격이 오를 것으로 예상하고 주식을 매수하여 나중에 매도하는 포지션의 포트폴리오.

요약 통계

다음은 상위 통계다.

요약 통계	신 L/S	SP500
CAGR	46.23%	9.87%
표준편차	20.08%	18.96%
샤프 지수	1.86	0.42
최대 하락폭	-47.28%	-84.59%

우와! 분명 이 궁극의 헤지펀드는 실적이 정말 좋다. CAGR 46%
면 당장 세계 증시를 보유할 수 있다. 물론 이런 수익률이 장기적으
로 가능하지는 않다. 완벽한 예지력을 갖춰도 불가능하다.

그렇기는 하지만 이 '완벽한' 헤지펀드의 최대 하락폭을 살펴보자.
-47%가 넘는다. 믿기 어려운 수치다.

그리고 더 흥미로운 지점이 있다.

다음 차트를 보면 신 L/S 포트폴리오의 시계열 하락폭이 제시되
어 있다. 확실히 쉬운 일은 아니다!

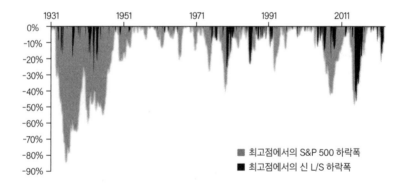

시간을 두고 이 차트를 충분히 살펴보자. 시기별로 20% 이상의 손실을 보는 계기가 여러 번 있었다. 확실히 리스크가 없지는 않다. 하지만 훨씬 더 흥미로운 점이 있다.

많은 전문투자자가 고통스럽게 인정하듯이, 자금 운용은 절대적인 실적이 아니라 상대적인 단기 실적의 문제인 경우가 많다. 또 다른 진리는 전략과 관계없이 S&P 500은 결국 '모두의 벤치마크'가 되고 만다는 것이다. 특히 상승장이 오래 지속될 때 더 그렇다!

이제 신 L/S와 S&P 500의 시기별 상대적 1년 CAGR을 살펴보자.

S&P 500 대비 1년 롤링 CAGR

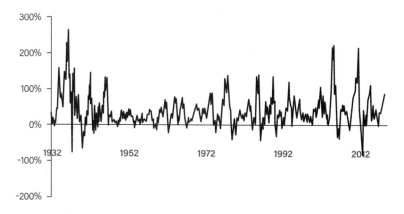

차트를 보면 신조차도 몇 번이고 해고당했으리라는 점을 잘 알 수 있다. 신이 운용하는 헤지펀드는 상대적 실적이 처참한 경우도 많고, 커리어 전반에 걸쳐 《배런스》나 《월스트리트 저널》의 표지를 여러 번 장식하고도 남았을 것이다. 패시브 지수보다 50%p 또는

그 이상 부진한 실적을 낸 적도 여러 번이다!

이런 결과를 보면 단기적인 상대 실적 평가는 본질적으로 변동이 심하다는 점을 알 수 있다. 우리는 이를 정량적으로 보여주었다. 벤 칼슨Ben Carlson은 〈장기 자본으로 단기적 사고하기Short-Term Thinking with Long-Term Capital〉에서 단기적 사고로 인한 어려움을 다루었고, 멥 파버는 〈기관 투자자도 우리와 다를 것이 없다!Institutional Investors, They're Just Like Us!〉에서 투자자가 액티브 투자의 타이밍을 맞히는 능력은 형편없다는 점을 강조했다.

결론

케인즈가 했다고 (잘못) 알려진 유명한 말이 꼭 맞다. 시장은 우리가 돈을 댈 능력이 다 떨어지고 나서도 한참이나 더 비합리적인 상태를 유지할 수 있다!

이번 연구는 액티브 투자자에게 정말 맞는 말, 즉 액티브 투자자는 반드시 장기적으로 투자해야 한다는 점도 잘 보여준다!

모두에게 행운을 빈다.[3]

미주

1 악의적으로 '신'이라는 단어를 선택한 것은 아니며, '신'은 유일신과 다신, 또는 전지
  전능한 존재 또는 그런 개념에 해당하는 모든 것으로 해석될 수 있다.
2 이러한 가정 여부와 관계없이 결과는 비슷하다.
3 난터킷 프로젝트Nantucket Project에서 만나 이 주제로 연구를 제안한 시카고대학 박사
  과정의 옛 동료인 아르투로 B.Arturo B.에게 깊은 감사를 표한다.

저자 **웨슬리 그레이**

미 해병대에서 대위로 복무한 이후, 박사학위를 취득하고 드렉셀대학교에서 금융학 교수로 재임했다. 학계와 업계 사이의 연구 간극을 메우는 데 관심이 있어, 세금에 민감한 투자자를 대상으로 저렴한 액티브 익스포저를 제공하는 자산운용사인 알파 아키텍트Alpha Architect를 창립했다. 4권의 저서와 다수의 학술 논문을 출간했으며, 《월스트리트 저널》과 《포브스》, ETF닷컴, 《CFA 인스티튜트CFA Institute》 등 다수의 업계 매체에 정기적으로 글을 기고하고 있다.

시카고대학교에서 MBA와 금융학 박사학위를 취득했으며, 펜실베이니아대학교 와튼 스쿨의 학사 과정을 우등으로 졸업했다.

23.

초과 실적을 위한 실적 부진

코리 호프스타인Corey Hoffstein, 저스틴 시비어스Justin Sibears

알파 아키텍트Alpha Architect에서 게시한 포스트 〈액티브 투자자가 되면 신도 해고감이다Even God Would Get Fired as an Active Investor〉는 액티브 투자를 더 잘 이해하려는 사람들이 꼭 읽어야 할 글이라고 생각한다. 포스트를 인용하자면,

> 요점은 완벽한 예지력이 있으면 높은 수익률을 올릴 수 있지만, 뼈아픈 하락도 감수해야 한다는 것이다. 달리 이야기하면, 천리안을 가지고 어떤 주식이 장기적으로 수익이 나고 어떤 주식이 장기적으로 손해를 볼지 사전에 정확하게 알고 있는 액티브 매니저라고 해도 다른 사람의 돈을 운용한다면 여러 차례 해고될 가능성이 높다.
>
> 질문: 신이 전능하다면, 절대로 해고되지 않을 만큼 좋은 장기 액티브 투자 전략을 만들어낼 수 있을까?

답은 충격적이다. 신도 해고될 것이다.

우리는 〈신, 버핏, 그리고 세 명의 와인 전문가God, Buffett, and the Three Oenophiles〉(blog.thinknewfound.com/2016/02/god-buffett-three-oenophiles)라는 글에서 이 포스트를 다루고 분석을 확장했다.

메시지는 분명했다. '투자에는 왕도가 없다.' 자산군과 전략은 항상 실적이 좋고 나쁜 시기에 따라 변한다. 그 어떤 전략도 해마다 언제나 시장 수익률을 초과하지는 못한다. 그런 일은 일어날 수가 없다.

장기적으로 기준 벤치마크보다 높은 실적을 내려면 벤치마크와는 다른 포지션을 취해야 한다. 벤치마크와 다른 종목을 보유하면 추적 오차tracking errors가 발생한다. 그리고 추적 오차는 필연적으로 단기적인 실적 부진을 의미한다.

어느 모로 보나 미국 역사상 최고의 투자가인 워런 버핏이라도 이 진실을 피해갈 수는 없다.

1980년 3월부터 2016년 10월까지 버크셔 해서웨이 클래스 A 주의 연간 환산 총수익률은 20.2%로, 뱅가드 S&P 500 인덱스펀드(티커: VFINX)보다 연간 9.7%가 더 높다. 버크셔의 리스크 조정 수익률은 뱅가드 벤치마크보다 60% 이상 높으며(샤프 지수 0.74 대 0.46), 버크셔 주식의 알파는 무려 매월 1.0%에 달한다.

버핏의 성공 요인에는 여러 가지가 있지만, 우리가 가장 경탄하는 부분은 그의 원칙주의다. 아래의 그래프는 버핏과 VFINX의 1년 롤

링 상대 실적을 표시한 것이다. 플러스(마이너스) 수치는 버크셔가
이전 12개월간 인덱스펀드의 실적을 초과(미달)했음을 나타낸다.

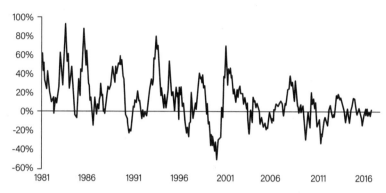

1년 롤링 상대 실적 ─ BRK-A 대 VFINX

출처: 야후 파이낸스. 뉴파운드 리서치Newfound Research의 산출치. 과거 실적이 미래 실적을 보장하지는 않는다.

이렇게 훌륭한 투자가인 워런 버핏조차도 3년에 한 번씩은 시장
보다 못한 수익률을 냈다. 그런데 많은 경우에 이런 실적 부진은 유
의미했다. 버크셔가 1년 이상 인덱스펀드보다 10% 이상 낮은 실적
을 냈던 적이 10번이었고, 상당히 더 오랜 기간에 걸쳐 실적이 부진
했던 시기도 많았다.

최고점	최저점	회복점	최고점 대비 최저점 실적 부진율	손익분기 도달 기간
1985년 10월	1986년 1월	1987년 9월	18.1%	1.9년
1989년 10월	1990년 9월	1993년 2월	25.6%	3.3년
1996년 2월	1996년 11월	1998년 3월	22.1%	2.1년
1998년 6월	2000년 2월	2002년 7월	54.4%	4.1년

2002년 9월	2005년 9월	2008년 2월	29.9%	5.4년
2008년 10월	2012년 4월	진행 중	32.7%	8.1년

출처: 야후 파이낸스, 뉴파운드 리서치의 산출치. 과거 실적이 미래 실적을 보장하지는 않는다.

이러한 어려운 시기에도 버핏과 버크셔는 자신의 투자 프로세스에 충실했다. 그러나 본인의 투자 프로세스에 충실한 매니저는 고객의 성공에 필요한 한 가지 요소일 뿐이다. 투자는 투자 프로세스에 충실한 매니저와 매니저를 믿는 투자자가 만들어내는 팀 스포츠다. 바로 그렇기 때문에 적정한 기대치 설정이 너무나 중요하다. 버핏의 사례 연구는 기대치 관리에 대해 여러 중요한 시사점을 던진다.

1. 실적 부진이 나쁜 것은 아니다

따로 놓고 보면 실적 부진에 좌절감을 느낄 수도 있겠지만, 실적 부진 자체가 전략에 하자가 있거나 폐기해야 한다는 증거가 되지는 않는다. 버크셔는 서로 다른 두 자산으로 이루어진 포트폴리오라고 생각해볼 수 있는데, 첫 번째 자산은 S&P 500이고, 두 번째 자산은 버핏이 주도하는 롱/숏 종목 선정 전략이다.

롱/숏 종목 선정 전략이 플러스 수익률을 내면 버크셔는 시장 수익률을 초과할 것이고, 그렇지 못하면 시장 수익률을 밑돌 것이다.

투자자 대부분이 특정 기간에 손실이 난다는 이유만으로 포트폴리오의 첫 번째 구성 요소(S&P 500)를 폐기할까? 아마도 아닐 것이다. 롱/숏 전략에서 손실이 난다는 이유만으로, 즉 버크셔가 시장 실적을 밑돈다는 이유만으로 버핏을 해고하는 것도 마찬가지다.

2. 사실, 가끔은 실적이 부진할 것이라 예상해야 한다

매니저가 시장을 웃도는 실적을 내려면 시장과는 달라야 한다. 여기서 다르다는 것은 추적 오차를 감수한다는 의미다. 버핏은 롱/숏 포트폴리오에 배분하는 자산을 줄임으로써 시장에 비해 상당히 뒤처질 리스크를 줄일 수 있었다.

그러나 그렇게 하면 (버핏이 투자 기술을 한층 더 개선할 수 없다는 전제하에) 초과 실적이 줄어든다는 대가를 치르게 된다. 예를 들어, 버핏이 시장 대비 10% 이상 떨어지는 확률을 절반으로 줄이려면, 연간 환산 초과 실적의 절반 정도를 희생해야 한다.

또한, 장기적으로 무위험 초과 실적이란 불가능하다. 그런 기회가 실제로 존재한다고 하더라도 차익거래를 통해 아주 빠르게 실현되고 없어질 것이다. 저위험 초과 실적이라고 해도 비현실적인 수준의 투자 기술이 필요하다. 예를 들어, 버핏이 롱/숏 포트폴리오의 실적을 개선하여 특정 연도에 실적이 부진할 확률이 열에 하나로 확 줄었다고 해보자(실제 데이터에 나타난 확률은 셋에 하나지만). 이는 버크셔의 현재 시가총액이 나머지 S&P 500을 합친 것보다도 더 많을 정도로 장기적인 초과 실적이 어마어마해야 함을 의미한다.

3. 매니저를 '손절'하면 역효과가 난다

액티브 전략·매니저에 대한 공식적인 '손절'은 드물겠지만, 지나치게 큰 폭으로 실적이 부진한 매니저를 교체하는 등 많은 투자자가 연간 또는 반기 실적 평가의 형태로 손절매를 실시하고 있다.

이러한 손절매는 오히려 역효과를 낳게 되는데, 통계적으로 상당한 알파를 보이는 전략이라 하더라도 실패할 때가 있을 수밖에 없기 때문이다. 1980년대 초로 돌아가 보면, 버핏이 구성한 포트폴리오의 롱/숏 요소는 연간 수익률이 9.8%, 변동성이 20.5%였다. 이 자료를 활용하여 다양한 보유 기간에 걸쳐 비공식적인 손절매의 트리거가 발생하는 확률을 계산할 수 있다.

다음은 아래의 표를 해석하는 방법이다. 강조 표시된 행(10% 손실 트리거)과 열(5년 보유 기간)은 5년의 보유 기간 중 최소 1년간 10% 이상의 실적 부진이 발생할 확률이 60%라는 의미다. 투자자가 이 정도의 실적 부진을 이유로 매니저를 해고한다고 하면, 십중팔구 향후 5년 안에 버핏을 해고할 것이다.

| | | 보유 기간(연도 수) | | | | | | | | | |
		1	2	3	4	5	6	7	8	9	10
	2.5	24.7	47.0	61.8	72.0	79.8	85.4	89.5	92.3	94.4	95.9
	5.0	23.4	41.7	55.2	66.0	73.8	79.9	84.6	88.2	90.9	93.1
손실	7.5	19.9	35.7	48.5	59.1	67.2	73.8	78.9	83.1	96.2	89.1
트리거	10.0	16.7	30.7	42.1	51.9	**60.0**	66.5	72.2	76.8	80.5	83.8
	12.5	13.8	25.8	36.0	44.7	52.5	58.9	64.6	69.6	73.8	77.4
	15.0	11.4	21.5	30.1	37.8	45.2	51.2	56.8	61.9	66.2	70.0
	17.5	9.2	17.6	24.9	31.7	38.0	43.7	48.8	53.7	57.8	62.0
	20.0	7.3	14.2	20.3	26.2	31.5	36.4	41.4	45.6	49.5	53.2

출처: 야후 파이낸스. 뉴파운드 리서치의 산출치. 과거 실적이 미래 실적을 보장하지는 않는다. 모든 수치는 %.

표에 나타나 있듯이, 고통스러운 구간에 도달할 확률은 꽤 높다. 특히나 상대적인 실적 부진에 대한 허용도가 낮고 보유 기간이 길 때는 더욱 그렇다. 그리고 이 자료가 역사상 가장 뛰어나다고 할 수 있는 주식 투자자의 실적을 반영하도록 조정되었다는 점을 기억하자.

4. 추적 오차는 포트폴리오 구성 과정에서 관리할 수 있다

물론, 앞의 내용이 투자자가 시장에 대한 추적 오차를 받아들이기만 해야 한다는 의미는 아니다. 투자자마다 추적 오차를 허용하는 정도가 다를 것이고, 아마 시간이 지나면서 바뀌기도 할 것이다.

이런 선호도는 자산군과 전략을 조합하는 포트폴리오 구성 과정에서 가장 잘 반영할 수 있다. 실제로 우리는 자체적인 전략 포트폴리오를 구성할 때 흔히 사용되는 벤치마크에 대한 추적 오차가 유발하는 어려움에 대해 명시적으로 설명하고 있다.

5. 전략이 언제 실적이 좋고 나쁜지 이해하는 것이 실사의 핵심이다

우리는 실적 부진의 잠재적인 규모와 지속 기간을 비롯하여, 실적이 부진할 가능성이 가장 큰 시장 유형에 대한 이해를 높이면 투자자가 버핏과 같은 원칙주의를 발휘할 수 있게 되리라 생각한다.

이러한 분석 유형의 첫 단계를 살펴보기 위해 우리의 소중한 모멘텀 기반 전략적 주식을 예로 들어보자.

우리는 AQR 캐피털AQR Capital에서 게시한 〈다시 기회를 찾아서Back in the Hunt〉에서 사용한 것과 비슷한 방법을 사용하여 간단한 모멘텀 전략을 구축했다. 파마와 프렌치의 자료를 활용하여 미국 대형주의 1년 후행 수익률을 측정했다. 선행 1년 수익률 대비 가장 최근 1년의 수익률에 따라 주식 배분율은 0%에서 200%로 설정했다(즉, 2배 레버리지 포지션에 대한 익스포저가 없다). 현재 수익률이 역사적 중간값을 웃돈다면, 이 전략의 주식 시장 익스포저는 1배 이상이다. 현재 수익률이 역사적 중간값을 밑돈다면, 이 전략의 시장 익스포저는 1배 미만이 된다. 각 시점에 대해 우리는 그 당시 투자자가 활용할 수 있었을 데이터만 사용했다(즉, 중간값은 롤링 바이어스rolling bias를 반영하여 계산했다). 이러한 방법을 통해 사후 확신 편향을 피하고자 했다(비고: 우리가 주식 익스포저의 범위를 0~200%로 설정한 것은 이렇게 해야 주식 비중을 축소 및 확대할 수 있기 때문이다. 이는 우리가 고객에게 권고하는 전략적 주식 전략, 즉 주식과 채권 배분의 중심축으로 주식 익스포저를 0~100% 범위 이내에서 변동할 수 있도록 한 전략을 반영한다. 이 중심축 설정 덕분에 주식의 비중을 축소 또는 확대할 수 있다).

이 간단한 가상의 전략은 매년 시장보다 86bp 높은 수익률을 내며, 하락세의 지속 기간과 정도도 20% 감소했다(모든 수익률은 가상의 수익률이며, 백테스트를 진행했다. 이 가상의 전략 구상과 실적 산출은 이 글을 작성하면서 진행했다. 인덱스 수익률은 배당금 재투자를 포함하며, 모든 수수료와 비용 차감 전의 수치다. 과거 실적이 미래 실적을 보장하지는 않는다).

버핏의 경우와 마찬가지로 이 전략의 장기 리스크 조정 실적은 시장을 웃돌지만, 상당한 단기 실적 부진의 가능성을 배제할 수 없다.

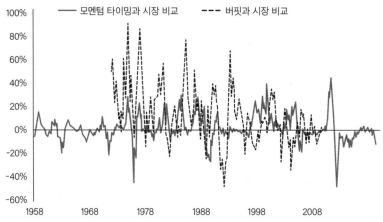

1년 롤링 상대 실적 — BRK-A와 VFINX 비교, 전략적 모멘텀 타이밍과 시장 비교

━━ 모멘텀 타이밍과 시장 비교   --- 버핏과 시장 비교

출처: 야후 파이낸스, 파마/프렌치 데이터 웹사이트. 뉴파운드 리서치의 산출치. 과거 실적이 미래 실적을 보장하지는 않는다. 모멘텀 타이밍 전략은 가상의 전략이며, 백테스트를 진행했다. 배당금 재투자를 반영하고 있으며, 각종 수수료나 비용의 지급은 포함하고 있지 않다. 해당 인덱스는 뉴파운드의 전략 또는 인덱스와는 전혀 무관하다.

　모멘텀 전략의 최근 실적 부진(올해 초부터 9월 30일까지 시장은 +7.5%였던 데 반해 모멘텀 전략은 +1.8%)은 역사적 범위 안에 충분히 들어오는 수치다.

　데이터를 조금 더 자세히 살펴보면 전략적 모멘텀 전략은 시장이 하락세일 때, 그리고 시장의 상승폭이 매우 클 때(30% 이상) 초과 실적을 낸다는 점을 볼 수 있다. 시장의 상승폭이 크지 않을 때는 이 전략의 실적이 부진한 경향이 있다.

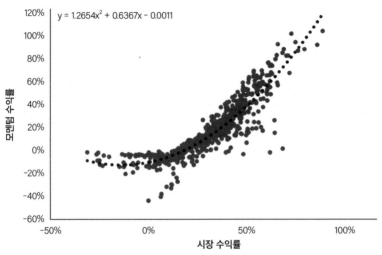

1년 수익률: 시장과 모멘텀 타이밍 비교

$$y = 1.2654x^2 + 0.6367x - 0.0011$$

(세로축) 모멘텀 수익률

(가로축) 시장 수익률

출처: 야후 파이낸스, 파마/프렌치 데이터 웹사이트. 뉴파운드 리서치의 산출치. 과거 실적이 미래 실적을 보장하지는 않는다. 모멘텀 타이밍 전략은 가상의 전략이며, 백테스트를 진행했다. 배당금 재투자를 반영하고 있으며, 각종 수수료나 비용의 지급은 포함하고 있지 않다. 해당 인덱스는 뉴파운드의 전략 또는 인덱스와는 전혀 무관하다.

우리는 이 데이터를 활용해 모멘텀 기반 전략적 주식의 리스크 완화 특성에 대한 기대치를 설정할 수 있다. 아래의 자료를 통해 이 가상의 전략이 대규모 손실을 막는 데 유용한 편이라는 점을 확인할 수 있다. 하방 보호*는 대체로 시장이 -10~-20% 하락했을 때 효과가 나타나는 경향이 있다.

그러나 모멘텀으로 완벽하게 리스크를 관리할 수는 없다. 1987년에는 모멘텀 전략이 실제 시장보다 더 부진했을 것이다. 모멘텀은 본래 미래가 아니라 과거를 기준으로 하기 때문에 모멘텀 전략은

* 포트폴리오에서 손실의 빈도와 규모를 줄이려는 리스크 관리 전략.

최대 2배까지 레버리지될 수 있다. 그 결과, 1987년처럼 예상치 못
한 대규모 매도가 빠르게 일어나는 상황에 대처할 능력이 없어진
다. 바로 이런 이유로 우리는 고품질 채권과 전략적 자산 배분, 대안
적 전략(예를 들면 관리형 선물**)과 같은 보완적인 수단을 병용해 전
체론적인 관점으로 리스크를 관리해야 한다고 생각한다.

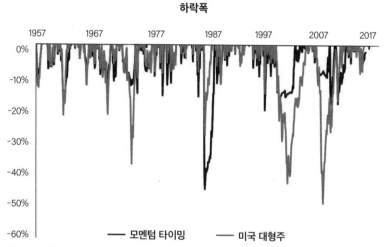

하락폭

출처: 야후 파이낸스, 파마/프렌치 데이터 웹사이트. 뉴파운드 리서치의 산출치. 과거 실적이 미래 실적을 보장하지는 않는다. 모멘텀
타이밍 전략은 가상의 전략이며, 백테스트를 진행했다. 배당금 재투자를 반영하고 있으며, 각종 수수료나 비용의 지급은 포함
하고 있지 않다. 해당 인덱스는 뉴파운드의 전략 또는 인덱스와는 전혀 무관하다.

결론

그 어떤 투자자도, 심지어 그 대단한 워런 버핏조차도 이따금 찾
아오는 단기 실적 부진을 겪지 않을 도리가 없다. 단기 실적 부진은

** 선물 계약 포트폴리오를 전문가가 액티브하게 운용하는 투자 형태.

짜증스럽지만 리스크 조정 기준 시장보다 높은 실적을 내고자 하는 투자자라면 겪어야 하는 일이다.

언제나 초과 실적을 내려는 노력은 오히려 결실을 보기 어렵다. 그보다는 자신의 자산군과 전략, 매니저가 여러 시장 국면에서 어떤 실적을 낼지를 제대로 이해하려고 해야 한다. 이 글은 무해한 실적 부진과 심각한 문제(즉, 매니저가 본래의 투자 프로세스에서 이탈하는 상황)의 징후일 수도 있는 실적 부진을 구분하는 데 도움이 될 것이다.

좋은 성과를 내기 어려우리라 예상되는 여건에서 발생하는 실적 부진은 매니저가 자신의 투자 프로세스에 충실하다는 점을 잘 보여주는 것일 수도 있다.

저자 **코리 호프스타인**

업계 패널로서 많은 초청을 받는 연사이며, ETF닷컴과 《ETF 트렌드ETF Trends》, 포브스닷컴Forbes.com의 블로그인 〈그레이트 스페큘레이션Great Speculations〉에 글을 기고하고 있다. ETF닷컴의 2014년 ETF 올스타에 선정되기도 했다.

카네기멜론대학교에서 계산금융학 석사학위를, 코넬대학교에서 우등으로 컴퓨터공학 학사학위를 취득했다.

저자 **저스틴 시비어스**

업계 패널로 많은 초청을 받는 연사이며, 《ETF 트렌드》에 글을 기고하고 있다. 카네기멜론대학교에서 계산금융학 석사학위와 경영학 석사학위를 취득했으며, 노트르담대학교에서 수학과 금융학 경영학사를 취득했다.

24.

투자 복잡성의 중첩 편향

제이슨 수 Jason Hsu, 존 웨스트 John West

요약

- 복잡함을 선호하는 경향은 투자자와 대리인, 자산운용 매니저에게 뿌리깊이 박혀 있다. 투자 분야가 복잡한 만큼 복잡한 해결책이 필요하다는 생각이 보통이기도 하거니와, 복잡한 전략은 대리인이나 매니저가 더 높은 수수료를 요구할 수 있는 근거가 되기 때문이다.

- 연구 결과, 단순하고 회전율이 낮은 전략과 복잡하고 회전율이 높은 전략의 수수료 차감 전 실적은 비슷하다고 한다. 이는 전자의 세후 실적이 더 나을 수도 있음을 시사한다.

- 단순함을 추구했을 때 투자 결과가 더 좋은 것은, 단순함이 그 자체로 투자 수익률을 끌어올린다기보다는 전략이 단순해야 투자자가 주체적으로 결정할 수 있고 단기적인 노이즈에 과잉 반응하는

경우가 줄기 때문이다.

단순함은 훌륭한 덕목이다. 하지만 단순함을 갖추려면 노력이 필요하고, 그 가치를 제대로 알아보려면 교육이 필요하다. 그런데 설상가상으로 복잡한 것이 더 잘 팔린다.

— 에츠허르 데이크스트라_{Edsger W. Dijkstra}

투자업계에 몸담은 기간이 긴 우리는 투자자가 복잡성에 심히 끌린다는 점을 아주 잘 알고 있다. 이 글에서는 해당 편향의 이유를 살펴보고자 한다. 한 가지 이유는 수수료를 많이 받으려면 더 복잡한 전략을 제시해야 한다는 자산운용 매니저의 합리화다. 매니저를 추천하는 컨설턴트나 자문가 같은 사람에게도 이런 생각은 비슷하게 적용되는 것 같다. 복잡성 편향의 두 번째 이유는 투자자가 시장보다 높은 수익률을 내려면 복잡한 전략이 필요하다고 합리화하기 때문이다. 이러한 합리화에는 모두 장기적인 투자 실적의 측면에서 (부정적인 쪽으로 편향된) 함의가 있다.

복잡성으로 인해 실적이 혼란스러워질 수 있다
복잡성을 늘리려는 압력이 온갖 곳에서 엄청나게 쏟아져 들어오는 상황과는 반대로, 여러 경험과 연구를 보면 단순한 접근법

• 프로그래밍 언어 개발에 핵심적인 공헌을 인정받아 1972년 튜링상 Turing Prize 상을 수상한 네덜란드의 컴퓨터 공학자다.

이 좋다는 점을 알 수 있다. 일례로 2009년에 데미겔DeMiguel, 갈라 피Garlappi, 우팔Uppal은 다양한 예상 수익률 모델을 활용하여 수치가 최적화된 포트폴리오의 실적이 단순한 동일가중 방식보다 대체로 더 높지 않다는 점을 밝혀냈다.

이 분야에서 우리가 진행한 연구의 예로, 초우Chow 등은 〈대안적 주가지수 전략에 관한 연구A Survey of Alternative Equity Index Strategies〉에서 가장 인기 있는 스마트 베타 전략을 분석했다. 여기에서 단순하고 회전율이 낮은 전략과 복잡하고 회전율이 높은 전략의 수수료 차 감 전 실적이 대체로 비슷하다는 점을 확인했으며, 이는 수수료 차 감 후를 기준으로 보면 전자가 더 나을 수도 있음을 시사한다.

다양한 투자 철학의 특징적인 이면을 살펴보면, 여러 복잡한 스마 트 베타 전략의 장기적인 수익률을 결정하는 요인이 밸류나 규모, 저변동성 등 잘 알려진 팩터/스타일 익스포저에 치우쳐 있다. 각 익 스포저는 포트폴리오 가중치와 가격 사이의 연관성을 없애고, 필요 한 리밸런싱을 수행한 당연한 결과다. 실제로 팩터 프리미엄을 극대 화하는 익스포저, 예를 들어 밸류 또는 저변동성과 같은 익스포저 를 구성하는 '최선'의 방법을 뒷받침하는 데이터나 연구는 없다시피 하다. 복잡하게 구성된 역사적 백테스트를 보면 대체로 회전율과 운용 수수료가 더 높고, 표본 외 수익률은 잠재적으로 더 낮다.

복잡성이 꼭 초과 실적으로 이어지지 않는다면 왜 자산운용 매 니저는 점점 더 복잡한 전략을 투자자에게 제시하는 것이며, 왜 투 자자는 계속해서 그에 투자할까? 이를 잘 설명할 수 있는 존의 이야기를 살펴보자.

존의 낚시 이야기

물고기가 낚시꾼을 피해 숨는 바다는 놀랍도록 복잡한 생태계다. 바다 낚시의 성공(또는 실패)을 좌우하는 요인은 셀 수 없을 정도로 많다. 일단은 물고기가 낚시 지점에 있어야겠지만, 그건 여러 요인 중 절반의 비중이 채 되지 않을 것이다. 조수, 해류, 햇빛, 전날 밤의 달빛, 먹이의 양, 시간대, 낚시 도구 등이 어획량에 영향을 미친다. 이렇게 많은 요인이 있기에 아무리 작은 낚시용품점이라도 수만 가지 제품으로 꽉 찰 수밖에 없는 것이다.

그러나 바다 낚시광인 나는 가장 단순한 형태의 루어로 낚시를 할 때 다른 루어를 모두 사용한 것보다 두 배는 많은 참치를 낚을 수 있다고 확언한다. 루어는 아래 사진 1에서 보듯, 별 볼 일 없어 보이는 삼나무 플러그다. 단순하다고? 물론이다! 정말이지 이 루어는 납덩어리에 칠이 안 된 나뭇조각을 붙이고 갈고리 하나를 대충 달아놓은 것이다! 산업 부품처럼 보이기도 한다. 매력적이고 복잡하냐고? 당연히 아니다.

사진 1: 놀랍도록 단순한 참나무 플러그 루어

　우리가 참치를 낚고 싶어서 안달이 난 상태라고 생각해보자. 참치 낚시는 처음이니, 전문가인 전세선 선장에게 맡기기로 한다. 하지만 어느 선장에게 맡겨야 할까? 부두를 천천히 걸으면서 각 선장에게 참치를 어떻게 낚는지 물어본다. 첫 번째 선장은 증거물 제1호와 똑같이 생긴 참나무 플러그를 보여주면서 "고기가 있는 기미가 보이는 곳으로 나가 이런 루어 4개를 일정한 속도로 배 뒤에 끌고 다니면서 잡는 거죠. 돌아갈 시간이 될 때까지 계속 그렇게 합니다"라고 이야기한다. 두 번째 선장은 위의 사진과 같은 루어로 가득 찬

10여 개의 낚시도구 서랍을 보여주면서 "참치는 잡기 어려워요. 저는 오랜 시간에 걸쳐 루어 60개와 햇빛 조건 5가지, 달의 위상 변화 7가지, 조수 단계 6가지 중 최적화된 루어를 선별할 수 있는 완벽한 시스템을 다듬었습니다. 저는 트롤링 낚시[*]를 하는데, 5분 간격으로 속도를 조절하죠. 속도 조절 역시 굉장히 광범위한 테스트를 거친 방법으로 합니다"라고 선언하듯 이야기한다. 배를 오래 타기는 싫지만 신선한 회는 너무나도 먹고 싶은 우리는 어떤 선장을 고를까?

회를 좋아하는 낚시꾼은 대부분 두 번째 선장을 고른다. 바다는 넓고 참치 낚시에 영향을 미치는 요소는 많다. 그러니 여러 요인을 더 정교하게 고려하는 방법이 진짜인 것 같다. 그러나 (물론 내 개인적인 경험에 비추어서 하는 이야기이고, 과학적으로 더 철저한 연구를 진행해달라는 내 요구를 회사에서 승인해주기를 아직도 기다리고 있기는 하지만!) 이런 방법을 써서 참치를 더 많이 잡을 수는 없다.

복잡성을 선호하는 투자자의 성향

마찬가지로 투자자가 복잡함에 끌리는 이유는 물고기가 바글거리는 신기한 바다와 마찬가지로 주가를 움직이는 시장 역시 깊고 복잡하기 때문이다. 금융 시장과 자산군이 복잡하게 얽힌 시장을 잘 이해하고 이용하려면 당연히 정교한 전략이 필요하다. 그렇지 않은가? 전 세계적으로 통합된 시장과 경제는 전혀 단순하지 않기에

• 　미끼를 끌고 다니는 낚시법.

얼핏 생각하기에 단순한 전략으로 성공할 수 있을 것 같지가 않다. '단순함이 통한다'는 생각은 가벼운 마음으로 (때때로 그리 가볍지 않은 마음으로) 시장을 지켜보는 사람들 대부분에게 직관에 반하는 이야기가 아닐 수 없다.

데이터 마이닝, 즉 신호라고 볼 수 있을 무언가가 나올 때까지 과거 데이터를 백테스트하는 과정을 거친 복잡한 전략이 예상만큼 실적이 좋지 않을 것이라고 투자자를 설득하기란 정말 어려울 수 있다. 찰스 슐츠Charles Schultz가 《피너츠Peanuts》 만화를 그리는 속도로 미분 방정식을 휘갈기는 박사학위 소지자가 풍기는 과학적 권위는 복잡해서 이해하기 힘든 '블랙박스' 같은 방식에 훨씬 더 큰 '신빙성'을 부여하니 말이다.

여기에 더해, 대리인으로 인해 문제가 더 복잡해진다. 투자자가 시장의 노이즈를 이해하고 능력 있는 매니저를 찾는 데 도움을 주어야 하는 자문가나 컨설턴트도 복잡한 것을 권한다. 고객에게 단순하고 쉬운 전략을 권하는 매니저를 추천하면서 상당한 수수료를 청구하면 고객을 납득시키기가 쉽지 않다. 수수료를 합리화하는 당연하면서도 경제적이고 합리적인 대응은 (자문가가) 더 복잡한 전략을 권하거나 (매니저가) 그러한 전략을 제시하는 것이다. 자산운용 매니저의 입장에서 단순한 전략(칠이 안 된 삼나무 플러그)보다는 복잡한 전략(찍어낸 플라스틱에 현란한 칠을 하여 눈길을 끄는 루어)에 높은 수수료를 청구하는 편이 확실히 더 쉽다.

단순성과 복잡성이 왜 중요한가?

복잡한 전략과 비교하여 단순한 전략이 항상 더 낫거나 비슷한 실적을 낸다고 이야기하려는 것은 아니다. 다만, 복잡성이 투자자에게 초래하는 문제는 대체로 복잡성 그 자체에서 기인한다는 점, 즉 복잡한 전략을 택하면 실적에 집착하게 되는 안타까운 결과로 이어진다는 점을 짚고 넘어가려는 것이다. 대니얼 카너먼Daniel Kahneman이 《생각에 관한 생각Thinking, Fast and Slow》에서 설명한 시스템 1과 시스템 2 사고방식에 대입해보면 왜 그런지 더 잘 알 수 있다. 카너먼은 시스템 1 사고는 자동적·감정적·수동적이며, 시스템 2 사고는 신중하고 노력을 요하며 능동적인 방식이라고 설명한다.

복잡한 투자 전략을 접한 투자자는 우선 시스템 1에 입각한 사고를 하게 된다. 그러면 즉각적으로 '나는 전략이 이해가 안 돼. 내가 이 매니저보다 똑똑하지 않은 게 분명해'라는 반응을 보인다. 그러다가 시스템 2 사고방식으로 이어져, '매니저가 이렇게 똑똑하니까 이 사람의 전략이 분명히 실적이 더 좋을 거야. 나는 매니저의 전략대로 투자하고 싶은 것 같아'라고 반응한다. 그러면 투자자는 합리적인 위임 결정을 했다는 안전감과 편안함을 느낀다. 결국 복잡성을 수용하면 투자자의 자아가 일시적으로라도 진정된다.

이런 생각은 자산운용 매니저가 기대와 같은 실적을 내지 못할 때는 반대로 작용한다. 넛슨Knutson과 피터슨Peterson 등의 신경과학자들은 돈을 받으리라는 기대가 있으면 뇌에서 도파민 보상이 작동한다는 점을 밝혀냈다. 반대로 돈을 잃으리라는 예상을 하면 이런 즐거운 경험은 사라진다. 그러면 시스템 1이 작용하여 '이런! 매니저를 해고해서 좋지 못한 기분에서 벗어나야겠어'라고 반응한다. 그리고 시스템 2 반응이 나타나면서 '부진한 실적을 낸 결정은 내가 한 게 아니야. 그러니까 나는 책임이 없어'라며 합리화한다. 투자자가 '나쁜' 결정을 '주도적으로' 하지 않았기 때문에 이 관계를 끝내기가 더 쉬운 것이다.

이런 식으로 생각하는 투자자는 자신이 잘 이해하지 못한 복잡한 전략의 실적이 곤두박질치는 순간, 십중팔구 곧바로 그 전략을 되팔기 마련이다. 투자자가 잘못된 시기에 매수·매도를 해서 이중 손실의 덫에 빠지면 특히나 실망스러운 장기 실적이 나오는 경우가 많다. 우리 연구(수Hsu, 마이어스Myers, 휘트비Whitby [2015])에서는 단기 실적을 기준으로 매니저를 빈번하게 고용 또는 해고하는 행위가 투자자 실적 부진의 주요 원인임을 밝혔다. 이런 결과는 경험 많은 매니저를 고용한다고 해도 마찬가지다. 투자자가 단기 실적을 기준으로 매수·매도 결정을 내리는 건 좋은 일이 절대 아니지만, 전략을 제대로 이해하지 못하면 그로 인한 피해가 더 커질 수 있다.

카너먼의 시스템 1과 시스템 2 사고방식은 단순한 전략을 선택해야 한다는 사실을 뒷받침한다. 다음의 시나리오를 생각해보자. 단순한 전략을 처음 접한 투자자는 반사적으로 시스템 1의 방식으로 생각하게 된다. '이 전략은 이해하기가 쉬워. 나는 스마트한 전문 투자자야. 이건 효과가 있을 거야.' 그러나 곧바로 시스템 2 사고방식이 끼어든다. '내가 여기에 높은 수수료를 낼 필요가 없잖아. 나는 그저 내가 고른 팩터를 집행할 체계적인 전략을 저비용으로 수행해줄 사람이 필요할 뿐인데.' 해당 전략이 예상 실적을 내지 못하면 투자자는 '내가 틀린 게 아니야. 시장이 틀린 거야'라는 시스템 1 반응을 보인다. 그리고 시스템 2 사고가 작동하면 이렇게 생각한다. '나는 이 팩터의 근거가 되는 연구를 신중하게 검토했어. 단기 실적에는 노이즈가 끼기 마련이야. 장기적으로 이 익스포저는 효과가 있을 거야.' 투자자는 이 전략을 유지하기로 한다.

단순한 전략으로 투자하는 사람은 대체로 매니저를 자주 교체하지 않는다. 우리는 연구를 통해 이런 투자자가 최근 실적을 이유로 적극적으로 매니저를 교체하는 투자자보다 유의미하게 더 높은 성과를 얻는 경향이 있다는 점을 알아냈다. 단순한 전략을 채택했을 때 투자 결과가 더 좋은 것은 단순함이 그 자체로 더 높은 투자 수익률을 창출하기 때문이 아니다. 그보다는 단순한 전략을 택하면 투자자가 주체적인 결정을 하게 되고, 단기적인 노이즈에 과잉 반응할 확률이 낮아지기 때문이다.

단순한 선택

우리는 투자자에게 단순한 접근 방식이나 전략, 모델을 선택할 때 따라오는 장점을 알리는 일이 중요하다고 생각한다. 불필요한 복잡성은 직접적으로는 수수료를, 간접적으로는 다른 비용도 초래한다. 투자자가 이해하지 못하는 복잡한 전략은 부적절한 투자 결정으로 이어질 수 있고, 이로 인해 투자자는 장기적인 경제 목표를 달성하지 못하게 된다. 스티브 잡스가 이야기했듯, "어떤 사람은 디자인이 눈에 보이는 모습이라고 생각한다. 하지만 조금만 더 깊이 생각해보면 진짜 디자인은 작동 방식의 문제라는 점이 분명해진다." 단순한 디자인이 좋은 것이라면 단순함을 택하는 것이 투자자에게 좋다는 증거는 충분하다.

참고문헌

Tzee Mann Chow, Jason Hsu, Vitali Kalesnik, and Bryce Little, "A Survey of Alternative Equity Index Strategies", *Financial Analysis Journal*, 67(5), 2011, pp. 37-57.

Victor DeMiguel, Lorenzo Garlappi, and Raman Uppal, "Optimal Versus Naive Diversification: How Inefficient Is the 1/N Portfolio Strategy?", *Review of Financial Studies*, 22(5), pp. 1915-1953.

Jason Hsu, Brett Myers, and Brian Whitby, "Timing Poorly: A Guide to Generating Poor Returns While Investing in Successful Strategies", *Journal of Portfolio Management*, 42(2), pp. 90-98.

Daniel Kahneman, *Thinking, Fast and Slow*, Farrar, Straus and Giroux, 2011.

Brian Knutson and Richard Peterson, "Neurally Reconstructing Expected Utility", *Games and Economic Behavior*, 52(2), pp. 305-315.

Gary Wolf, "Steve Jobs: The Next Insanely Great Thing", *Wired Magazine*, 1996. 2. 1.

저자 **제이슨 수**

레일리언트 글로벌 어드바이저스Rayliant Global Advisors의 회장 겸 CIO이자 리서치 어필리에이츠Research Affiliates의 부회장이다. 스마트 베타 혁명의 최전선에 선 인물로, 업계에서 혁신가이자 '사고 리더'로 인정받는다. 2005년 롭 아노트Rob Arnott와 함께 라피 펀더멘털 인덱스RAFI™ Fundamental Index™ 투자 방식에 관한 선구적인 연구를 발전시켰으며, 수많은 논문을 발표했다. 그 중 〈대안적 주가지수 전략에 관한 연구〉는 2011년 그레이엄과 도드 스크롤, CFA 인스티튜트의 리더스 초이스 상을 수상했다. 〈말킬의 원숭이와 역 전략에서 기인한 놀라운 알파The Surprising Alpha from Malkiel's Monkey and Upside-Down Strategies〉는 2013년 《포트폴리오 운용 저널》에 실린 논문을 대상으로 하는 번스타인 파보치/제이콥스 레비 어워드 우수 논문상을 수상했다. 2005년과 2013년에는 스마트 베타 연구로 《기관투자자 저널》에서 주관하는 윌리엄 샤프 어워드의 최고 신규 인덱스 연구상을 수상했다.

동료 심사를 받은 논문을 40편 이상 저술했으며, 《투자 운용 저널》의 편집위원이다. 《금융 애널리스트 저널》과 《인덱스 투자 저널》, 《투자 컨설팅 저널》 편집위원으로 활동하고 있다.

캘리포니아공과대학에서 최우등으로 물리학 학사학위를 취득했으며, 스탠퍼드대학교에서 금융학 석사학위를, UCLA에서 금융학 박사학위를 취득했다.

저자 **존 웨스트**

리서치 어필리에이츠의 임원이자 고객 전략 부문의 수장으로서, 리서치 어필리에이츠의 관점과 상품의 투자자 효과를 극대화하는 업무를 담당하고 있다. 이전에는 미국 태평양 연안에 소재한 기관 투자자 대상 컨설팅 회사인 워츠 앤드 어소시에이츠Wurts & Associates (현재 사명은 베루스Verus)에서 리서치 부문 부사장 겸 시니어 컨설턴트로 재직했다.

공인 재무분석사이기도 하며, CFA 인스티튜트와 CFA 로스앤젤레스 협회CFA Society Los Angeles의 회원이다. 《펀더멘털 인덱스: 더 나은 투자를 하는 방법The Fundamental Index: A Better Way to Invest》의 저자이기도 하다. 애리조나대학교에서 금융학 학사학위를 취득했다.

25.

워런 버핏을 버릴 것인가?
투자자는 항상 그런 실수를 한다

존 리즈 John Reese

최고의 아이디어도 삐끗할 때가 있다.

헤지펀드 매니저이자《주식 시장을 이기는 작은 책The Little Book That Still Beats the Market》의 저자 조엘 그린블라트Joel Greenblatt는 10년 이상 최고의 실적을 낸 정상급 뮤추얼펀드 매니저 중 대다수도 다른 매니저들보다 훨씬 뒤처지는 시기가 최소 3년 이상 있었다고 했다.

스타 매니저의 3/4 이상이 3년 정도는 실적이 최저 수준인 시기를 겪었다. 이는 단기적인 성향의 투자자라면 달아났을 상황이다. 달아난 이들에게는 안타까운 일이겠으나 장기적으로는, 즉 2009년 말까지 10년에 이르는 기간 동안 이들 매니저는 모두 높은 실적을 냈다.

이는 우리 모두에게 시사하는 바가 있다. 지금은 잘 풀리지 않더라도 자신의 계획을 지켜내는 것이 성공으로 이어질 수 있다는 것이다. 시장은 늘상 등락을 반복하기 때문에 항상 초과 실적을 내는 전략은 회의적으로 봐야 한다. 투자는 보상뿐만 아니라 리스크를 동반하는 장기적인 노력이다. 액티브 매니저가 몇 년 동안 엄청나게 힘든 시기를 보내며 벤치마크보다 높은 실적을 내지 못하고 있고, 패시브 투자로의 전환이 지속적인 추세가 된 요즘의 상황에서는 특히 그렇다.

오르락내리락

1980년대 최고의 실적을 낸 미국의 분산 주식형 펀드였던 켄 히브너Ken Heebner의 37억 달러 규모 CGM 포커스 펀드CGM Focus Fund를 살펴보자. CGM은 연간 18% 상승했지만, 성격 급한 사람들이 단기 수익률 변동에 따라 계속해서 들어오고 나가면서 보통의 투자자는 연간 평균 11%의 손해를 보았다. 투자자는 실적이 올라가면 펀드에 돈을 들이붓다가도 실적이 떨어지면 환매해버린다.

CGM은 2007년 무려 80%의 수익률을 냈다. 25개 종목으로 구성하여 집중도가 매우 높은 바스켓에 주력한 결과였다. 금융 위기가 발생해 글로벌 주식 시장이 폭락했던 2008년에 투자자들은 26억 달러의 자금을 CGM에 예탁했다. 그해 CGM은 48% 하락했고, 투자자들은 예상대로 2009년 CGM에서 7억 5,000만 달러를 인출했다. 그러나 2009년은 시장과 CGM의 실적이 모두 반등한 시기였다. 지난 1년, 3년, 5년, 심지어는 10년의 기간을 놓고 보면 CGM 포커스 펀드는 S&P 500 지수를 추종했다. 그러나 지난 15년간 CGM은 S&P 500보다 2%p 높은 실적을 냈으며, 모닝스타의 집계에 따르면 해당 펀드 카테고리에서 종합 4위를 기록했다.

현명한 투자자는 달아나고 싶은 충동에 저항한다. 종목이나 매니저를 직접 선별해 구성한 포트폴리오는 벤치마크 지수가 하지 못하는 무언가를 실현해야 한다. 벤치마크의 실적이 좋을 때는 포트폴리오가 벤치마크를 추종할 수도 있고, 벤치마크의 실적이 나쁠 때는 포트폴리오 실적이 더 높을 수도 있다. 벤치마크를 웃도는 수익률을 달성하려면 항상 시장보다 높은 실적을 낼 수 있는 전략은 없다는 사실을 되새기며, 좋을 때나 안 좋을 때나 투자 매니저를 믿고 갈 수 있도록 감정을 절제해야 한다.

버크셔 해서웨이의 수장이자 수많은 투자자를 추종자로 거느린 억만장자 워런 버핏도 실적이 좋지 않을 때가 있었다. 뉴파운드 리서치Newfound Research에서 버핏의 실적을 분석한 결과 버핏의 실적은 3년에 한 번 꼴로 종합지수를 밑돌았고, 상당한 기간에 걸쳐 벤치마크보다 10% 이상 뒤처졌던 시기가 10번 있었다.

그러나 그 기간 내내 버핏을 믿고 계속 투자했던 사람들은 인내심에 대한 보상을 받았다. 뉴파운드 리서치에 따르면 1980년 3월부터 2016년 10월까지 버크셔 해서웨이의 클래스 A 주식은 연간 수익률이 20.2%로, S&P 500보다 연간 거의 10% 이상 높았다. 2016년 12월 13일 화요일에 버크셔 해서웨이의 클래스 A 주식은 처음으로 25만 달러를 잠시 넘어섰다. 25만 달러는 1962년 버핏이 그 당시 섬유회사였던 버크셔의 주식을 처음 샀던 날 이후 54년하고도 하루가 더 지나 달성한 가격이었다.

이는 단기적인 실적 부진은 나쁘다는 생각을 불식시킨다. 워런 버 핏이 현재 하는 투자 중 한 가지가 최근에 타격을 받았다는 이유만 으로 버핏을 해고하겠는가? 하락장을 기회 삼아 다른 사람들이 매 도하는 물량을 매수해야 한다는 버핏의 말은 유명하다.

리스크를 감수하지 않는 초과 실적은 불가능하다. 뉴파운드 리서 치의 분석을 보면, 예상 연간 초과 실적이 3%인 매니저가 5년 동안 최소 1번 벤치마크보다 10% 이상 뒤처지는 실적을 낼 확률은 80% 다. 매니저가 부진한 실적을 낸다는 이유만으로 그 매니저가 운용 하는 펀드를 들락날락하면 큰 비용을 치르게 된다. 헤지펀드 매니 저 그린블라트가 이야기하듯, 지난 3년, 5년, 10년 간의 실적과 앞 으로의 실적 사이에는 상관관계가 없다. 전략을 이해하고 장기적으 로 그 전략을 따르는 신뢰를 형성하는 것이 더 중요하다.

그러나 전문투자자를 포함해 많은 투자자가 투자 전략의 여러 측 면을 이해하기란 실질적으로 어려울 수 있고, 투자자는 대체로 최 근 수익률에 과도한 가중치를 부여하여 생각하는 경향이 있다(한 가지 짚고 넘어가자면, 버크셔 해서웨이는 2016년 25% 상승했다. 11월부 터는 15% 올랐는데, 트럼프가 당선되면서 은행주가 상승했던 것이 주된 요 인이었다).

투자자가 투자 전략의 요건을 이해한다고 해도 운과 능력을 구분 하기가 어려울 수 있다. 그래서 시장이 좋을 때나 아닐 때나 특정 인덱스에 계속 투자할 수 있다는 전제하에, 인덱싱이 여러 투자자에게 좋은 선택지일 수 있다. 그러나 일정 기간 상대적인 실적 부진을 견딜 의향이 있으면서 시장보다 높은 실적을 얻으려는 투자자의 경우, 성공의 핵심 요인은 실적 부진의 시기에도 액티브 전략이나 매니저를 계속 믿어주는 것이다.

결국 투자자가 자신이 리스크를 얼마나 감당할 의향이 있는지 이해하여 받아들이고, 그에 맞춘 포트폴리오를 구축하여 오랫동안 유지하는 것이 중요하다. 투자에는 특정한 리스크 요소가 있다는 사실을 아는 투자자는 시장이 예측대로 움직이지 않을 때 패닉하지 않을 테니 말이다.

저자 **존 리즈**

밸리디아 캐피털 매니지먼트Validea Capital Management의 공동 창업
자이자 CEO이며, '월가의 전설들'이 채택한 종목 선정 전략을 활용
하여 ETF를 운용하는 매니저다. 퀀트 투자에 대한 강연을 목적으
로 자주 초청받는 연사이며, 자동 주식 분석과 관련하여 2건의 미
국 특허를 보유하고 있다.

　밸리데아닷컴Validea.com의 창업자이자 《주식 시장의 천재 투자자
들The Guru Investor》의 저자다. 하버드 경영대학원에서 경영학 석사
학위를 취득했으며, 매사추세츠공과대학에서 컴퓨터공학 학위를 받
았다. 2004년 밸리디아 캐피털을 공동 창업했다.

26.

생각이 투자를 망칠 수 있다

래리 스웨드로Larry Swedroe

패시브 투자(체계적인 방법을 사용하여 하나 이상의 팩터에 대한 익스포저를 얻는 것으로 정의할 수 있다)에 반대하는 논거로 내가 가장 많이 듣는 것 중 하나는 "어떻게 '생각'을 하는 좋은 운용이 '생각이 없는' 운용보다 우수하지 않을 수 있겠는가"하는 것이다. 나는 이 문제에 대해 투자자 대부분이 강력한 의견을 가지고 있다는 사실을 알게 되었다.

다행스럽게도 이 논쟁을 해결할 수 있는 증거가 있다. 1968년 미네소타 다면적 인성검사Minnesota Multiphasic Personality Inventory, MMPI에 참여한 1,000명 이상의 환자가 제출한 답변과 이들 중 신경증 또는 정신병으로 최종 진단명이 나온 사례를 분석한 심리학 교수 루이스 골드버그Louis Goldberg의 연구를 먼저 살펴보자.

골드버그는 이 데이터를 활용해 MMPI 테스트 결과를 기준으로 최종 진단명을 예측하는 단순한 모델을 개발했다. 골드버그 모델의 표본 외 정확도는 70%였다. 골드버그는 MMPI 점수를 경험이 적은 임상 심리학자와 경험이 많은 임상 심리학자 모두에게 제공한 후 환자를 진단해달라고 요청했다. 그 결과 골드버그의 단순한 모델이 가장 경험이 많은 심리학자보다도 더 정확하게 최종 진단명을 예측했다.

골드버그는 여기서 그치지 않고 테스트를 한 번 더 진행했다. 이번에는 임상 심리학자들에게 모델의 예측 내용을 함께 제공했다. 재실험 결과 임상 심리학자의 정확도가 올라가기는 했지만, 골드버그는 모델의 예측 내용을 받은 상태로 진단했음에도 모델보다 정확도가 낮은 것을 보고 충격을 받았다.

이에 대해 정량적 모델의 결과는 최대치에 해당하기 때문에 사람이 같은 업무를 수행하면 (지나친 자신감과 같은 우리의 행태적 편향 때문에) 모델의 정확도를 초과하기보다는 그에 못 미칠 가능성이 크다는 결론을 내릴 수 있을 듯하다.

그런데 투자 분야에서는 인간과 기계가 같은 결과를 낼까?

인간 대 기계: 헤지펀드

캠벨 하비, 샌디 래트레이, 앤드류 싱클레어, 오토 반 헤메르트는 2016년 12월에 발표된 논문 〈인간 대 기계: 재량적·체계적 헤지펀드 실적 비교Man vs. Machine: Comparing Discretionary and Systematic Hedge Fund Performance〉에서 이 주제에 관한 증거를 제시한다.

이들은 사람의 개입이 거의 또는 전혀 없는 규칙 기반 전략을 매일 사용하는 체계적 헤지펀드의 실적과, 새로운 정보를 해석하여 매일 투자 결정을 내리는 사람의 능력으로 운용되는 재량적 헤지펀드의 실적을 비교했다.

이 연구는 1996년부터 2014년까지의 기간에 걸쳐 9,000개 이상의 매크로 및 주식형 헤지펀드 데이터를 다룬다. 공통의 팩터에 대한 익스포저의 수익률을 조정하고자 FX 캐리와 변동성을 비롯해, 주식 팩터(베타, 규모, 밸류, 모멘텀)와 채권 팩터(기간, 신용)를 사용했다.

재량적 펀드가 헤지펀드 유니버스의 70%가량, 운용 자산의 75% 가량을 차지한다는 점을 보면, 투자자는 확실히 재량적 펀드를 선호한다고 볼 수 있다. 그러나 위 연구의 저자들은 그러한 선호를 뒷받침할 근거를 찾아내지 못했다.

주식형 헤지펀드의 경우, 연구진이 잘 알려진 리스크 팩터로 익스포저를 조정하자 리스크 조정 실적이 비슷해졌다. 전체적으로 봤을 때, 재량적 펀드의 경우 평균 수익률과 수익률 변동성은 대부분 리스크 팩터로 설명이 가능했다.

또한, 연구진이 '평가 비율appraisal ratio'(리스크 조정 평균 수익률과 그 변동성의 비율)이라는 지표를 살펴본 결과, 체계적 펀드가 0.35 대 0.25로 더 나은 실적을 기록했다. 매크로 펀드의 경우, 체계적 펀드가 재량적 펀드보다 리스크 미조정 및 리스크 조정 기준 모두에서 실적이 더 높았다. 평가 비율은 체계적 펀드가 0.44였고, 재량적 펀드는 0.31에 불과했다. 연구진은 '체계적 펀드에 대한 신뢰 부족을 정당화하는 근거가 없다'는 결론을 내렸다.

체계적 전략은 투자자를 (자신으로부터) 보호한다

웨슬리 그레이와 토비아스 칼라일Tobias Carlisle은 《정량적 가치Quantitative Value》라는 훌륭한 책에서 체계적이고 정량적인 투자의 힘을 한층 더 강하게 뒷받침한다. 그레이와 칼라일은 체계적 접근법의 객관성은 우리를 자기 자신의 편향으로부터 보호하는 방패로 작용함과 동시에, 다른 사람의 인지적 편향을 이용할 수 있도록 해주는 칼의 역할도 한다고 했다.

그레이와 칼라일은 이런 주장을 뒷받침하고자 조엘 그린블라트의 사례를 제시한다. 그린블라트의 회사인 고담 캐피털Gotham Capital은 1985년 창립한 이후부터 1995년에 투자자에게 외부 자본에 대한 수익을 지급할 때까지 10년간 수수료 차감 전 연간 40%라는 엄청난 복리 수익률을 기록했다.

그린블라트는 《주식 시장을 이기는 작은 책》에서 2002년에 했던 실험을 설명했다. 그는 버핏의 투자 전략을 정량화할 수 있는지 알아보고자 했고, 버핏의 연간 주주 서한을 연구하여 개발한 '마법 공식'을 발표했다.

그레이와 칼라일은 많은 연구를 통해 "모델은 전문가가 밟고 넘어가는 발판이라기보다는 도달할 수 있는 상한선이다. 그린블라트조차 마법 공식보다 높은 실적을 낼 수 없었다고 말한 바 있다"고 했다.

현재 진행 중인 '기계(체계적)와 인간(재량적)'의 대결 구도를 이용해 또 다른 실험을 해볼 수 있는데, 대표적인 패시브 운용 펀드인 디멘셔널 펀드 어드바이저스Dimensional Fund Advisors, DFA와 뱅가드Vanguard의 상대적인 실적을 검토하면 된다(스포일러: 내가 몸담은 회사인 버킹엄Buckingham에서는 고객 포트폴리오를 구축할 때 DFA 펀드를 권하고 있다).

다음의 표는 모닝스타에서 2016년 12월 7일을 기준으로 그 이전 15년의 백분위 순위를 취합한 것이다. 모닝스타의 데이터는 해당 기간 전체에 걸쳐 운용되었던 펀드의 수익률만 비교한 것이기 때문에 생존 편향이 포함되어 있다는 점에 유의하기 바란다.

매년 액티브 운용 펀드의 7%가 사라지는데, 이들의 수익률은 묻혀버리므로 생존 편향을 더 중요하게 고려해야 한다. 기간이 길수록 생존 편향은 더 심해진다. 15년이면 생존 편향이 꽤 클 것이다.

펀드	15개년 모닝스타 백분위 순위
미국	
뱅가드 500 인덱스 Vanguard 500 Index, VFIAX	28
DFA 미국 대형주 DFA US Large, DFUSX	29
뱅가르 밸류 인덱스 Vanguard Value Index, VVIAX	31
DFA 미국 대형주 밸류 III DFA US Large Value III, DFUVX	4
뱅가드 소형주 인덱스 Vanguard Small Cap Index, VSMAX	28
DFA 미국 소형주 DFA US Small, DFSTX,	20
DFA 미국 마이크로 캡 DFA US Micro Cap, DFSCX	13
뱅가드 소형주 밸류 인덱스 Vanguard Small Cap Value Index, VISVX	55
DFA 미국 소형주 밸류 DFA US Small Value, DFSVX	6
뱅가드 리츠 인덱스 Vanguard REIT Index, VGSLX	38
DFA 리얼 에스테이트 DFA Real Estate, DFREX	43
해외	
뱅가드 선진국 지수 Vanguard Developed Markets Index, VTMGX	31

DFA 인터내셔널 대형주 DFA International Large, DFALX	38
DFA 인터내셔널 밸류 III DFA International Value III, DFVIX	8
DFA 인터내셔널 소형주 DFA International Small, DFISX	18
DFA 인터내셔널 소형주 밸류 DFA International Small Value, DISVX	1
뱅가드 신흥시장 지수 Vanguard Emerging Markets Index, VEIEX	43
DFA 신흥시장 II DFA Emerging Markets II, DFEMX	24
DFA 신흥시장 밸류 DFA Emerging Markets Value, DFEVX	2
DFA 신흥시장 소형주 DFA Emerging Markets Small, DEMSX	1
뱅가드 평균 순위	36
DFA 평균 순위	16

순위 결과

7개 뱅가드 인덱스펀드의 15년 평균 순위는 백분위 36%였다. DFA 패시브 운용 펀드 13개의 15년 평균 백분위 순위는 16%로, DFA 펀드가 살아남은 펀드의 84%보다 더 높은 실적을 냈다는 의미다. 모닝스타에서 생존 편향을 보정하면 순위가 상당히 더 높아질 것이 거의 분명해 보인다.

이 순위가 세전 수익률을 기준으로 했다는 점도 눈여겨보아야 한다. 대부분의 경우, 인덱스와 기타 패시브 운용 펀드는 대개 회전율이 낮은 편이기 때문에 세금 측면에서 더 유리하다. 그리고 ETF에 투자하는 경우라면 인덱스펀드의 조세효율성이 한층 더 강화된다.

또 다른 중요한 점은 DFA 펀드가 가장 높은 순위를 기록한 자산군은 해외 소형주와 소형 가치주, 신흥 시장 주식 등 액티브 운용을 지지하는 사람들이 가장 비효율적이라고 (그래서 재량을 통해 최대 가치를 발현할 수 있다고) 이야기하는 분야라는 것이다.

실제로 DFA의 해외 소형주 밸류 펀드(DISVX)와 신흥시장 소형주 펀드(DEMSX)는 백분위 순위 1%를 달성했다. 이러한 비교는 액티브 운용 펀드가 '비효율적' 시장에서 더 높은 실적을 올릴 가능성이 더 크다는 주장을 반박하는 강력한 증거가 된다. 사실 그런 주장은 재량적 방법(인간)이 체계적 방법(기계)보다 더 우수하다는 주장만큼이나 뮤추얼펀드 업계에서 계속 가져가려는 또 하나의 근거 없는 믿음일 뿐이다.

저자 래리 스웨드로

미국 독립자산운용사 연합 BAM 얼라이언스BAM Alliance의 회원 회사인 버킹엄 스트래티직 웰스Buckingham Strategic Wealth의 회장이 자 리서치 책임자다. 이전에는 푸르덴셜 홈 모기지Prudential Home Mortgage의 부회장이었다.

투자의 원리를 쉬운 언어로 설명한 책을 쓴 초창기 저자 중 한 명 이기도 하다. 《필승 투자전략에 관한 유일한 안내서The Only Guide to a Winning Investment Strategy You'll Ever Need》, 《월가에서 당신에게 알 려주고 싶지 않은 것What Wall Street Doesn't Want You to Know》, 《비합 리적 시대에 합리적으로 투자하기Rational Investing in Irrational Times》, 《오늘의 성공적인 투자자The Successful Investor Today》, 《현명한 투자: 간단 버전Wise Investing Made Simpler》, 《알파를 찾아서The Quest for Alpha》, 《워런 버핏처럼 생각하고 행동하고 투자하라Think, Act and Invest Like Warren Buffett》 등의 책을 썼다. 앤드류 버킨Andrew Berkin과 공저한 《팩터 기반 투자에 대한 완벽한 안내서Your Complete Guide to Factor-Based Investing》가 2016년 10월에 출간되었다.

《회계 저널》과 《투자 저널》, 《AAII 저널》, 《월간 개인 재무 계획》, 《인덱싱 저널》에 논문을 게재했으며, NBC와 CNBC, CNN, 등 전국 공영방송 프로그램에도 출연했다.

뉴욕대학교에서 금융학 및 투자 MBA를 취득하였으며, 뉴욕에 소재한 버룩칼리지에서 금융학 학사학위를 받았다.

27.

단기 투자의 문제를 피하는 방법

컬렌 로쉬 Cullen Roche

자산배분가 대부분이 가지고 있는 가장 큰 문제를 지적해야 한다면 나는 '단기 투자'라고 답할 것 같다. 단기 투자는 금융 시장을 지나치게 짧은 단위의 기간으로 판단하여, 수수료와 세금은 더 많이 내고 평균 실적은 하락하는 경향을 의미한다. 우리는 금융 시장을 분기 또는 연 단위로 판단하는 데 익숙해져 있고, 이로 인해 단기 투자가 조장되는 측면도 있다. 그러나 조금만 살펴보면 이러한 성향이 합리적이지 않다는 점을 알게 된다.

투자 옵션이 많아지고, 24시간 금융 뉴스가 쏟아진다. 그리고 '시장을 이기지' 못하면 어리석다는 이야기도 주기적으로 들린다(전문가 중 80% 이상이 시장보다 높은 수익률을 내지 못하는데도). 이런 상황에서 단기적으로 시장을 보는 추세가 요즘의 자산배분가에게 점점 더 문제가 되고 있다. 그 결과 평균 주식 보유 기간이 매우 감소했다. 1940년에는 주식 보유 기간이 평균 7년이었던 반면, 요즘에는 1달이다! 이전에도 언급했듯이, 나는 이런 모든 정보와 '뉴스'가 우리의 행태적 편향을 부추겨 제대로 된 투자를 저해하는 실질적인 요인이 된다고 생각한다.

글로벌 자산 배분 수치를 보면, 거래 빈도가 높을수록 세금과 수수료는 더 내고 평균 수익률은 떨어진다는 점이 분명하게 드러난다. 그러나 자산배분가들은 거래 빈도가 늘어나면 통제력이 늘어나거나 성과가 더 좋아질 것이라는 잘못된 생각에 계속 빠져 있다. 물론 이런 단기 투자 성향이 이해가 되기는 한다. 일·월·연 단위로 변하는 시장에서 몇 년을 일해 저축한 돈의 가치가 떨어지는 상황을 좋아할 사람은 없다. 그렇다면 어떤 준비를 통해 단기 투자의 문제를 극복할 수 있을까? 자산배분 과정에 대해 약간의 지식만 갖추면 기간의 문제를 적절한 맥락에 놓고 생각할 수 있게 된다.

평균 주식 보유 기간(개월)

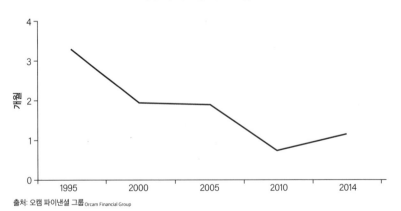

출처: 오캠 파이낸셜 그룹 Orcam Financial Group

내가 포트폴리오 구성에 관한 새 논문[1]에서 언급했듯이, 자금의 배분은 궁극적으로 자산과 부채의 미스매치 문제다. 현금이 있으면 영구 손실 리스크로부터 완전하게 보호받을 수 있고, 단기적인 지출을 감당할 수 있다는 확실성이 생긴다. 그러나 현금은 구매력을 상실하므로 장기적으로는 영구 손실 리스크에 노출된다. 현금은 단기적으로는 안전하다는 느낌을 주지만, 장기적으로는 인플레이션 대비 가치가 줄기 때문에 가장 위험한 자산이다. 금융 자산의 듀레이션을 늘림으로써 구매력 상실 리스크에 대한 보호를 강화할 수 있지만, 이렇게 하면 영구 손실 리스크(부적절한 시기에 손실을 감수해야 하는 리스크)의 가능성이 커지고, 필요할 때 자금을 갖고 있지 못한 상황에 처할 수 있다.

자금을 특정한 듀레이션을 기준으로 생각하면 단기 투자의 문제를 극복하는 데 큰 도움이 될 수 있다. 예를 들어, 현금은 장기적으로 구매력을 상실하는, 사실상 듀레이션이 0인 자산이다. 따라서 자금을 배분할 때 기간 측면에서 유연성이 없으면 듀레이션이 0이 되어 현금만 보유하는 상황이 된다. 한편, 연간 금리 2%에 듀레이션이 5.5년 정도인 종합 채권 펀드를 구매하면 구매력 상실 리스크를 줄일 수 있다. 물가상승률을 넘지는 못할 수도 있지만, 기간의 유연성 덕분에 현금만 보유하는 경우보다는 더 낫다. 물론 해당 자금에 5.5년 동안 손대지 않을 수 있어야 만기 시 원금을 회수할 가능성이 올라간다.

채권처럼 정해진 듀레이션이 없는 주식 시장에서는 더 까다로운 상황이 연출된다. 논문에서는 일련의 주식 하락장에서 손익분기점을 계산하는 대략적인 휴리스틱 기법을 사용하여, 가격 변화에 대한 주식 시장의 민감도를 산출했다. 듀레이션이 25년이라는 결과가 도출되었는데, 글로벌 주식 시장이 수십 년간 하락장일 가능성은 보통 매우 낮으므로 양적 측면에서도 만족스럽고 직관적으로도 맞다고 생각한다.[2]

이렇게 하면 자산과 부채의 미스매치 문제를 적절한 맥락에서 설정하여 균형 잡힌 시각으로 자산을 배분할 수 있다. 예를 들면, 이제 우리는 듀레이션 5.5년의 종합 채권지수와 듀레이션 25년의 종합 주식 시장으로 간단한 계산을 할 수 있다.

$$PD=(S\times25)+(B\times5.5)$$

여기에서 PD는 포트폴리오 듀레이션, S는 주식 배분 %, B는 채권 배분 %다.

다음은 시기별로 이러한 배분을 생각해볼 수 있는 간단한 표다.

주식과 채권의 포트폴리오 배분
포트폴리오 듀레이션(년)

	5	10	15	20	25
주식	0%	25%	50%	75%	100%
채권	100%	75%	50%	25%	0%

포트폴리오 내에서 시간의 개념을 정량화하면 자산 배분 방식을 더 편안하게 다룰 수 있고, 더 확실하게 자산과 부채의 미스매치를 교정할 수 있다. 또한, 이렇게 자산을 배분하면 아주 중요한 점을 알게 된다. 주식과 채권을 다룬다는 것은 본질적으로 중·장기 상품을 다룬다는 뜻이므로 과도한 단기 투자는 상품의 실질적인 구조와 전혀 맞지 않다는 것이다. 만기 2년 CD의 실적을 1달 이내에 평가하는 상황이 전혀 성립하지 않듯, 주식 시장 실적을 1년 단위로 평가하는 것도 마찬가지다.

　　듀레이션이라는 개념을 적절한 맥락에서 설정하면 단기 투자의 희생양이 될 가능성을 줄일 수 있다. 또한, 가장 중요하게는 자산 배분 과정에 관한 지식을 갖추어 현대의 자산배분가들이 시달리고 있는 여러 행태적 편향에서 좀 더 벗어날 수 있다. 그러면 수수료와 세금은 줄이면서 평균 실적은 개선되는 결과가 나올 수 있다. 무엇보다도 밤에 잠을 더 잘 잘 수 있게 된다.

미주

1 〈현대 포트폴리오 구성의 이해Understanding Modern Portfolio Construction〉(papers.ssrn.com/sol3/papers.cfm?abstract_id=2740027)

2 물론 이런 방식이 완전하지는 않지만, 분산 포트폴리오에서 듀레이션을 이해하는 데는 충분하다.

저자 **컬렌 로쉬**

수수료 중심의 금융 자문 서비스를 제공하는 오캠 파이낸셜 그룹Orcam Financial Group, LLC의 창업자다.

오캠을 창립하기 전 2005년에 투자 파트너십을 설립했다. 그 이전에는 메릴린치 글로벌 웰스 매니지먼트Merrill Lynch Global Wealth Management에서 5억 달러가 넘는 규모의 운용 자산을 관리하는 팀에서 일했다. 파트너십 설립 이후 7년간 연간 평균 14.5%의 수익률과 샤프 지수 1.21을 기록했으며, 주식 시장 역사상 가장 변동성이 심했던 기간에도 만 1년간 마이너스 수익률을 내지 않았다.

대중적인 인기를 누린 《실용적 자본주의Pragmatic Capitalism》와 SSRN에서 역대 다운로드 수 10위권인 논문 〈현대 통화 시스템의 이해Understanding the Modern Monetary System〉을 썼다. 대중적인 금융 웹사이트 〈시킹알파〉에서 오랫동안 경제 부문 1위를 기록한 작성자이며, 2011년 월스트리트 이코노미스트 선정 '최고의 월스트리트 경제학자, 전문가 및 오피니언 리더'에 이름을 올렸다. 《비즈니스 인사이더》가 선정한 '최고의 금융인 101명', '오늘날 가장 영향력 있는 경제 사상가' 중 1인으로도 꼽혔다. 2015년에는 《인베스트먼트 뉴스》의 '40세 미만 가장 영향력 있는 금융인 40인' 목록에 선정되었으며, 《월스트리트 저널》과 CNBC, 《파이낸셜 타임스》에서 자주 인용하는 저자이기도 하다.

조지타운대학교를 졸업했다.

THE BEST INVESTMENT WRITING

제5부

개인 금융과 자산 형성

조나단 클레멘츠 Jonathan Clements

마이클 킷세스 Michael Kitces

찰리 빌렐로 Charlie Bilello

벤 칼슨 Ben Carlson

존 몰딘 John Mauldin

28.

생각하고 멈추고 집중하라

조나단 클레멘츠 Jonathan Clements

같은 돈으로 더 많은 것을 누리고 싶은가? 돈을 쓰든 투자를 하든, 3가지 요소로 이루어진 다음 전략을 써보라.

1. 생각하라

사람들 대부분이 투자나 행복해지는 방법을 잘 모른다는 증거가 많다. 그러지 않으려면 시간을 조금 내서 과거에 대해 생각해봐야 한다.

살면서 언제 가장 행복했고, 그때 무엇을 했는가? 이 문제에 대해 생각해보면 이직을 해야 할지, 아니면 여가나 은퇴 이후에 무엇을 할지 알게 될 수도 있다. 최근의 지출 내역을 생각해보는 것도 좋다. 어디에 돈을 썼을 때 행복했는가, 그리고 어디에 돈을 썼을 때 개운치 않았거나 약간의 후회마저 들었는가?

연구 결과를 보면 물건보다는 경험에 돈을 써야 더 행복해진다고 한다. 우리는 휴가나 디너 파티를 비롯한 여러 경험을 기억할 때 보통 겪기 마련인 짜증스러운 일은 잊어버리고, 전체적으로 좋았던 시간을 기억하는 경향이 있다. 반대로 물건과 관련된 짜증스러운 일은 잊어버리기가 어렵다. 물건은 어디 가는 것이 아니라서 낡아가는 모습을 지켜봐야 하기 때문이다.

과거의 투자를 돌이켜보는 것은 좀 더 위험한데, 잘된 일은 기억하면서 실수는 쉽게 잊어버리는 등 입맛에 맞게 과거 일을 기억할 수도 있기 때문이다. 실제로 우리는 실수를 잊어버릴 뿐만 아니라, 그와 정반대로 행동했다고 기억하기도 한다.

우리는 두 가지 상반된 생각을 한다. '난 돈에 대해 잘 아는 것 같아'라는 생각과 '시장이 바닥이었던 2009년 3월에 주식을 팔았지'라는 생각을 동시에 하는 것이다. 심적 고통을 줄이려고 공포에 질려 주식을 팔아치웠던 일은 속 편하게 잊어버리고, 심지어는 우리가 2009년 초에 주식을 매수했다고 결론 내리기도 한다.

서류 보관함을 뒤져서 투자 내역을 살펴보면 도움이 된다. 그간의 망한 투자라든지, 타이밍을 잘못 맞춘 거래를 살펴보면 정신이 번쩍 나는 계기가 될 수 있다.

2. 멈추라

시간이 지나면서 나는 처음 떠오른 생각을 바로 행동으로 옮기지 않고 멈추는 것에 큰 장점이 있다고 확신하게 되었다. 여기에는 두 가지 이유가 있다.

첫째, 머리를 식히면서 제대로 된 방향으로 결정을 한 것인지 고민해볼 수 있다. 우리는 모두 반사적으로 행동한 적이 있을 것이다. 예를 들면 동료나 가족이 보낸 이메일 등에 즉각적으로 반응했다가 몇 시간 후에 대처했더라면 다르게 행동하지 않았을까 하고 후회한 적이 한 번씩은 있을 것이다.

지출과 투자 결정도 마찬가지다. 비싼 신발이나 새로운 전자제품을 보고 사랑에 빠져서 충동구매를 하고 난 뒤, 그 돈을 과연 잘 쓴 것인지 고민하게 된다. 마찬가지로 시장이 급등 또는 급락할 때 포트폴리오에 변화를 주었다가 그렇게 성급한 결정을 하지 않았더라면 좋았으리라는 후회를 나중에 한다.

천천히 행동하면 실수를 피할 수 있을 뿐만 아니라 더 행복해질 수 있다. 우리가 멈춰가야 하는 두 번째 이유다. 경험에든 물건에든 지출을 미루면 기쁘게 기다리는 시간이 생긴다. 새 차를 사거나 특별한 휴가를 보내려면 한참 전부터 계획해야 오랫동안 최종적인 보상을 즐길 수 있다. 차와 휴가를 기다린 몇 달이 차나 휴가 자체보다 더 큰 기쁨을 주기도 한다.

3. 집중하라

가장 좋아하는 스포츠팀이 경기에 지면 나는 관련 신문 기사를 굳이 찾아 읽지 않는다. 괜히 더 심란해질 필요가 없으니까. 그러나 경기에서 이기면 이미 본 경기라고 해도 신문 기사를 찾아서 읽는다. 행복에서 중요한 것은 집중하는 대상이다.

예를 들어, 연구 결과를 보면 고소득자가 다른 사람보다 일상생활에서 더 즐거움을 느끼지는 않지만, 설문조사에서는 행복하다고 답할 확률이 더 높다. 왜 그럴까? 스스로 느끼는 행복도에 대한 질문을 받으면, 소득이 높은 사람은 두둑한 월급을 생각하면서 자신이 행복하다고 답하기 때문이다.

그러나 소득이 많은 사람이라고 해도 이런 태도로 인해 문제를 겪는다. 세상에서 가장 부자가 아닌 이상 항상 더 돈이 많은 누군가가 있기 때문이다. 상대적 박탈감을 느끼지 않으려면 자신이 가난하다고 느낄 상황을 만들지 말아야 한다. 소득 수준에 맞지 않는 고급 매장이나 레스토랑은 피하고, 훨씬 부유한 사람들이 사는 동네로 이사하고 싶은 유혹에 넘어가지 않아야 한다는 뜻이다.

나보다 돈이 더 많은 사람을 생각하지 않으면서 동시에 주어진 행운을 생각해야 한다. 2년 전에 큰돈을 들여 새로 했지만 지금은 익숙해진 주방 인테리어가 있지 않은가? 멋진 주방을 감상하면서 쓴 돈에서 좀 더 많은 행복감을 짜내보자.

이 집중의 개념이 투자에도 도움이 될 수 있다. 변동성으로 인해 하락장에서 폭락할 가능성이 있는 투자를 전문가들은 위험하다고 이야기한다. 그러나 하락장에서 매도할 필요를 없애면 이런 리스크는 상당히 줄일 수 있고, 우리가 관심을 두지 않으면 해당 리스크에 대한 민감도도 훨씬 줄어든다.

실제로 시장이 하락세일 때는 증권 계좌와 뮤추얼펀드 계좌를 들여다보는 횟수를 줄인다고 이야기하는 사람이 많다. 정말이지 합리적인 이야기라고 생각한다. 분산투자를 잘 하고 있다면, 지금 더 가난해졌다고 되풀이하면서 자꾸 스스로를 괴롭힐 필요가 없다. 한 자산관리사가 내게 이야기했듯이, "성장주를 보유하고 있다면 12개월에 한 번만 주가를 살펴보아야 한다. 그래야 1년에 딱 하루만 잠을 설친다."

저자 **조나단 클레멘츠**

험블달러닷컴HumbleDollar.com의 창립자이자 편집자다. 《돈을 다루는 법How to Think About Money》 등 여러 개인 금융 관련 책의 저자이기도 하며, 미국 최대의 독립투자자문사 중 하나인 크리에이티브 플래닝Creative Planning의 자문위원회와 투자위원회 위원이다.

《월스트리트 저널》에서 20년 가까이 개인 금융 칼럼니스트로 근무했다. 1994년 10월부터 2008년 4월까지 《월스트리트 저널》과 《월스트리트 저널 선데이》에 1,009편의 칼럼을 기고했다. 이후 6년간 씨티그룹Citigroup에서 씨티 개인자산운용 금융교육 본부장으로 재직하다가 《월스트리트 저널》에 복귀하여 15개월간 다시 칼럼니스트로 일했다.

29.

은퇴를 대비하는 저축과 투자의 4단계

마이클 킷세스Michael Kitces

개요

은퇴에 대비한 예전의 저축 방법론은 이런 이야기가 전부였다. 일찍 시작해서 꾸준히 저축하고 나머지는 시간이 지나면서 복리 성장이 해결해줄 것이라고.

그러나 커리어 초반을 지나는 사람들은 애초에 저축할 정도의 소득을 올리지 못할 수도 있는 게 현실이다. 저축이 진정으로 중요해지기 시작할 때는 소득이 커진 이후다. 그리고 꽤 오랜 기간 저축을 한 사람에게는 포트폴리오의 규모 자체가 커져서 저축이 별다른 영향을 미치지 못하게 되고, 복리 성장이 성공적인 노후 대비의 주된 요소가 된다. 은퇴가 임박하면, 은퇴 생활로 넘어갈 때를 대비해 포트폴리오를 보전하는 일이 성장을 극대화하려는 노력보다 더 중요해진다.

실제로 이 소득 확보, 저축, 성장, 보전의 개념틀은 은퇴를 대비해 자산을 형성해나가는 과정을 이해하는 데 유용하다. 단계마다 해결해야 하는 과제가 있으며, 한 단계에서의 성공이 다음 단계에서는 문제가 되기도 한다.

그러나 여기서 정말 중요한 사실은 지금 언급한 투자 조언이 유의미해지려면 우선 은퇴를 대비하는 저축과 투자의 4단계를 고려해야 한다는 것이다. 포트폴리오 성장을 극대화하는 데 집중하는 전략은 아직 저축할 여력이 없는 사람에게는 어차피 별다른 의미가 없으며, 대규모의 은퇴 포트폴리오를 보유한 사람은 지금 얼마를 저축하고 있는지보다 전체 자금량을 늘리고 보전하는 데 집중해야 한다!

기존의 관점

은퇴에 대비한 저축과 투자에 대한 기존의 관점에는 몇 가지 일관된 핵심 내용이 있다.

- 소득보다 적게 지출하라.
- 저축 전략을 자동화하라('일단 저축부터 하라').
- 장기 성장을 위해 건전한 주식 익스포저를 유지하라.
- 리스크를 관리할 수 있도록 분산 포트폴리오를 유지하라.

이런 내용을 바탕으로 '일찍 시작해서 꾸준히 저축하고, 나머지는 시간이 지나면서 복리 성장이 해결하도록 하라'는 상대적으로 간단한 은퇴 대비 저축 전략이 만들어졌다. 이대로라면 8%의 성장률을 가정했을 때 25세부터 65세까지 한 달에 300달러씩만 저축해도 100만 달러의 자금을 확보하게 된다.

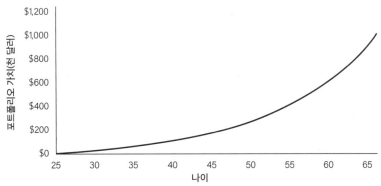

**40년간 매월 300달러를 저축했을 경우의
포트폴리오 가치(수익률 8%)**

출처: www.kitces.com

은퇴를 대비하는 저축과 투자의 4단계

은퇴 대비 자산을 마련하는 기존의 관점에서 유의해야 할 점이 있다. 현실에서는 개인의 소득, 지출, 저축 능력이 생애 전반에 걸쳐 매우 가변적이라는 것이다. 커리어 초반에 특히 중요한 연봉 인상과 승진에서부터 가정을 꾸리고 자녀가 독립해서 나가는 단계에 이르기까지, 은퇴를 대비해서 꾸준히 저축하는 일이 기존의 관점에서 이야기하듯 쉽지는 않다.

또한, 현실에서는 시간의 흐름에 따라 투자 수익률과 리스크 관리의 중요성도 변한다. 자산 형성 초기 단계에서는 아직 시간이 많이 남아 있고, 포트폴리오에서 상당한 리스크를 감수할 여력이 있다. 그러나 커리어 후반에 도달하면 시장에서 발생한 부정적 사건으로 인해 은퇴 계획과 시점이 크게 흔들릴 수도 있다. 그리고 초기에는 실질적인 자산 증가분이 너무 적어서 저축액이 훨씬 큰 경우가 많다. 성장이 포트폴리오의 동력으로 자리 잡아 은퇴까지 이어지는 것은 시간이 한참 지난 후에야 가능하다.

달리 이야기하면, 은퇴에 대비해 자산을 형성하는 각 단계를 거치다 보면 단계마다 다른 문제에 직면하게 된다. 저축에 집중하는 문제는 저축을 할 수 있을 만큼 소득이 충분해진 다음에야 생각할 수 있다. 그리고 저축을 잘 해야 궁극적으로 성장이 가장 중요해지는 수준의 포트폴리오 규모를 이루게 된다. 또한, 여러 해에 걸친 복리 성장은 계획한 은퇴 시기와 크게 어긋나지 않고 은퇴를 맞이할 수 있도록 하는 요소이면서, 동시에 포트폴리오를 보전하고 은퇴 시기에 리스크를 관리할 필요성을 부각하는 역할도 한다.

즉, 자산을 형성하려면 소득 확보, 저축, 성장, 보전의 순서로 네 단계를 지나게 된다.

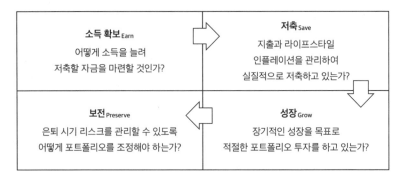

은퇴에 대비한 저축과 투자의 4단계

소득 확보 Earn 어떻게 소득을 늘려 저축할 자금을 마련할 것인가?	저축 Save 지출과 라이프스타일 인플레이션을 관리하여 실질적으로 저축하고 있는가?
보전 Preserve 은퇴 시기 리스크를 관리할 수 있도록 어떻게 포트폴리오를 조정해야 하는가?	성장 Grow 장기적인 성장을 목표로 적절한 포트폴리오 투자를 하고 있는가?

소득 확보: 은퇴에 대비해 저축할 능력이 있는가?

은퇴에 대비한 저축의 첫 단계에서 중요한 문제는 소득이 충분해서 저축할 '여력'이 있느냐 하는 것이다. 즉, 지출보다 소득이 높아서 애초에 저축할 수 있는 금액을 남길 수 있느냐다.

물론 어느 소득 계층에나 벌어들이는 돈보다 더 많은 금액을 지출하여 저축할 여력이 없는 사람들이 있는 것이 현실이다. 그러나 커리어 초반부터 저축할 의향은 있지만 최저임금을 받는 사람의 경우, 의식주를 비롯한 기본적인 생활 비용을 제하고 나면 실질적인 저축을 할 정도로 소득이 충분하지 않을 수 있다. 또는 최저임금보다는 높은 소득을 올리고 있지만, 학자금 대출이나 다른 부채 상환의 부담 때문에 저축할 수 있는 유동 현금이 거의 없을 수도 있다.

이런 상황에 놓인 사람에게는 줄일 수 있는 지출 항목이 딱히 없기에 지출을 줄이고 저축을 늘리라는 '전통적'인 조언은 그다지 효과가 없다. 이 지점에서 돈을 모을 수 있는 실질적인 방법은 지출을 줄이고 저축을 늘리는 것이 아니라, 저축을 늘릴 수 있도록 소득을 늘리는 것이다.

달리 이야기하면, 은퇴에 대비한 저축 과정에서 소득 확보 단계에 있는 사람은 일단 저축을 시작할 수 있게 소득을 늘릴 방법을 찾아야 한다. 부가적인 수입을 올릴 수 있는 부업을 찾아본다든가, (그럴 여력이 있다면!?) 경력에 도움이 되는 수업이나 연수, 아니면 연봉 인상을 요구하는 방법에 대한 코칭에 여윳돈을 재투자해볼 수도 있겠다.

다시 이야기하지만, 은퇴에 대비한 저축을 시작하려는 초기 단계에 있는 사람에게는 우선 저축 여력을 확보할 수 있게 소득을 늘리는 것이 근본적으로 가장 중요하다!

저축: 은퇴에 대비해 저축하고 있는가?

커리어 초반에 소득이 늘기 시작하면 지출(과 대출 상환)을 감당하면서도 돈이 남는 순간이 불현듯 찾아온다. 그 남는 소득으로 무엇을 할 것인가? 이 단계에서 저축 여력 자체는 더 이상 문제가 되지 않는다. 그보다는 남는 소득으로 저축을 할지, 아니면 지출을 할지가 관건이다.

높아진 소득이 주는 커다란 '기쁨' 중 하나는 바로 삶의 즐거움에 그 돈을 쓸 기회가 주어진다는 점이다. 그러나 소득이 오를 때마다 생활 수준이 높아져 버리면 종국에는 저축을 전혀 할 수 없게 된다. 어느 순간에는 다음 추가 소득을 탕진하지 않고 일부는 저축하겠다는 결심을 해야 한다.

물론 우리는 항상 지출을 더 하고 싶은 유혹을 느끼지만, 라이프 스타일 인플레이션은 부지불식간에, 서서히, 그리고 꾸준하게 진행 된다. 그렇기에 소득이 많이 올랐는데도 아직도 월말에 저축할 돈 이 남아 있지 않다는 점을 문득 깨닫게 된다!

그래서 은퇴에 대비한 저축을 하려면 이 단계에서 지출과 저축 행동을 관리하여 실질적인 저축이 원활하게 이루어지도록 하는 것 이 최우선이다. 자동이체로 저축을 하든, 다른 방법으로 일단 저축 부터 할 방법을 찾든, 점진적으로 저축을 늘리든, 실제로 허리띠를 졸라매 저축할 돈을 늘리든, 저축 여력보다는 라이프스타일 선택을 통제하고 잉여현금흐름을 저축으로 돌리는 행동력에 따라 결과가 좌우된다.

성장: 은퇴 자금이 얼마나 성장하고 있는가?

저축 행동이 확실하게 자리를 잡아 은퇴 자금이 점점 더 늘어나 면, 결국 포트폴리오의 규모가 커져서 저축액이 조금씩 늘어나도 이렇다 할 영향이 없어지는 시점이 온다.

예를 들어, 한 달에 300달러를 저축하면 첫해 말에는 잔액이 3,600달러로 늘어난다. 두 번째 해에는 잔액이 약간 늘어날 수는 있겠으나, 잔액이 늘어나는 주된 원동력은 역시 저축액일 것이다(첫 해의 잔액 증가분이 한 달 치 저축액보다 아직 적을 수 있으니까). 하지 만 10년간 같은 패턴으로 저축을 하면 어느 순간 신규 저축액이 연 간 잔액 증가분에서 차지하는 비중이 절반에 그치게 되고, 나머지는 기존 잔액의 증가분인 지점에 도달하게 된다. 20년이 지나면 연간 잔액 증가분의 75%가 기존 잔액의 증가에서 기인한다. 30년 후에는 그 수치가 거의 90%다.

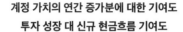

계정 가치의 연간 증가분에 대한 기여도
투자 성장 대 신규 현금흐름 기여도

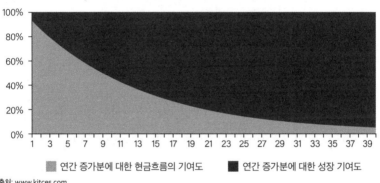

출처: www.kitces.com

이러한 변화 양상을 보면 10년, 20년간 저축을 계속할 경우, 지출 행태나 지속적인 저축보다는 포트폴리오를 성장시키고 수익을 창출하는 능력이 결과에 가장 큰 영향을 미치는 요인임을 알 수 있다.

결국 이는 포트폴리오가 성장하는 단계에서는 포트폴리오 투자 방식이 굉장히 중요해지기 시작한다는 뜻이다. 초기에는 한 달 저축액을 100달러 늘리는 것이 연간 수익률을 1% 끌어올리는 것보다 더 큰 영향을 미치지만, 나중에는 연간 수익률을 1% 늘리는 것이 훨씬 중요하다.

그래서 성장 단계에서는 포트폴리오 자체를 살펴보는 일이 필요해진다. 포트폴리오가 성장할 수 있도록 제대로 투자가 이루어지고 있는가? 자산이 합리적으로 배분되어 있는가? 투자/펀드 매니저의 도움을 받고 있다면, 이들이 정말로 비용에 걸맞은 가치를 실현하고 있는가? 장기적인 수익률에 큰 영향력을 미치는 포트폴리오 비용이 전반적으로 관리되고 있는가?

요점은 성장 단계에서는 포트폴리오의 투자 방법에 관한 세세한 내용에 관심을 기울이는 것이 (처음으로) 실질적인 성과를 올리기 시작할 수 있다는 점이다.

보전: 은퇴 시점이 다가오면서 리스크를 관리하고 있는가?

계획한 은퇴 시점이 다가오면 투자 기간이 줄어든다는 점이 매우 중요해지며, 포트폴리오의 관리 양상이 다시 한 번 변화한다. 포트폴리오의 가치가 최대에 이르면 저축액보다는 포트폴리오 변동성이 훨씬 중요해지고, 막판에 심각한 하락장이 발생할 위험(과 회복에 걸리는 시간)으로 인해 예정된 은퇴 시기가 심각하게 어긋날 수 있다. 즉, 포트폴리오 보전과 리스크 관리가 성공적인 은퇴 자금 마련에 가장 중요한 요소가 된다.

물론 은퇴 자체가 수십 년을 내다보고 준비해야 하는 일이기 때문에 모든 포트폴리오 리스크를 제거하기는 현실적으로 어렵다. 그렇지만 은퇴 시기가 다가오면 포트폴리오 보전과 '은퇴 시기 리스크'의 관리가 점점 더 중요해진다. 시장이 하락하면 저축만으로는 더 이상 부족분을 메울 수 없는 상황이 되기 때문이다.

실제로 목표기간펀드target date fund, TDF[*]에서는 은퇴가 임박할수록 포트폴리오 보전에 집중하는 주식 글라이드패스equity glidepath^{**}를 통해 이미 이 전략을 사용하고 있다. 그리고 은퇴가 임박한 시점에 생존 급부 옵션(예. GMWB나 GMIB 옵션^{***})을 제공하는 여러 변액 연금이 비슷한 목적으로 활용되고 있다. 이론적으로는 외가격 out-of-money^{****} 풋옵션 매수를 통해 은퇴가 임박한 시점에 각종 하방 리스크의 강도를 헤지함으로써 포트폴리오를 보전하려는 단순한 전략도 효과적일 수 있다(얼마나 많은 구조화 채권^{*****}을 조합했는지와 비슷하다).

그러나 어떤 방법을 택하든 은퇴 시점이 임박한 투자자에게 가장 중요한 문제는 성장 달성이나 저축 유지라기보다, 완만한 성장을 지속하면서 포트폴리오를 보전하여 임박한 은퇴 시기의 리스크 익스포저를 관리하는 것이다.

은퇴 자금 마련의 4단계 진행

20대 초반부터 60대 중반까지 은퇴에 대비하여 성공적으로 자산을 축적했다면 20대의 대부분에는 저축 여력이 생길 정도로 소득

---

* 정해진 목표 시점이 가까워질수록 안전 자산의 비중을 늘려서 안정적인 포트폴리오 관리를 목표로 하는 펀드.
** 항공기가 착륙할 때 그리게 되는 경로를 의미한다. TDF에서는 은퇴 시기를 목표 시점으로 잡아 젊을 때는 주식 비중을 높이고, 시간이 지나면서 주식 비중을 낮추어 운용하는 자산 배분 방식을 뜻한다.
*** GMIB는 생존급부의 최저소득액보증, GMWB는 최저중도인출금보증을 의미한다.
**** 옵션을 수행했을 때 손해가 나는 옵션.
***** 주가지수나 단일 또는 복수의 주식, 금리, 원자재, 외환 등 기초자산의 수익률에 연동하는 채권.

을 늘리려는 노력을, 30대와 40대 초반에는 저축을 지속하는 노력(과 라이프스타일 인플레이션을 피하려는 노력)을, 40대의 나머지 기간과 50대에는 복리 성장을 달성하려는 노력을 했을 것이고, 60대에 들어서 은퇴 시기가 임박하면 리스크 관리 이슈를 고려하기 시작했을 것이다. 즉, 소득 확보, 저축, 성장, 보전의 단계는 순차적으로 이어지며, 전 단계에서의 성공을 통해 다음 단계로 나아갈 수 있다.

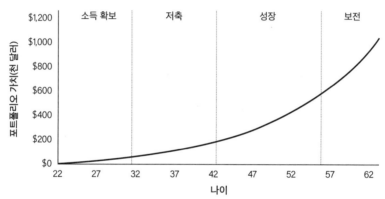

은퇴에 대비한 저축 4단계의 진행 양상

출처: 마이클 킷세스, www.kitces.com

물론 은퇴 준비를 하고 있지 않은 투자자에게는 각 단계의 진행 양상이 위에서 언급한 것과 다르게 나타날 수도 있다. 그러나 성공적인 은퇴 대비의 관점에서 가장 중요한 점은 각 투자자에게 '적절한' 투자 조언은 어느 단계를 지나고 있는지에 따라 달라진다는 것이다. 성장과 보전이라는 후기 단계에 맞는 조언은 아직 소득 확보나 저축 단계에 있는 사람에게는 그리 적절하지 않다. 마찬가지로,

소득 증가나 저축 증가에 중점을 두는 조언도 은퇴 시기가 임박하여 보전 단계에 있는 사람에게 딱히 유의미하지는 않다(포트폴리오의 규모가 커져서 소득과 저축액이 조금씩 늘어나도 이렇다 할 영향력은 없을 것이므로).

결국 궁극적으로 유념해야 할 점은 은퇴에 대비하는 투자자에게 효과적인 조언은 시간이 지나면서 바뀐다는 점이다. 소득 확보 단계에서는 소득을 늘려서 저축 여력을 확보하는 것이 중요하다. 저축 단계에서는 저축(과 지출) 행동에 집중한다. 성장 단계는 포트폴리오의 투자 전략이 중요해지는 시기다. 마지막으로 보전 단계에서는 다가오는 은퇴에 대비해야 한다. 은퇴 대비 투자에 대한 조언이 효과가 있으려면 각 단계에 맞춘 적절한 조언이라야 한다.

저자 **마이클 킷세스**

금융 서비스 과학 석사MSFS, 세무 석사MTAX, 공인 재무설계사CFP, 공인 생명보험 언더라이터CLU, 공인 재무 컨설턴트ChFC, 등록 건강보험 언더라이터RHU, 등록 직원 복리후생 컨설턴트REBC, 공인 시니어 리빙 자문사CASL이자이자, 메릴랜드주 컬럼비아에 소재한 운용 자산 약 14억 달러 규모의 개인 자산관리 회사 피나클 자문 그룹Pinnacle Advisory Group의 파트너 겸 리서치 본부장이다. 전자 뉴스레터 〈킷세스 보고서The Kitces Report〉의 발행인이며, 재무설계 블로그 〈너드 아이 뷰Nerd's Eye View〉를 운영하고 있다.

웹사이트 이외에도 업계 전반에 걸쳐 왕성하게 집필과 편집 활동을 하고 있으며, 여러 인쇄 매체와 라디오, TV에도 출연했다. 또한, 변호사와 회계사, 재무설계사를 대상으로 연금보험에 대해 객관적이고 균형 잡힌 시각으로 설명한 최초의 책《연금보험 자문The Annuity Advisor》(현재 3판)을 존 올슨John Olsen과 공저했고, 스티브 라임버그Steve Leimberg 등과《은퇴 소득 설계의 수단과 기법Tools & Techniques of Retirement Income Planning》도 저술했다.

2010년 재무설계 직군 발전에 기여한 공로로 재무설계협회에서 수여하는 '하트 오브 파이낸셜 플래닝'의 수상자 중 1인으로 선정되었다. 1세대 재무설계사들의 지혜와 전통, 진정성을 다음 세대로 전수하고자 하는 차세대 재무설계사 커뮤니티인 넥스젠NexGen의 공동 창업자이기도 하다.

30.
패시브 투자자 테스트

찰리 빌렐로Charlie Bilello

패시브 투자 열풍이 뜨겁다. 액티브는 금기어가 되었다. 당신은 패시브 투자자인가? 한번 살펴보도록 하자.

- 포트폴리오에서 주식의 비중이 채권보다 큰가?
- 순자산에서 집이 차지하는 비중이 가장 큰가?
- 포트폴리오 보유 종목을 리밸런싱하거나 매도/변경하는가?
- 금리/배당금의 달러 평균 원가를 계산하거나 재투자하는가?
- 손실이 발생한 종목을 매도하는 세액 상쇄 전략을 사용하는가?
- 개별 주식·채권·부동산을 소유하고 있는가?
- 자국 채권과 자국 소재 기업의 주식만 보유하고 있는가?
- 시간이 지나면서 주식/채권의 비중을 조정하는 라이프사이클 펀드나 TDF에 투자하고 있는가?

- 시가총액 가중 지수 상품 이외에 다른 상품을 보유하고 있는가?
- 비상시나 시장 상황이 '마침내' 좋아질 때를 대비해서, 또는 '밤에 발 뻗고 잘' 수 있도록 많은 양의 현금을 보유하고 있는가?
- 사모 펀드, 우선주, MLP*, 원자재, 수집품, 기타 특수한 자산군을 포트폴리오에서 제외하는가?

이 질문 중 하나에라도 '그렇다'고 답했다면 탈락이다(하나에라도!). 패시브 투자자가 아닌 것이다. 당황하지 마시라. 모두가 최소한 하나에라도 그렇다고 대답할 것이기 때문에 실제로 진정한 의미의 패시브 투자자는 없다. 정도만 다를 뿐 모두 액티브 투자자다.

위의 질문을 하나씩 살펴보면서 더 명확하게 이해해보도록 하자.

1) 60/40: 액티브한 선택

미국 주식과 채권 인덱스펀드를 60 대 40 비율로 구성한 포트폴리오를 패시브의 표준이라고들 한다. 그러나 현실적으로 이 포트폴리오는 '시장 포트폴리오'에 근접하지 않기에 전혀 패시브하지 않다.

2012년 말에는 투자 가능 자산의 36%만 상장주식이었다(도쉬비크Doeswijk, 람Lam, 세인켈스Seinkels 참조). 이 중 미국 주식이 대략 절반 정도를 차지한다. 따라서 미국 주식을 60%가 아니라 18% 정도 보유해야 패시브 익스포저가 된다.

- 마스터합자회사Master Limited Partnership. 에너지 관련 인프라 사업에 투자하는 합자회사.

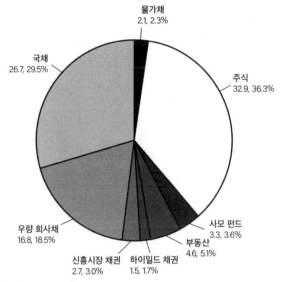

**그림 1: 2012년 말 글로벌 시장 포트폴리오의
추정 시장가치(미국 달러, 단위: 조) 및 가중치**

물가채
2.1, 2.3%

국채
26.7, 29.5%

주식
32.9, 36.3%

사모 펀드
3.3, 3.6%

부동산
4.6, 5.1%

우량 회사채
16.8, 18.5%

신흥시장 채권
2.7, 3.0%

하이일드 채권
1.5, 1.7%

출처: 〈글로벌 멀티 에셋 시장 포트폴리오〉, 《금융 애널리스트 저널》(2014)

채권의 경우, 대부분의 미국 투자자는 훨씬 더 액티브한 투자를 하고 있다. 뱅가드에 따르면 비非 미국 채권이 세계 최대의 자산군 (2013년 기준 32%)인데, 미국 투자자 대부분이 해외 채권 익스포저가 매우 낮은 수준이다.

2) 집은 나만의 성이자 액티브한 선택

미국인은 순자산의 가장 큰 부분이 집에 묶여 있는 경우가 많다. 65~69세인 미국인의 순자산 중간값은 19만 4,226달러지만, 집의 비중을 빼면 4만 3,921달러에 불과하다.

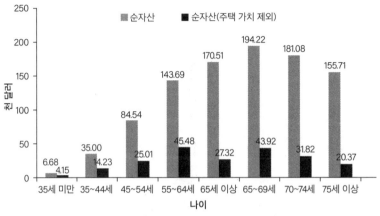

그림 2: 미국인의 순자산 중간값(달러)

출처: 모틀리 풀 Motley Fool에 제시된 미국 인구조사국 자료

집이 과연 좋은 투자인가 하는 문제는 차치하고, 자금의 대부분을 주요 주거지에 묶어두는 것은 매우 액티브하고 집중도가 높은 선택이다. 진정으로 패시브한 투자자는 절대 집을 사지 않고 임차인으로 지내면서 모든 자금을 글로벌 시장 포트폴리오에 투자할 것이다.

3) 리밸런싱은 패시브한 행위가 아니다

흔히 포트폴리오를 '목표' 자산 배분 가중치로 리밸런싱하면 리스크를 통제하고 시간이 지나면서 원하는 리스크 프로필을 유지할 수 있다고 한다. 리밸런싱 전략에는 여러 가지가 있는데, 이는 모두 액티브한 전략이다.

왜 그럴까? 진정으로 패시브한 투자자는 시장 포트폴리오를 매수해 시장이 흘러가는 대로 가중치가 변동하도록 내버려 두기 때문이다. 닷컴 버블로 인해 2000년에 주식과 테크 종목의 비중을 훨씬 더 큰 비중으로 보유해야 한다면, 패시브 투자자는 그러한 포트폴리오를 감내해야 한다.

2000년에 리밸런싱(주식을 매도하고 채권을 추가)했다면 리스크를 통제하는 신중한 결정이었을 수는 있겠으나, 굉장히 액티브한 선택을 한 것이다.

4) 목돈의 오류

가장 순수한 의미의 패시브 투자는 태어난 날에 목돈을 한꺼번에 시장 포트폴리오에 투자하고, 죽는 날 매도하는 것이다. 그러나 이런 식으로 투자를 하는 사람은 없다. 태어나서 죽을 때까지 살면서 여러 가지 일이 생긴다. 또한, 살 만한 가치가 있는 인생은 패시브하지 않다.

대부분은 20대에 들어서야 투자를 시작하게 되고, 초반에는 목돈이 아니라 달러 평균 원가 계산을 바탕으로 401k*와 IRA**를 통해 소액으로 이루어진다. 시간이 지나면 그 금액이 변화하는데, 커리어를 발전시키며 점점 늘어난다면 좋은 일이다. 달러 평균 원가로 계산한 수익률은 매수 후 보유 수익률과는 현저히 다르다. 그리고 진정한 시장 포트폴리오에 투자한다면 달러 평균 원가를 계산하는 방식을 택하지는 않기 때문에 애초에 액티브한 투자를 하게 된다.

---

* 　미국의 직장가입 퇴직연금.
** 　개인형 퇴직연금Individual Retirement Account.

태어난 날 '시장'을 매수한다고 해도 배당금과 이자 지급액을 '재투자'하는 문제가 있다. 재투자를 하면 장기 수익률을 현저히 끌어올릴 수 있다. 배당금과 이자를 재투자할 수도 있고, 그 돈을 받아 써버릴 수도 있다. 그 돈을 쓰는 것도 액티브한 결정이다. 재투자는 하되 진정한 의미의 시장 포트폴리오에 재투자하지는 않는다면, 그 역시도 액티브한 결정이다.

과세 소득이 상쇄되도록 세금 손실 수확을 활용하여 일반 소득을 연간 3,000달러까지 줄이고자 하는가? 내가 보기에는 이것도 액티브한 결정이다.

5) 종목 선정자의 꿈

인덱싱이 점점 더 인기를 얻고 있지만, 개별 주식 종목을 선정하고자 하는 유혹 역시 여전히 크다. 그러나 인덱스펀드를 사서 차세대 워런 버핏의 꿈을 이룰 수는 없다. 개별 주식 종목이나 채권, 부동산 투자물을 보유하고 있다는 것은 시장 포트폴리오에서 이탈하여 액티브한 선택을 했다는 뜻이다.

이는 주식의 매도 여부와는 관계가 없으며, 애플 주식을 사서 보유하는 것도 액티브한 행위다.

6) 잭 보글은 자국 편향적이며, 당신도 그렇다

인덱싱의 아버지이자 뱅가드의 창립자인 잭 보글은 해외로 분산투자하지 않고, 미국 주식과 채권으로 구성된 포트폴리오만 보유한다(또한, 우리가 앞서 모두 액티브한 선택이라고 정의한 60/40 전략과 리밸런싱의 가치를 신뢰한다). 잭 보글의 논리는 이렇다. "나는 미국이 좋다. 여전히 많은 문제가 있지만, 프랑스나 영국, 독일보다는 미국이 훨씬 낫다. 이탈리아나 그리스는 말할 필요도 없다. 그리고 사람들이 너무나 빨리 잊어버리는 중요한 점이 있다. 바로 미국의 정부와 사법 제도가 가장 안정적이라는 것이다."

보글만 이렇게 생각하는 것은 아니다. 주식 시장의 자국 편향은 미국뿐만 아니라 전 세계적으로 흔히 발생하는 현상이다.

그림 3: 주식 시장의 국가별 자국 편향

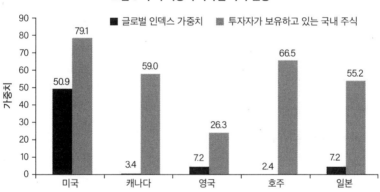

출처: 〈전략적 자산 배분에 관한 글로벌 사례와 자국 편향 검토The global case for strategic asset allocation and an examination of home bias〉, 뱅가드 (2017)

7) 기간 설정은 액티브한 결정이다

TDF나 라이프사이클 펀드가 최근 점점 더 인기를 얻고 있다. 은퇴 시기를 고르기만 하면(2035년, 2040년 등) 시간이 지나면서 자동으로 주식/채권의 조합을 조정하여 더 보수적으로 자산이 배분되도록 하는 것이다. 이러한 자동화 과정을 통해 포트폴리오가 더 패시브해진다고 하는데, 전혀 그렇지 않다. 시작과 종료 시점에서의 자산 배분은 전형적인 글로벌 시장 포트폴리오라고 보기 어려우며, 은퇴 시기가 다가오면서 리스크를 관리하는 것은 대체로 신중한 결정이자 액티브한 결정이다.

8) 가치 투자자 = 액티브 투자자

무언가를 인덱스화한다고 해서 꼭 패시브한 것은 아니다. 자신이 생각하기에 '저렴한' 주식만 보유하여 시장 포트폴리오에서 이탈한다고 하면, (규칙에 기반한) 체계적 방식으로 그러한 결정을 한다고 해도 그것은 액티브한 행위다. '스마트 베타' 상품과 모멘텀 전략, 추세 추종 전략 등도 전부 마찬가지다. 시장 전체를 보유하지 않는다면, 액티브한 결정에 따라 보유하지 않는 종목을 기피한 것이기 때문이다.

9) 현금이 액티브의 최고봉이다

현금이 최고일 수도 있겠지만, 현금은 패시브 투자와는 잘 맞지 않는다. 비상시를 대비해서, 또는 집을 사려고 기다리고 있거나 더 나은 투자 기회를 기다리며 다량의 현금을 보유하고 있다면 액티브한 결정이다. 현명한 결정일 수 있겠으나, 여전히 액티브한 결정이다.

10) '시장'은 주식/채권이 다가 아니다

지금까지 대체로 '투자 가능한' 자산군을 중점적으로 다루었다.

리처드 롤Richard Roll은 1977년에 진정한 시장 포트폴리오는 "부동산, 귀금속, 수집 우표, 보석류 등 존재하는 자산 하나하나"를 전부 포함해야 하므로 "실증이 불가능"하다고 주장했다(《롤의 비판Roll's critique》). 자영업자라면 자기 사업체도 여기에 포함된다. 이런 사업체는 우리가 할 수 있는 액티브한 선택 중 가장 집중도가 높다.

두말하면 잔소리겠지만, 그런 포트폴리오에 대한 익스포저를 확보하기란 불가능하다. 그렇기 때문에 진정한 의미의 패시브 투자자가 되는 것도 불가능하다.

한 걸음 더 나아가기

진정한 패시브 투자자는 존재하지 않음을 인정하면, 최근 몇 년간 지배적인 담론으로 자리 잡은 '액티브는 나쁘고 패시브는 좋다'는 식의 유아적 논의에서 벗어나 더 지적인 대화로 나아갈 수 있다. 다음과 같은 질문에 대한 논의를 해보면 더 흥미로울 것이다.

- 60/40으로 자산을 배분한 사람이 이미 그러하듯, 투자 가능한 시장 포트폴리오에서 이탈해야 하는가? 언제, 왜 그래야 하는가?
- 주요 주거지에 상당한 자산을 집중시키는 경향이 미국 경제에 좋은가? 그런 액티브한 선택에 정당한 근거가 있는가? 다른 선진국에서도 동일한 편중 현상이 존재하는가?
- 리밸런싱은 이름이 조금 더 그럴듯한 시장 타이밍의 일종인가?
- 패시브 인덱스 ETF 등 최근 ETF 자산의 기하급수적 성장은 투자

행위를 장려/저지하는가? ETF 투자자는 뮤추얼펀드 투자자와 동일한 비율로 배당금/이자를 재투자하는가?

- 창업은 우리가 할 수 있는 가장 액티브한 결정이지만 대부분의 스타트업은 실패한다(미국에서 창업한 기업의 절반은 5년 안에 폐업한다). 포트폴리오 이론은 우리가 창업을 하기보다는 자리 잡은 다국적 기업 내에서 더 패시브한 역할을 해야 한다는 점을 시사하는가?

- 미국 자산에만 투자하는 잭 보글의 결정은 리스크와 수익률의 관점에서 도움이 되는가, 아니면 피해를 초래하는가? 향후 포트폴리오 운용에 그 점을 중요하게 고려해야 하는가?

- 라이프사이클 펀드와 로보 어드바이저는 정말로 투자 자문가를 효과적으로 대체할 수 있는가? 이들은 얼마나 밀접하게 진정한 시장 포트폴리오를 추종하는가?

- 주식/채권으로 충분한가? 더 특수한 자산군을 포트폴리오에 포함하여 투자자가 얻을 수 있는 추가적인 이익이 얼마나 되는가? 원자재를 시장 포트폴리오에 포함해야 하는가?

- 투자 가능한 글로벌 시장 포트폴리오를 구현하려면 얼마나 많은 ETF가 필요한가? 단일 펀드/ETF 중 현재 이러한 포트폴리오에 가장 가까운 것은 무엇인가?

- 시장 포트폴리오에서 이탈한 것이기는 하지만, (관리형 선물, 밸류, 모멘텀, 합병 차익거래 등) 전략 분산화를 통해 시간이 지나면서 투자자가 얻을 수 있는 이점이 있는가?

저자 **찰리 빌렐로**

뮤추얼펀드와 특별계정을 운용하는 투자 자문사인 펜션 파트너스Pension Partners, LLC의 리서치 본부장이다. 시장의 이상 현상과 투자에 관해 공저한 보고서 4편이 수상작이다. 전략 개발, 투자 리서치 업무를 비롯하여, 고객에게 회사의 투자 방향 및 포트폴리오 포지셔닝을 전달하는 업무를 담당하고 있다. 펜션 파트너스로 이직하기 전에는 모멘텀 글로벌 어드바이저스Momentum Global Advisors의 매니징 멤버로 일했으며, 십억 달러 단위 규모의 대체투자 회사에서 신용, 주식 및 헤지펀드 애널리스트로 재직했다.

포덤대학교에서 법학 박사학위와 금융·회계학 MBA 학위를 받았으며, 빙엄턴대학교에서 경제학 학사학위를 받았다. 공인 시장분석가Chartered Market Technician, CMT로서 시장분석가협회Market Technicians Association의 회원이기도 하다. 미국 공인회계사 자격증도 보유하고 있다.

야후 파이낸스에 기고하고 있으며, CNBC와 블룸버그, 폭스 비스니스와 인터뷰를 진행한 바 있다.

31.

개인 금융 20계명

벤 칼슨Ben Carlson

나를 포함한 여러 블로그 운영자는 멥 파버로부터 1년간 조회 수가 가장 많았던 포스팅을 3~5개 알려달라는 요청을 받았다. 믿음직스러운 구글 애널리틱스를 오랜만에 다시 살펴보니, 조회 수가 가장 많은 글 3편 중 2편이 개인 금융 관련 포스팅이라는 점을 알게 되었다. 나는 포트폴리오 관리보다 개인 금융이 더 중요하다고 항상 이야기해왔는데, 이 주제로 글을 쓰거나 교육을 하는 사람이 아직 많지는 않은 듯하다.

그래서 앞으로는 개인 금융에 대한 글을 쓰는 데 힘을 보태려고 한다.

다음은 내가 선정한 개인 금융 20계명이다.

1. 연봉과 저축은 다르다

돈을 얼마나 버는지보다는 순자산이 더 중요하다. 이 간단한 사실을 모르는 사람이 너무도 많다. 연봉이 높다고 해서 꼭 부자가 되는 것은 아니며, 연봉이 낮다고 해서 꼭 가난해지는 것도 아니다. 월급에서 얼마나 저축하는지가 가장 중요하다.

2. 저축이 투자보다 더 중요하다

일단 저축부터 하라는 간단한 조언을 실천하는 사람이 많지 않다. 우리가 할 수 있는 가장 좋은 투자 결정은 높은 수준의 저축률을 설정하는 것이다. 그렇게 하면 살면서 안전 마진이 커지기 때문이다.

3. 신용카드 채무를 역병처럼 피하라

신용카드 채무가 있으면 순자산이 마이너스 복리로 줄어든다.

4. 수입에 맞는 생활이 아니라 수입에 못 미치는 생활을 하라

돈을 모으는 유일한 방법은 자신의 경제적 능력보다 적게 소비하는 것이다.

5. 그렇지만 신용 자체는 중요하다

평생 가장 큰 지출을 하게 되는 항목은 보통 주택담보 대출이나 자동차 대출, 학자금 대출 등에 대한 이자 비용이다. 신용 점수가 탄탄하면 대출 비용을 낮추어 수만 달러를 아낄 수 있다. 그러니 신용카드를 쓰되, 매달 카드 대금을 항상 결제해야 한다.

6. 자신의 우선순위를 알려면 매달 어디에 돈을 쓰는지 살펴보라

돈 관리를 제대로 하고 싶다면 자신의 지출 습관을 알아야 한다. 중요하게 생각하는 항목에 돈을 쓰고, 나머지 항목에서는 지출을 줄이는 것을 목표로 해야 한다. 또한, 저축을 먼저 하면 남은 돈이 얼마든 그 돈을 쓰면 되기 때문에 예산 짜는 문제를 걱정할 필요가 없어진다.

7. 모든 것을 자동이체로 설정하라

저축을 늘리고 연체 수수료를 피할 수 있으며, 생활이 더 편해지고 기존의 습관에서 벗어날 수 있는 가장 좋은 방법은 금융 생활의 최대한 많은 부분을 자동이체로 설정하는 것이다. 내 재정 상태를 확인하는 데 한 달에 한 시간 정도만 들여도 충분하다. 모든 것이 자율주행하고 있기 때문이다.

8. 큰 지출을 제대로 하라

색안경을 끼고 보면 안 된다는 것을 알고 있지만, 5~7만 달러짜리 SUV나 커다랗게 지은 화려한 집을 보면 '저 사람들은 은퇴 자금으로 얼마를 저축했을까?'라는 생각부터 든다. 개인 금융 전문가들은 점심 도시락이나 카페라테 같은 자질구레한 이야기에 열을 올리지만, 재정 상태를 제대로 유지하는 데 가장 큰 영향을 미치는 구매 품목은 집과 차 등 지출이 큰 항목이다. 이런 항목에서 무리하면 힘들어질 수 있다.

9. 비상금 저축 계좌를 채워 놓아라

나는 이런 저축 계좌를 굳이 비상금 저축 계좌라고 부르고 싶지도 않다. 대부분의 경우, '비상 사태'는 주기적으로 일어나리라고 가정해야 하는 것들이다. 살면서 생길 수 있는 피치 못할 일에 대비해 유동 자산을 확보하고 있어야 한다.

10. 보험 처리가 가능한 부분은 보험을 활용하라

보험은 개인 금융에서 안전 마진을 확보하는 또 다른 중요한 장치다. 보험은 자산을 형성하기보다는 보호하는 수단이라는 점만 명심하자.

11. 퇴직연금에 충분한 금액을 납입하여 회사 매칭분을 채워라

401(k)에 충분한 금액을 적립하지 않아 고용주의 매칭분을 받지 못하는 사람들을 내가 얼마나 많이 만났는지 모른다. 이는 매년 세금이 이연되는 일정량의 연봉을 거절하는 것과 마찬가지다. 더 많은 사람이 퇴직연금 납입액을 최대치로 하면 좋겠지만, 최소한 회사의 매칭분을 받을 수 있도록 항상 충분한 금액을 납입해야 한다.

12. 매년 저축액을 늘려라

저축액을 늘리는 비결은 연봉이 인상될 때마다 저축률을 올려서 애초에 돈이 더 많아졌다는 사실을 느낄 수조차 없게 하는 것이다. 라이프스타일 인플레이션을 피하기가 어려울 수도 있겠지만, 그렇게 해야 돈이 모인다.

13. 친구와 동네를 신중하게 골라라

로버트 치알디니Robert Cialdini는 '사회적 증거*'라는 개념을 광범위하게 다루면서, 우리가 어떻게 타인의 행동을 모방하여 인정받고자 하는지 설명했다. 돈을 헤프게 쓰는 친구나 이웃에게 뒤처지지 않으려고 노력하는 것은 끝도 없고 진정한 승자도 없는 게임이다.

14. 돈에 대한 이야기를 하라

요즘은 거의 모든 대화에서 5분이면 정치 이야기를 들을 수 있다. 그러나 어쩐지 돈은 여전히 금기시되는 주제다. 배우자와 돈 이야기를 하라. 다른 사람들에게 도움을 요청하라. 금전적인 문제를 질질 끌다가 상황을 악화시키면 안 된다.

15. 물질적 소비를 한다고 장기적으로 행복해지지 않는다

쇼핑을 하면 도파민이 나와서 단기적으로 기분 전환이 되기는 하

• 다른 사람의 행동을 따라 하도록 하는 심리적 효과.

지만, 그 효과는 반드시 사그라든다. 물건을 산다고 더 행복해지거나 부유해지지 않는다.

16. 한 권이든 열 권이든 책을 읽어라

시중에 나와 있는 개인 금융 관련 책은 수도 없이 많다. 그런 책을 읽는 것이 너무나도 힘들다면 최소한 몇 권을 대강 훑어보기라도 해서 가장 좋은 조언을 뽑아 시험해보면 좋다. 이런 교육은 고등학교나 대학에서 이루어져야 하지만, 각자 알아서 해야 하는 경우가 대부분이다. 즉, 스스로 주인 의식을 가져야 한다는 뜻이다.

17. 현재 상황을 파악하라

우리는 모두 각자의 순자산(자산 - 부채)이 어느 정도인지 대략적으로라도 알고 있어야 한다. 목표를 잡기 전에 현재 상황을 알고 있어야 한다.

18. 세금은 중요하다

나는 모두가 적어도 한 번은 (터보택스TurboTax**의 도움을 받아) 직접 세무 신고를 해서 세무 처리 전반을 이해해야 한다고 생각한다. 혼이 쏙 빠질 정도로 복잡할 수도 있겠지만, 어떤 부분에 신경 써야 하는지 알고 있으면 나중에 돈을 절약할 수 있다. 가능한 모든 세금

** 미국의 소득세 신고서 작성용 소프트웨어.

우대 조치를 활용하고, 항상 자신의 세무 상황을 알고 있어야 한다.

19. 소득을 늘려라

지출 삭감과 저축은 돈을 모을 수 있는 좋은 방법이지만, 커리어를 발전시켜 소득을 늘리려 하지 않는다면 불완전한 전략이다. 더 나은 일자리를 얻거나, 더 많은 직무를 소화하거나, 더 높은 연봉을 받을 수 있는 길이 없다는 생각에 갇혀 있는 사람이 너무 많다. 말도 안 되는 생각이다.

20. 은퇴가 아니라 경제적 독립을 생각하라

몇 살까지 버티다가 해피엔딩을 맞는 것이 아니라, 더는 돈 걱정을 하지 않아도 되는 지점에 도달하는 것을 목표로 해야 한다.

위의 내용 중 동의하지 않는 부분도 있을 수 있겠으나, 개인 금융은 어디까지나 개인적인 문제라는 점을 기억하자.

저자 **벤 칼슨**

리트홀츠 웰스 매니지먼트의 기관 자산운용 부문 본부장이다. 커리어 내내 기관 포트폴리오 운용을 담당했다. 여러 재단과 기부기금, 연기금, 병원, 보험회사, 고액자산가를 대상으로 포트폴리오 전략을 개발하고 투자 계획을 제시하는 기관 투자 컨설팅 회사에서 경력을 시작했다. 이후에는 자선단체의 대규모 기부기금을 운용하는 투자 사무소의 포트폴리오 운용팀에서 일했다.

《웰스 오브 커먼 센스》와 《조직적 알파》의 저자다.

〈웰스 오브 커먼 센스〉 블로그를 운영하고 있으며, 블룸버그에도 칼럼을 기고한다.

32.

벼랑 끝의 삶

존 몰딘John Mauldin

정의가 부정되고 빈곤이 강요되며 무지가 팽배한 곳, 사회가 자신을 억압하고 강탈하며 비하하는 조직적인 음모라고 느끼는 계층이 하나라도 있는 곳에서는 사람도 재산도 안전하지 않을 것이다.

— 프레데릭 더글러스Frederick Douglass

"나는 빈곤층에게 도움을 주자는 것에는 찬성하지만, 그 방법에 대해서는 의견이 다르다. 빈곤층에게 도움이 되는 가장 좋은 방법은 가난 속에서 마음 편히 지내도록 하는 것이 아니라, 가난에서 헤어나오도록 이끌어주거나 가난에서 벗어나도록 하는 것이다."

— 벤자민 프랭클린Benjamin Franklin

다들 그렇겠지만 나 역시 날마다 바뀌는 경제 상황을 이해하려고 애쓰고 있다. 적어도 중산층이나 하층 계급의 관점에서 보면 더 나아지는 일이 없다시피 하지만 말이다. 그리고 어쩌다가 미국 대표 양당이 페기 누넌Peggy Noonan의 말마따나 우리에게 "제정신이 아닌 사람과 범죄자"라는 선택지를 제시하게 되었는지도 이해하려고 애쓰고 있다.

나는 이 두 가지 문제가 서로 관련되어 있으며, 미국에서만 그런 것은 아니라고 생각한다. 포퓰리즘적인 불안이 전 세계를 장악하고 있다. 모든 분노가 그렇듯, 포퓰리즘이 꼭 합리적인 것은 아니고 원하는 변화를 이루어내지 못할 수도 있겠지만, 분노와 좌절은 실재한다. 사람들은 실질적인 문제를 겪고 있고, 점차 기존 지도자들이 문제를 해결할 수 있을 거란 신뢰를 잃고 있다.

지난주에 나는 처음에는 사적으로, 그리고 공적으로 페기 누넌을 만나는 영광을 누렸다. 잘 모르는 분을 위해 언급하자면 페기 누넌은 레이건 대통령의 연설문 작성자였으며, 현재는《월스트리트 저널》의 기고가이자 유명 작가다. 나는 누넌을 작가로서 매우 존경한다. 우리 세대 최고의 에세이스트라 할 수 있으며, 언어를 다루는 솜씨가 탁월한 사람이다.

지난 2월 대선 유세가 한창일 때 페기가 쓴 칼럼 하나가 뇌리에 박혀 있는데, 〈보호받지 못하는 계층의 부상과 트럼프Trump and the Rise of the Unprotected〉이라는 제목이었다. 모두가 읽었으면 하는 칼럼이고, 여러 번 읽으면 더 좋으리라 생각한다. 그 정도로 잘 쓴 글이다.

도널드 트럼프에 대한 각자의 의견과 관계없이, 트럼프는 보다 광범위한 추세의 징후를 보여주는 사람이다. 버니 샌더스도 마찬가지다. 미국 국민의 상당수가 취약하고 보호받지 못한 상태로 벼랑 끝에서 살아가고 있다. 이 글을 읽고 있는 독자는 대부분 그렇게 분류되지 않는 계층일 것이다. 집, 안정적인 소득, 약간의 투자 자금이 있을 테니까. 그걸 갖추고 있는 사람은 평균보다 한참 앞서 있다.

이 글에서는 정말 많은 사람이 일상에서 겪는 실질적인 경제적 고통을 살펴보고자 한다. 읽기 힘든 내용도 있을 수 있지만 중요한 문제다. 그런 내용을 읽고 나면 어떤 문제가 있는지, 또 얼마나 해결책이 절실한지를 더 잘 알게 된다. 조만간 우리가 실질적인 변화를 이루어내지 못하면 이 나라가 어떤 방향으로 나아가게 될지를 더 잘 이해하게 될 수도 있다.

공화당과 민주당 기득권 세력의 대부분은 모두 도널드 트럼프와 버니 샌더스가 이례적인 사례라고 생각하는 듯하다. 이런 경향은 돈으로 상황을 통제할 수 있다고 생각하는 공화당 기득권 세력에게서 더욱 두드러진다. 트럼프는 이례적인 사례가 아니라, 국민이 느끼는 좌절감이 정치 자금 기부 기업이나 슈퍼팩super PACs*보다 커지고 있음을 보여주는 전조다.

보호받는 계층과 보호받지 못하는 계층

페기 누넌은 현재의 불만이 오래전에 시작된 추세의 논리적인 귀

---

* 특별 정치활동위원회. 특정 후보와 직접적으로 연계되지 않는 범위 내에서 무제한 자금 조달이 가능하고 지출에 제한을 받지 않는 정치 활동 모금 후원 단체.

결이라고 이야기한다. 사회의 상류층은 점점 더 '보호받는' 계층이 되고 있기에 대부분의 사람들이 겪는 일상의 어려움을 공유하거나, 많은 경우 그 어려움을 직접 볼 일이 없어지고 있다. 다음은 이런 상황에 대한 누넌의 설명이다(볼드체 강조 표시는 내가 덧붙였다).

보호받는 계층과 보호받지 못하는 계층이 있다. 보호받는 계층은 공공정책을 만든다. 보호받지 못하는 계층은 그런 정책의 영향을 받는다. 이들은 강하게 반발하기 시작했다.

보호받는 계층은 성취를 이루어 안정적이고 성공적인 삶을 산다. 권력을 쥐고 있거나 연줄이 있다. 세상의 힘든 일 대부분으로부터 보호받는다. 자신이 만들어놓은 세상으로부터 보호받는다고 이야기하는 편이 더 맞겠다. 다시 말하지만 이들은 공공정책을 만들고, 상당 기간 그래왔다.

나는 이들을 엘리트라고 꼬아 부르고 싶기도 하지만, 보호받는 계층으로 지칭하겠다.

정부와 정계, 언론에 몸담은 사람들로, 안전하고 쾌적한 동네에 살면서 가정을 유지하며, 아이들을 좋은 학교에 보내고, 돈도 조금 있다. **그 덕분에 현실에서 유리되어 있거나, 현실의 충격을 온전히 다 겪지는 않는다.** 이들 중 일부, 즉 워싱턴이라면 행정부나 의회의 중요 관계자, 브뤼셀이라면 유럽연합의 주요 인사 등에 해당하는 이는 문자 그대로 개인 보안팀을 두기도 한다.

이들은 보호받는 계층이기 때문에 거의 무엇이든 할 수 있고, 어떤

현실이든 실현할 수 있다고 생각한다. 스스로 내린 결정이 미치는 여파에서 대부분 단절되어 있는 것이다.

이러한 단절은 이제 너무 흔해져서 주목받을 만한 일도 못 된다. 정부뿐만 아니라 재계의 임원도 마찬가지다. 이들이 쾌적한 사무실에서 회의를 하면서 몇 가지 숫자를 손보고 나면, 아래쪽 어딘가의 사람은 일자리를 잃는다. 일자리를 잃는 사람은 수천 마일 떨어진 곳에 살고 있고, 의사결정권자는 그를 볼 일이 전혀 없다. 이것이 '보호'받는 계층이 의미하는 바다.

이이서 페기는 이민에 대한 의견이 왜 그토록 나뉘는지 설명한다.

불법 이민 때문에 피해를 본 미국 국민이 많다. 불법 이민으로 초래된 노동 시장의 변화, 금융 비용, 범죄, 법치가 무너지고 있는 듯한 현실을 겪은 것이다. 그러나 보호받는 계층은 괜찮았다. 더 낮은 수준의 임금을 받는 노동자가 늘었으니까. 불법 이민 때문에 이들이 개인적으로 피해를 볼 일은 없었다.

보호받는 계층에게는 좋은 일이었다. 그러나 보호받지 못하는 계층은 보았다. 보호받는 계층이 자신들을 신경 쓰지 않는다는 점을 깨달았고, 나라가 어찌 되든 신경 쓰지 않는다는 결론을 내렸다.

보호받지 못하는 계층은 기득권, 즉 보호받는 계층에게 빚진 것이 없다고 생각하게 되었다. 그 어떠한 신뢰나 신의도, 아무것도 빚지지 않았다고 말이다.

트럼프 후보는 이런 배경에서 등장했다.

신뢰와 신의는 양방향으로 흐른다. 그러나 결정을 내리는 사람들은 그러한 결정의 대가를 치르는 사람들과 너무도 유리된 나머지, 두 집단 모두 서로에게 어떠한 신뢰도 갖지 못하는 지경이 되었다. 이는 안정적인 사회 질서와 경제 성장을 달성하는 방법은 아니다.

나는 누년의 생각에서 한 걸음 더 나아가고자 한다. 보호받는 계층은 공공정책을 입안하고 집행하는 정치인과 관료에 국한되지 않는다. 일자리와 소득 덕분에 삶의 기복과 우여곡절에서 대체로 보호받는 사람 전부가 이 계층이다. 문제가 생기면 변호사와 의사, 차량 수리공에게 의뢰할 수 있고, 보험료 등을 낼 여력이 있는 사람 말이다.

당신은 보호받는 계층인가? 이 뉴스레터를 읽고 있는 사람이라면 그럴 가능성이 크다. 최소한 지금은 말이다. 내 독자 중에는 어려운 상황에 처해 있는 사람도 분명 있다. 나는 이들이 남기는 댓글을 읽고, 이메일을 받기도 한다. 그러나 대부분은 투자할 돈이 있고 경제 뉴스를 놓치지 않으려는 사람이다. 보호받지 못하는 계층은 우선순위가 다르니까.

그렇기는 하지만 나는 보호받는 계층 내부에도 하위 카테고리가 있다고 생각한다. 상위 0.1%에 속하는 지인들도 있는데, 이들의 삶은 나와는 다르다. 대저택을 여러 채 보유하고 있고, 보디가드와 전용기, 운전기사, 생활의 모든 부분을 살펴주는 사람들을 고용하고 있다. 매우 보호받는 계층이다.

나는 그냥 보호받는 계층이다. 아래층에 수위가 근무하는 괜찮은 아파트에 살고 있고, 여러 '잡무'를 도와주는 보조도 있다. 체중을 줄이려는 것이 아니라면 식사를 거르지도 않는다. 잘 쓰고 있는 자가용도 있다. 전용기가 있지는 않지만, 아메리카 항공에서 쌓은 마일리지 덕에 업그레이드 서비스를 받아 대체로 일등석을 타고 다닐 정도는 된다.

한 단계 더 내려오면 '어느 정도 보호받는 계층'이 있다. 안정적인 일자리와 대학 교육을 받은 이들은 은행에 어느 정도 돈이 있고 약간의 여가를 누린다. 자녀가 대학을 가게 되면 학비를 감당할 수 있을까 하는 고민이 아니라, 어느 대학을 갈지 궁금해하는 호사를 누리는 사람들이다.

중산층의 굴욕

위의 세 가지 분류에 (넉넉잡아) 인구의 30%가 속한다고 볼 수 있다. 나머지는 보호받지 못하는 계층이다. 이들의 삶은 어떠한가? 의외로 어려운 질문이다. 그러한 삶을 살아보지 않으면 진정으로 알 수 없기는 하지만,《디 애틀랜틱The Atlantic》에 실린 매우 흥미로운 글이 있다. 2016년 5월의 표지 기사로, 제목은 〈남들은 모르는 중산층의 굴욕The Secret Shame of the Middle Class〉이다.

저자 닐 게이블러Neal Gabler는 미국인의 47%가 예상치 못한 일로 400달러를 지출할 일이 생겼을 때 돈을 빌리거나 무언가를 팔지 않으면 그 비용을 충당할 수 없다고 답한 연준의 설문조사로 글을 시작한다(이 수치가 2012년 밋 롬니Mitt Romney가 복지수당에 의지하면서 소득세를 내지 않는 미국인의 비율을 언급하면서 제시한 수치와 소름 돋을 정도로 비슷하다는 점이 눈에 띈다).

위의 문장을 다시 읽어보라. 그렇다. 미국인의 거의 절반 정도가 비상시 현금 400달러를 마련할 수 없다. 충격적인 일이다. 치과 치료나 사소한 자동차 고장, 폭염 기간의 전기료 등 별것 아닌 일이 생기면 빚을 지거나 무언가를 팔아야 하는 상황이 되는 것이다.

게이블러는 자신도 그런 사람 중 하나이기 때문에 그게 어떤 느낌인지 안다고 썼다.

나는 안다. 한 주를 무사히 지나가기 위해 여러 채권자를 상대해야 하는 일이 어떤 것인지. 내가 다른 사람에게 주어야 할 돈을 받아내기 위해 자존심을 내려놓고 끊임없이 독촉하는 일이 어떤 것인지. 압류가 들어와 채권자가 내 계좌에서 돈을 가져가는 일이 어떤 것인지. 월급을 기다리는 동안 잔고가 말 그대로 5달러까지 떨어지는 일이 어떤 것인지. 또 계란으로 며칠을 연명하는 일이 어떤 것인지를 말이다.

나는 안다. 우편함에 돈이 오는 경우는 별로 없지만 새로운 청구서는 항상 와 있기에 확인하러 가는 길이 두려운 마음이 어떤 것인지. 딸아이에게 결혼식 비용을 대줄 수 있을지 모르겠다고 이야기하는 마음이 어떤 것인지. 무언가 좋은 일이 있어야 가능한 일이니까. 또 우리 부부가 쓸 난방용 기름이 떨어져서 다 큰 딸들에게 돈을 빌려야 하는 마음이 어떤 것인지를 말이다.

이것이 2016년 미국에서 벼랑 끝의 삶을 살아가는 사람들의 모
습이다. 자료를 보면 이런 삶, 혹은 더 힘든 삶을 살아가는 사람이
수백만 명에 달한다.

현재는 보호받는 계층인 사람들도 한때는 보호받지 못하는 계층
이었다는 점을 언급해야 할 듯하다. 나는 보호받지 못하는 계층으
로 35년을 살았다. 속이 불편해 새벽 2시에 잠에서 깨어 얼마 안 되
는 두 명분의 급여를 어떻게 지급할지, 전기가 끊기기 전에 어떻게
전기세를 낼지, 첫 영업 상담 약속에 나갈 수 있도록 어떻게 차에
기름을 충분히 채워둘지, 그리고 어떻게 하면 고객 중 한 명이 대금
을 일찍 내도록 해서 이 모든 것을 할 수 있을지 고민하는 일이 어
떤 것인지를 안다.

나는 오래된 이동식 주택에서 살았다. 보통 중산층이라고 보기
힘든 여건이고, (그 집에 살면서 딸 둘을 낳았지만) 변화를 원했기에 레
이건 혁명을 열렬히 지지했다(이전의 대선 2번에서는 모두 민주당에 표
를 던졌다는 점을 분명히 하고자 한다).

금리 18%에 돈을 빌려야 하고, 내야 하는 세금이 소득에 비해 말
도 안 되게 높으면 인플레이션과 정부 개입에 대한 견해가 바뀌게
마련이다. 나는 젊은 사업가로 오랫동안 노스다코타주에 수표 발행
계좌를 두었다. 결제까지 7~10일이 걸렸기 때문이다. 좋게 말하면
현금 관리지만, 그 당시에는 이런 걸 공수표라고 불렀다. 요즘에야

창업을 할 때 투자에 큰 관심을 보이는 사람이 많지만, 당시에는 내 서명을 가지고서는 대출도 받을 수 없었다.

나는 유지관리에 손이 많이 가는 낡은 차를 가지고 다니는 것이 어떤지 알고 있다. 크면서 차를 유지하고 수리하는 방법을 배우게 되었다. 망치를 두드리고, 생활이 굴러갈 수 있게끔 온갖 잡다한 일을 했다. 삶에 대한 이런 태도가 특이하다고 생각해 본 적은 한 번도 없다. 그냥 원래 그런 것이었다. 그렇지만 나라와 경제가 나아가는 방향은 정말로 마음에 들지 않았다.

그래서 나라의 번영과 성장에 참여하지 못한다고 생각하는 사람들의 좌절감을 이해할 수 있다. 나는 최소한 기회는 있다고 느꼈다. 본 뉴스레터에서도 언급하겠지만, 요즘에는 작금의 상황과 이를 만들어낸 사람들이 자신에게 우호적이지 않다고 생각하는 사람이 늘고 있다.

미국 빈곤층의 삶이 다른 나라보다 낫다고 이야기할지도 모르겠다. 그럴 수도 있다. 어떤 나라에서는 가난하고 짓밟힌 사람들이 운명을 받아들이고 행복하게 지내지만, 미국에서는 분노한다. 왜 그럴까?

내 생각에는 금전적인 문제를 겪을 일이 절대 없으리라 생각한 사람들이 이러한 분노의 대부분을 표출하고 있는 듯하다. 잘 지내고 있었는데 실직이나 병원 신세를 지는 일, 약물 중독, 잘못된 투자 등 무언가가 잘못되어서 나락으로 떨어진 것이다. 본인의 실수 때문이었을 수도 있지만, 이들은 하층 생활에 염증을 느끼면서 자신의 위치가 그보다 더 나아야 한다고 생각하는 것이다.

닐 게이블러는 이에 수반되는 극심한 굴욕감에 대해 이야기한다.

나를 보면 그런 생활을 했다는 것을 전혀 알 수 없을 것이다. 나는 다른 사람 눈에 내가 제법 잘사는 사람으로 비친다고 생각하고 싶다. 내 이력서를 봐도 모를 것이다. 작가로서 그런대로 괜찮은 커리어를 유지하고 있으니. 책 5권과 수백 편의 글을 발표했고, 상과 펠로우십도 제법 받았으며, (정말로) 별것 아니기는 하지만 평판도 괜찮은 편이다.

소득 신고서를 봐도 모를 것이다. 부자는 절대 아니지만, 보통은 탄탄한 중산층, 때로는 중상류층에 해당하는 소득을 올렸다. 작가, 그것도 강의와 강연, TV 대본 작업까지 하는 작가가 기대할 수 있는 최대치다. 나와 이야기를 나누어도 절대 알 수 없을 것이다. 금전적인 문제, 즉 내가 '금전적 무기력'이라고 부르는 문제를 (지금은 이야기하고 있지만) 직접 인정할 일은 절대 없기 때문이다. 금전적 무기력은 성적 무기력의 여러 특징을 공유하고 있다. 절박하게 감추어야 할 필요성과 모든 것이 순조롭게 진행되고 있는 듯 보여야 한다는 점이 특히 그렇다. 사실은 성적 무기력보다도 더 당황스러울 수 있다.

네브래스카주 오마하에 소재한 크레이턴대학교에서 강의하는 금융 심리학자이자 경제적 문제를 겪고 있는 사람을 도와주는 브래드 클론츠Brad Klontz는 "친구가 신용카드 문제가 있다고 이야기할 가능성보다는 비아그라를 먹고 있다고 이야기할 가능성이 더 크다. 훨씬 더 크다"라고 말하기도 했다. 도널드 트럼프가 일깨워주었듯이, 미국은 승자와 패자, 알파와 약골로 나뉘는 나라다. 금전적인 문제를 겪고 있다는 것은 수치심과 일상적인 굴욕감의 원천이며, 일종의 사회적 자살이라고까지 할 수도 있다. 침묵을 지키는 것이 유일한 보호책이다.

내가 심리학자는 아니지만, 심리학자라면 수치심, 불안감, 분노와 좌절감 같은 감정을 억압하면 건강에 아주 좋지 않다고 이야기할 것 같다. 내가 지난해 다루었던 중년 사망률 증가의 원인 중 하나가 이런 감정의 억압이 아닐까 추측해본다(《일자리 보고서에 나타난 범죄Crime in the Jobs Report》 참조).

하지만 나는 생활이 어려워졌을 때 사람들이 왜 그런 이야기를 하지 않는지 알 것 같다. 미국의 문화는 적자생존의 '사회진화론'을 강조한다. 우리는 사람들이 자신에게 맞는 대접을 받는다고 생각한다. 그래서 성공하지 못한 것은 그 사람의 잘못이다. 그러니 자신의 불운을 감추거나 축소하려는 것이 당연하다. 이런 점에서 게이블러는 용감한 예외다.

실제로 물질적 성공(또는 실패)을 보고 개인의 성품, 가치관, 지능, 진정성에 대해 알기란 거의 불가능하다. 선하고 노력하는 사람에게 운이 따르지 않기도 하고, 게으른 바보에게 운이 따르기도 한다. 왜 그런지는 알 수 없지만.

어떤 경우든 불운 때문에 그렇게 많은 사람이 분노하지는 않는다. 보호받지 못하는 계층이 분노하는 이유는 본인에게 불리하게 시스템이 조작되었다고 생각하기 때문이다. 여기에 더해, 보호받는 계층이 그 시스템을 조작했다고 생각한다.

영구적인 피해

상황이 좋지 않지만, 공식 자료에서는 점점 나아지고 있다고 한다. 실업률만 보더라도 5%로 떨어졌고, 곳곳에서 사람을 구하고 있다.

보호받지 못하는 계층의 관점에서는 이러한 통계가 사뭇 다르게 보인다. 이런 자료는 불완전고용이나 임금 삭감, 고용 불안을 고려하지 않는다. 몇 시간 동안 이웃집의 잔디를 깎아주고 50달러를 받고 나서 다른 경제 활동은 전혀 하지 못하더라도 해당 월에는 '취업' 인구로 분류되는 것이다.

갤럽에서 새로운 관점의 통계를 발표했는데, '갤럽 좋은 일자리 지수Gallup Good Jobs Index'를 통해 1주일에 30시간 이상 일하면서 일정한 급여를 받는 성인 인구의 비율을 측정했다. 이번 주에 확인한 수치는 45.1%였다.

지난주의 일자리 보고서에 따르면, 민간 비非기관 인구의 노동 시장 참여율은 62.8%, 실업률은 5%였는데, 갤럽의 통계에 따르면 '좋은 일자리'를 가진 인구의 비율은 45.1%에 불과했다. 직접적으로 비교가 가능한 데이터 세트는 아니지만, 대략 추산해보면 노동 인구의 5분의 1 정도가 실업 상태이거나 좋지 않은 일자리에 있음을 알 수 있다.

상황은 여기에서 더 복잡해진다. 지난주에 좋은 친구이자 한때 사업 파트너였던 게리 할버트Gary Halbert가 미국 인사관리협회에서 새로 나온 설문조사 결과를 전해줬다. 자료를 보면 미국의 노동자는 만족도가 꽤 높다고 한다. 직원의 88% 정도가 자신의 일자리에

'매우 만족' 또는 '다소 만족'하고 있다고 답했다.

그러나 같은 설문조사에서 45%가 다음 해에 새로운 일자리를 찾을 '가능성이 있'거나 '매우 크다'고 답했다. 따라서 이러한 만족도 자료는 제한적인 듯하다. 해당 설문조사는 자신의 고용 상태에 불만을 품고 있는 실업 노동자는 포함하고 있지 않았다.

실업률 5%라는 수치는 중산층 일자리의 상실을 비롯해, 심각하게 낮은 노동 시장 참여율과 생산성 저하, 저임금 서비스 일자리의 심각한 급증이라는 문제를 감추고 있다. 임시직, 비자발적 자영업자, 긱 경제gig economy에 참여하여 통계상으로는 고용 상태로 간주되는 계약직과 프리랜서의 수가 급증하면서 수치가 왜곡된다. 달리 이야기하면, 오늘날의 실업률 5%는 부모님 세대의 실업률 5%와는 다르다. 두 수치가 상당히 다르게 느껴지는 데는 이유가 있다.

실업률이 기록적으로 낮은 수치를 기록하고 있지만, 사그라드는 아메리칸 드림에 불만을 품은 수백만 명의 미국인은 생계를 꾸리기 위해 고군분투하고 있다. 구직은 물론 필요하고 환영할 만한 일이기는 하지만, 그저 일자리를 찾는다고 해서 이들의 문제가 해결되지는 않는다.

2016년 5월 9일 《월스트리트 저널》은 〈침체로 인한 경제적 트라우마는 오래가는 흉터를 남긴다The Recession's Economic Trauma Has Left Enduring Scars〉에서 관련 연구를 보도했다. 침체기에 실직한 사람은 여러 가지 장기적인 여파를 겪는다. 새로 일자리를 구해도 대개 임금이 더 낮아지고, 이전의 최고 소득 수준을 회복하려면 여러 해가 걸린다. 집을 소유할 확률이 떨어지며, 심리적인 문제를 더 많이 겪는다. 자녀들의 성적도 더 낮다. 《월스트리트 저널》에서는 이러한 현상을 '임금 흉터wage scarring'라고 했다.

미국 노동통계국의 자료를 보면 2007~2009년 침체 기간에 4,000만 명에 달하는 미국인이 실직했다. 많은 사람이 재취업 이후에도 경제적인 어려움을 겪었다. 《월스트리트 저널》에서는 다음과 같이 이야기한다.

UCLA의 경제학자 틸 폰 바흐터Till von Wachter에 따르면, 재취업한 노동자 4명 중 1명 정도만 5년 후 실직 이전의 급여 수준을 회복했다. 실직을 경험한 노동자와 실직을 면한 비슷한 수준의 노동자 간 임금 격차는 수십 년이 지나도 지속된다. 여러 상이한 추정치가 있지만, 침체기에 실직한 사람은 실직을 면한 사람보다 10~20년 후 소득이 15~20% 더 적다는 분석도 있다.

여기서 끝이 아니다. 어느 순간 은퇴할 시기가 되면 이들은 저축한 돈이 거의 또는 아예 없다. 청년에게 돌아갔을 수도 있는 일자리에서 일을 계속하거나, 절약하며 소비 지출 전반을 줄여 생활한다. 이런 상황에서 득을 보는 사람은 아무도 없다.

생각해보자. 괜찮은 생활 수준을 이루어 저축도 하고, 책임을 다하며 살았을 수도 있는 사람이다. 그러다가 실직하고, 지금 재취업을 했는데도 이전보다 급여가 20% 적다. 이전의 생활 수준을 유지하면서 저축을 지속하기는 어렵다. 가치가 폭락한 집을 팔아 더 좋지 않은 곳으로 이사하게 되는 상황은 어렵기도 하고, 속이 쓰리기도 하다.

청년이 겪는 고통은 종류가 다르다. 어린 시절에 경기 침체를 겪고 성인이 되었는데, 노동 시장에는 자리가 없다. 노동 시장은 대학을 졸업하지 못한 청년에게 특히 더 가혹하다.

4월의 일자리 보고에 따르면, 16~19세 청소년의 실업률이 무려 16.0%라고 한다. 해당 표본에는 적극적으로 구직을 하고 있었던 청소년만 포함되었고, 전업 학생은 제외했다. 즉, 학교를 중퇴했거나 학업을 지속하면서 일을 병행하려는 학생들이다. 이 청소년들은 현재 상황에 불만이 있을 가능성이 크고, 그들의 부모 역시 마찬가지일 것이다.

인플레이션은 살아있다

중앙은행에서는 인플레이션을 만들어내려고 하지만, 보호받지 못하는 계층의 입장에서는 인플레이션이 없었던 적이 없다. 지난주 《아웃사이드 더 박스Outside the Box》*에서 나는 대다수의 미국인이 보기에는 1995년부터 인플레이션이 연간 3% 수준이었다는 점을 밝힌 롭 아노트Rob Arnott의 연구를 인용했다. 이 수치는 보통의 노동자가 가장 민감하게 영향을 받는 4가지 영역, 즉 임대료, 식료품, 에너

---

* 저자가 매주 발간하는 무료 전자 뉴스레터로, 경제 및 금융 분석을 다룬다.

지, 의료를 기준으로 한다.(《소고기는 어디로 갔나Where's the Beef?》 참조.)

롭의 연구 결과를 공유한 이후, 나는 또 다른 충격적인 데이터를 접했다. 2016년 5월 8일자 《월스트리트 저널》에 실린 〈임대료 상승으로 압박받는 미국의 중산층Rising US Rents Squeeze the Middle Class〉이라는 기사다. 중산층 세입자가 처한 상황이 다른 계층의 세입자보다 좋지 않음을 보여주는 자료를 다루었는데, 기사 중반에 이런 부분이 있다.

> 보스턴에서는 임대료 호가 중간값이 2010년부터 연간 13.2% 상승했다. 이는 소득의 연간 평균 상승률인 2.4%를 아득히 웃돈다.

다른 지역의 상황도 보스턴과 비슷하다고 하면, 왜 사람들이 임대료에 불만을 토로하며 다른 사람과 집을 공유하는지 이해할 수 있다. 생활비가 이 정도로 급격하게 올라가면 소득 여력이 거의 없는 사람은 엄청나게 어려워진다.

다음의 차트는 더그 쇼트Doug Short가 공유한 센티어 리서치Sentier Research 자료다. 실질 가구소득 중간값을 제시하고 있는데, 현재는 5만 9,361달러다. 즉, 미국 가구의 절반이 이보다 소득이 적다는 뜻이다. 위에서 살펴보았듯이, 소비자 물가지수는 저소득가구가 겪는 인플레이션을 제대로 반영하지 못하기 때문에 실제 상황은 훨씬 더 좋지 않다고 봐야 한다. 일자리를 유지하고 있다면 명목임금이 오르고 있을 수도 있겠지만, 보호받지 못하는 계층은 실질적으로 매년 점점 더 뒤처지고 있다.

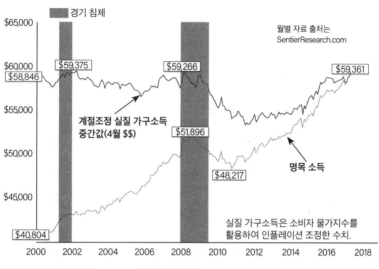

21세기 가구소득 중간값: 명목과 실질

경기 침체

월별 자료 출처는
SentierResearch.com

$65,000

$60,000 $59,375 $59,266 $59,361

$58,846

$55,000

계절조정 실질 가구소득
중간값(4월 $$)

$51,896

$50,000 $48,217

명목 소득

$45,000

실질 가구소득은 소비자 물가지수를
활용하여 인플레이션 조정한 수치.

$40,804

2000 2002 2004 2006 2008 2010 2012 2014 2016 2018

출처: 어드바이저 퍼스펙티브스 Advisor Perspectives· 자료: 센티어 리서치

　이 차트를 보면 나는 '왜 국민의 절반이 보호받는 계층에 분노하
는가?'가 아니라, '이들이 분노하기까지 왜 이렇게 오래 걸렸나?'가
궁금해진다.

　미국에 대해 내가 언급한 모든 내용은 선진국 대부분에도 적용된
다. 영국은 2016년 6월에 유럽연합 탈퇴를 결정하는 투표를 앞두고
있다. 이는 EU의 정책으로 영국의 노동자가 불리해진다는 인식 때
문이기도 하다. 남유럽에서는 중동에서 난민이 쏟아져 들어오면서
실업률이 치솟았다. 원자재와 에너지 가격이 폭락하면서 캐나다와
호주도 큰 타격을 입고 있다.

그러나 이 모든 국가에서 일부 사회 계층은 여전히 문제없이 살아가고 있다. 왜 그럴까? 한 가지 공통점은 중앙은행의 정책이다. 연준과 유럽중앙은행을 비롯한 각국 중앙은행에서는 여러 해 전에 금리를 낮춰 유지하기로 했다. 금리 인하가 성장 회복에 도움이 되리라고 순수하게 생각했을 수도 있다. 하지만 그런 성장, 적어도 대부분의 사람들이 체감할 정도의 성장은 일어나지 않았다.

관대하게 생각해서 중앙은행의 금리 인하 정책이 단순 착오였다고 해보자. 버냉키와 옐런, 드라기를 비롯한 각국 중앙은행장이 모두 사람들을 도우려 했다고 가정해보면, 어느 시점에 가서는 이들이 '뜻대로 되지 않았다'라고 이야기해야 하는 것 아닐까 하는 생각이 들 법하다.

자기들끼리 이런 이야기를 이미 하고 있는지 몰라도 우리에게 하지 않는 이유는 그나마 남아 있는 신뢰를 유지하고 싶기 때문이다.

유감스럽게도 지금에 와서는 유지할 만한 신뢰가 별로 남아 있지 않다. 보호받지 못하는 계층의 국민은 신뢰를 상실했고, 포퓰리스트와 선동가에게 이끌려 들고 일어나는 상황이다.

분노의 출처를 궁금해할 시간은 지나갔다. 어디에서 시작되었는지 우리는 이미 알고 있고, 저지하기에는 분노가 너무 크다. 이런 상황이 끝나기 전까지는 우리 모두 벼랑 끝에서 살게 될 것이다. 보호받는 계층도 무제한의 보호를 누리는 것은 아니다.

보수파와 공화당 기득권 세력은 트럼프가 이례적인 경우이며, 시간이 지나면 상황이 정상으로 돌아가리라고 되뇌고 있다. 그러나 이렇다 할 변화가 없다면(그리고 클린턴이 당선된다면 더더욱 어떤 식으로 그러한 변화가 생길 수 있을지 진심으로 궁금하다), 2020년 유권자의 분위기가 어떠하리라고 생각하는가? 더군다나 통계적으로 향후 4년 안에 경기 침체가 발생할 것이 확실한 상황에서 말이다. 실업률은 또다시 높아지고, 계속해서 상승할 것이다. 여기저기에서 연금이 위태로워지고, 벼랑 끝에서 살아가는 사람이 훨씬 더 많아질 것이다.

나는 중년 백인의 사망률이 크게 높아졌다는 점을 밝힌 최근의 연구를 강조한 바 있다. 이는 자살과 약물·알코올 오남용 증가의 직접적인 결과로, 모두 심리적으로 우울해지는 과정의 일환이다. 그러다가 지금 작성하는 글을 쓰려고 조사하다가,《워싱턴포스트》에 실린 〈사망률을 보면 사람들이 도널드 트럼프에게 투표할지 알 수 있다Death predicts whether people vote for Donald Trump〉라는 흥미로운 제목의 기사를 보게 되었다. 중년 사망률과 해당 수치가 높은 지역에서 도널드 트럼프를 지지하는 유권자의 비율 사이에 직접적인 관계가 있다는 점이 밝혀졌다.

맥락을 살펴보면 이러한 사실이 더 우려스럽다. 지난 10년간 히스패닉의 사망률이 둔화했다. 흑인의 사망률도 둔화했으며, 다른 국가에서도 백인 사망률이 둔화했다.

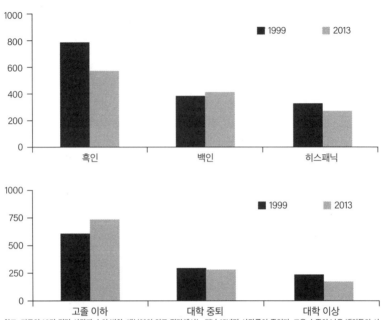

45~54세의 사망률 변화

참고: 미국인 10만 명당 사망자 수의 변화. 대부분의 인구 집단에서는 지난 15년간 사망률이 줄었다. 교육 수준이 낮은 백인들의 사망률은 증가했다.

출처: 케이스/디턴 Case/Deaton (2015).

지금 무언가가 일어나고 있다. 무슨 일인지 분명하지는 않다.

나는 우리가 정치의 루비콘강을 건넜다고 생각한다. 정치 과정에서 돈이 중요하기는 하지만, 보호받지 못하는 계층은 자기 표가 훨씬 더 중요하다는 점, 보호받는 계층보다 수가 더 많다는 점, 그리고 보호받지 못하는 계층의 표를 사려는 사람은 없다는 점을 알게되었다.

분노와 좌절은 중산층 유권자에게만 국한된 것이 아니다. 교육받은 사람, 그리고 우리가 흔히 보호받는 계층이라고 생각하는 사람들도 동요하고 있다. 현재의 시스템이 많은 미국인에게 더 이상 제 기능을 하지 못한다고 생각하는 사람이 늘고 있다. 이런 상황에서 도널드 트럼프가 등장하여 평범한 미국인에게 공감한다고 이야기 하는 것이다. 그리고 트럼프는 보호받지 못하는 계층 다수가 이해 할 수 있는 말로 이러한 좌절을 표현한다. 다른 후보도 공감은 할 수 있겠지만, 이들 입에서 나오는 말은 기존 정치인의 의미 없는 말 로 들린다. 도널드 트럼프를 어떻게 생각하든, 트럼프가 하는 이야 기를 들어보면 일반적인 정치인 같다는 느낌을 받기는 힘들다.

나는 사람들에게 오래된 투자 모델은 버리라고 계속해서 이야기 한다. 발밑에서 경제적인 지각 변동이 일어나고 있는데, 오래된 모 델은 자꾸 빗나가는 예측을 하고 있기 때문이다. 마찬가지로 정치 를 예측하는 모델도 버릴 때가 되지 않았는지 진지하게 생각해보아 야 한다. 왜냐하면 투표 패턴이 역대급으로 바뀔 세대 전환의 한복 판에 있기 때문이다. 과거의 실적이 미래의 성공을 보장하지는 않는 다. 이제는 이 말을 정치 예측에도 적용해야 한다.

빅토리아 여왕 치세에 보수당 수장으로 영국 총리를 역임한 솔 즈베리 경이 했던 아주 흥미로운 말이 있다. 여왕이 변화가 필요하 다고 이야기한 모양인데, 그때 솔즈베리 경은 "변화요? 변화 말입니 까? 이미 상황은 충분히 나쁘지 않습니까?"라고 답했다.

이 대답은 보통 개인적 지위와 계층을 위협할 수도 있는 상황에 대한 빅토리아 시대 상류층의 보수적인 반응으로 해석된다. 지금은 저 대답을 보면서 가까운 미래에 어떤 변화가 나타날지 생각하게 된다. 10년 후 우리가 이 시기를 돌아보면서, 엄청난 변화를 바라지 않는 편이 더 좋지 않았을까 하는 생각을 할 수도 있겠다 싶다. 특히나 그러한 변화가 전체적으로 어떤 결과를 초래할지 이토록 불확실한 상황에서는 말이다. 어떤 결과가 나올지 모르는 대대적인 통화 정책 실험을 전 세계적으로 진행하는 와중에, 그와 비슷한 정치적 실험의 시대가 도래할 수 있는 실제적인 가능성이 생긴 것이다. 마음을 단단히 먹어야 한다.

이 글에서는 앞으로 상당 기간에 걸쳐 우리가 계속해서 살펴보아야 하는 주제 중 일부를 다루어보았다. 이 모든 내용이 우리의 투자와 재무 계획에 여러 가지로 심각한 함의가 있다고 생각한다.

저자 존 몰딘

다수의 주州에 등록된 투자 자문사 몰딘 솔루션스Mauldin Solutions, LLC의 회장이자, FINRA-SIPC의 회원사인 몰딘 시큐리티스Mauldin Securities의 회장 겸 등록관리자다.

본인이 회장직을 수행하고 있는 몰딘 이코노믹스Mauldin Economics를 통해《최전선에서의 생각Thoughts from the Frontline》을 출간했다. 몰딘 이코노믹스에서는 오늘날의 녹록지 않은 경제 상황에서 투자자에게 도움을 줄 목적으로 유료 및 무료 출간물을 발행하고 있으며, 점차 더 많은 여러 투자 자료를 발간하고 있다.

몰딘의 책은 뉴욕타임스 베스트셀러 목록에 네 번 등장했다. 현재까지《투자 적중Bull's Eye Investing》,《엔드 게임Endgame》,《코드 레드Code Red》,《중국은 대약진했는가?A Great Leap Forward?》,《우리가 놓칠 수 없는 단 한 가지 투자 전략Just One Thing》,《투자 적중을 위한 작은 책The Little Book of Bull's Eye Investing》등 6권의 책을 냈다.

전 세계 컨퍼런스에 자주 초청되는 연사이며, 유수의 금융 출간물에서 러브콜을 받는 기고가이기도 하다. TV와 라디오에도 주기적으로 게스트로 출연한다.

| 옮긴이 후기 |

전문가가 넘쳐나는 시대다. 누구의 말이 옳은지, 누구의 말을 믿어야 하는지 판단하기가 어려울 정도로 전문가가 많아졌다. 여기에 전문성이 없으면서 입에 발린 말을 늘어놓는 사람도 늘었다. 물론 '진정한 전문가'의 말을 금과옥조로 삼아야 하는 건 아니다. 선택은 각자의 몫이다. 다만, 선택의 기준을 세우는 데 도움이 될 수 있는 양질의 정보와 조언은 필요하다.

돈 문제를 다룰 때도 마찬가지다. 자본주의 사회에 사는 우리에게 돈을 어떤 태도로 대할지는 중요한 문제다. 기대 수명이 늘면서 근로 소득만으로 노후 준비를 할 수 없으리라는 불안감이 팽배한 요즘 같은 시기에는 더 그렇다. 정보와 상품이 너무나 많고 모든 것이 빠르게 변하는 상황에서 투자의 방향성을 잡기란 분명 어려운 일이다.

이 책에 글을 실은 저자들은 모두 뛰어난 금융 분야 연구로 인정받은 서적이나 논문을 출판했거나 견조한 실적으로 금융과 투자 분야에서 인정받는 전문가다. 즉, 짧지 않은 기간 동안 연구나 투자 운용에 몸담은 경험을 바탕으로 나름의 합리적 투자 기준을 세운 사람들이다. 그들의 이야기를 경청하는 것만으로도 어떤 문제를 어떻게 생각해봐야 할지 아이디어를 얻을 수 있다.

그런데 이런 전문가의 글들이 서로 다르다는 것에 주목해야 한다. 원론적인 내용을 담은 글도 있고, 구체적이고 특수한 주제를 다룬 글도 있다. 액티브/패시브 투자, 기술적 분석, PB 같은 팩터에 대해 다르게 생각하는 글들이 담겨 있다. 앞에서도 이야기했지만, 검증된 전문가들의 주장이라고 해서 그 결론을 수용해야 하는 건 아니다. 다만 글쓴이들이 일정 수준 이상의 경지에 다다른 사람인 만큼, 어떤 사고 과정과 논거를 바탕으로 투자를 해나가는지에 주목해야 한다. 그것이 시야를 넓히고, 더 합리적인 선택을 할 수 있는 내공을 갖춰나가는 길이다.

이 책에서 다루고 있는 기술적이고 전문적인 내용 외에도 얻어갈 것이 있다. 투자에 임하는 마음가짐이다. 복권을 사듯, 아니면 내기나 도박에서 베팅하듯, 돈을 걸고 결과를 즉각 확인하려는 행위를 투자라고 할 수는 없다. 투자한 종목의 가격이 단기적으로 오르락내리락하는 양상을 보고 시장 진퇴를 결정하거나, 남들이 하는 대로 따라 하는 것을 '추세 추종 전략'이라고 착각해서는 안 된다. 여러 전문가가 장기적 시야, 인내, 자신이 세운 원칙을 지켜나가는 일관성을 공통으로 강조하는 데는 그만한 이유가 있다.

성공적인 투자를 한 경험이 많은 사람이라고 해서 손실이 났을 때 아무렇지도 않을 수는 없을 것이다. 각자 더 나은 미래를 그리며 힘들게 번 돈을 투자하는 것이니 손해는 모두에게 뼈아픈 고통이다. 그러나 내가 모든 것을 예측하고 통제할 수는 없다는 겸손함, 지나가는 추세에 흔들리지 않는 의연함, 자신의 원칙을 밀고 나가는 심지, 그러면서도 원칙에 따라 필요할 때 처분할 수 있는 결단력과 유연함, 이런 것들은 투자뿐만 아니라 삶을 대하는 태도이기도 하며 연습과 훈련을 통해 발전시킬 수 있는 자질이기도 하다.

모든 사람에게 똑같은 성공을 보장하는 투자법이 있다면 좋겠지만, 각자의 성향, 상황, 목표는 모두 다르므로 여러 전문가의 다양한 견해를 두루 살펴보고 스스로 나아갈 길을 모색하는 것이 최선이다. 이 책에 제시된 투자 전문가들의 지혜가 더 나은 투자 생활을 지속해나갈 자양분이 될 수 있다면 역자로서 더할 나위 없는 기쁨이겠다.